鼓楼史学丛书·区域与社会研究系列

嬗变与重建

民国甘肃地方精英与地方社会

谢羽 著

中国社会科学出版社

图书在版编目（CIP）数据

嬗变与重建：民国甘肃地方精英与地方社会 / 谢羽著. —北京：中国社会科学出版社，2020.3
ISBN 978 - 7 - 5203 - 5125 - 6

Ⅰ.①嬗… Ⅱ.①谢… Ⅲ.①社会上层—研究—甘肃—民国 Ⅳ.①D693.71

中国版本图书馆 CIP 数据核字（2019）第 202638 号

出 版 人	赵剑英
责任编辑	刘　芳
责任校对	冯英爽
责任印制	李寡寡

出　　版	中国社会科学出版社
社　　址	北京鼓楼西大街甲 158 号
邮　　编	100720
网　　址	http://www.csspw.cn
发 行 部	010 - 84083685
门 市 部	010 - 84029450
经　　销	新华书店及其他书店
印　　刷	北京明恒达印务有限公司
装　　订	廊坊市广阳区广增装订厂
版　　次	2020 年 3 月第 1 版
印　　次	2020 年 3 月第 1 次印刷
开　　本	710×1000　1/16
印　　张	17.5
字　　数	261 千字
定　　价	85.00 元

凡购买中国社会科学出版社图书，如有质量问题请与本社营销中心联系调换
电话：010 - 84083683
版权所有　侵权必究

序

民国时期，中国社会剧烈变动，纷繁复杂，既有整体性大事件的爆发与推进，更有区域性的事件呼应与交迭演进。因此，对于民国历史的认识与理解，我们不仅需要从宏观与整体上把握其脉络与特征，而且应该广泛而深入地关注各区域的社会变动及区域性特征。

近代，地处西北的甘肃缺乏区位优势，落后而保守，国家层面的变革与转型对于这一地区影响迟缓，深层次的变化十分有限。国家权力虽然不断加强对于地方社会的控制，但始终未能实现有效的严密的掌控，也未能形成一套有效的制度体系。

与此形成照应的是，民国时期甘肃的地方精英保持着相当的稳定性与惯性，他们利用各种社会资源，活跃在这一区域地方社会的舞台之上，成为社会运行的主要推动者。民国时期的甘肃地方精英广泛地介入社会的各个领域，在诸如辛亥革命、河州事变、雷马事变等社会动荡中，他们利用各方社会资源，积极斡旋，成为地方社会秩序的有力维护者；他们努力地维护旧学，同时促成新的教育体系和知识阶层；他们投身地方公共事务，建立慈善救助体系，推动新型的慈善事业。总体而言，民国时期的甘肃地方精英在社会的巨变中，表现了强烈的责任意识与经世取向，不断开展社会实践，保证了民国甘肃社会的正常运行。

民国甘肃地方精英与民国甘肃社会发展紧密连接在一起，息息相关。由此而言，该精英群体在民国区域历史上发挥了重大作用，当为考察民国历史的极好视点，具有重要的学术意义。近期，阅读了谢羽的研究成果《嬗变与重建——民国甘肃地方精英与地方社会》，书稿既是对民国甘肃精英群体的研究,又是对民国甘肃区域社会的考察。书稿力图通过精英群体的社会活动,把握区域社会发展的内在脉络。

谢羽跟随我六年,完成硕士、博士阶段的学习。她的博士学位论文主要通过明末清初松江士人的游宴活动,探讨这一社会变动时期士人群体活动的特征,并进而揭示松江的地域特征。谢羽博士毕业之后,进入甘肃省社会科学院历史研究所从事专业研究,由于工作地的原因,谢羽同时关注了甘肃区域社会的历史。

从博士论文到这部书稿的完成,谢羽的研究前后相承,都是属于区域性的群体研究,致力于探讨地方群体力量对于区域社会的秩序状态的影响,精英群体与地方社会的互动关系。两项研究在问题意识、学术视角、研究方法与路径等方面,皆相互贯通,说明谢羽在学术风格上趋于稳定和成熟。

书稿并未面面俱到地一一列数民国甘肃地方精英的所有活动,而是选取了颇具代表性的几个侧面,深度地揭示民国甘肃地方精英与地方社会的关系。书稿从四个方面展开讨论:其一,"变乱与秩序:地方精英的行动与作为",通过辛亥革命、河州事变、雷马事变等事件,分析区域动荡中地方精英如何维系地方社会秩序;其二,"固守与权变:教育场域中的地方精英",围绕甘肃近代教育的转型,解读民国甘肃地方精英存续旧学、兴办新学的双重变奏,揭示其推动地方教育的实际意义;其三,"公共事务中的地方精英",通过社会救助事业的开展、医疗卫生事业的坚守与努力以及工合运动的推进等,讨论民国甘肃地方精英对于地方公共事务的深度介入;其四,"务实济世:以王烜为中心的考察",以个案的形式,探讨交游、关系网络、社会资源、社会实践相互关联,进而揭示民国甘肃地方精英权力结构的本质。该项研究的核心观点认为:民国时期甘肃地方精英面对社会的变动,表现出了强烈的责任意识,借用其拥有的社会资源,努力地践行经世理念,但在强权的政治环境中,他们始终不能拥有独立的社会地位,但正是这个群体,极大地维护了地方社会秩序的相对稳定。

我以一个读者的身份,对于案头这部书稿的学术价值有如下认识:

第一，该成果把地方社会精英与区域社会发展紧密地结合起来，考察区域社会的变动与结构性变化，选题的视角与着眼点皆具新意。对于民国地方精英，学术界已经开展的研究及相关研究成果可谓丰富，但对于甘肃等西北地区的相关研究严重不足，存有缺憾。所以，该项研究既可弥补学术界研究的不足，又可以为该领域研究的整体观照提供学术支撑，或者说，为这一领域的整体性考察，提供区域研究的学术支撑。从这个层面而言，该项研究具有十分鲜明的问题意识与对话意识。作者谢羽明确提出，区域史的研究，既要反映甘肃地区的地域政治生态，同时又不能割断与国家史的联系，并且还要把握好二者之间的关系，选题的立意甚好。

第二，该成果在群体的把握和研究方面，开展了很好的、颇具价值的探索。谢羽充分认识到民国时期甘肃地方精英是一个不可忽视的社会力量，这一群体保持着相对的稳定性与延续性，在社会的巨变中，相对独立保持着自己的特点。正因此，该群体才能够相对有效地运用自己手中所掌握的资源，深入而全面地介入地方社会。这些观点对于拓宽学术界开展相关问题研究，深化对于近代群体的认识，具有一定的启示意义。当然，作者也明确地意识到，地方精英作为一个群体，其内部结构、成分、观念等十分复杂，并非铁板一块，仅仅分析其主要的社会活动，存在着明显的局限性。因此，围绕着地方精英与地方社会的互动，尚需开展更具体的研究、更多的个案考察，才能更深刻地、更接近本质地理解这一群体，及其对于社会发展的意义。

第三，作者阅读了大量的地方文献，包括时人文集、文史资料、报刊资料等，尤其阅读了大量甘肃省档案馆馆藏的国医、法制、民政等类档案资料。在这些材料的基础之上，对于地方精英群体的把握形成了具体而微的特点。作者从众多的材料中爬梳、整理出民国甘肃地方精英的社会活动轨迹，坚持论从史出，透过纷繁复杂的现象，观照群体与时局、群体与社会、群体与新旧转型。由此可见，作者力图通过社会群体的研究，体现社会史研究之旨趣。

此外，书稿中还有许多做法可取，新见频现。比如，作者对于民国甘肃地方精英的总体把握与评价，作者认为：民国时期的甘肃地方社会精英，虽然经历各不相同，思想意趣也呈现各方面向，但仍然有共同的特征：其一，强烈的经世实干意识。此乃民国甘肃地方精英群体的核心精神，这是保证该群体广泛参与社会活动、积极维护社会秩序、努力发挥社会作用的内在动力。其二，积极进行自我调整。面临社会的转型，该群体也在不断地自我更新，积极地投入创办新式教育、新式社会组织的运动之中。其三，总体趋向软弱。民国甘肃精英群体的走向呈现分化，但并未出现革命化、激进化的趋势。因此，尽管他们猛烈地抨击地方实力派，但面对强权，他们的批评苍白无力。作者的这些总结和看法，具有明显的创新性，站在了一定的高度。

书稿最后总结：在民国这一特殊的历史语境中，随着地方权力关系的变动，旧有的社会秩序失衡，地方精英的走向以及其精神内核都发生了深刻的变化，甘肃地区的地方精英通过不同的方式，发挥着自身的政治功能和文化功能，其延续性十分明显，正是有赖于这样一个阶层，各类变乱没有超越社会的承载能力，甘肃地区的社会秩序得以维系与重建。这一论断，反映了作者对于民国甘肃地方精英的深刻理解。

这部书稿是谢羽把社会群体研究的积累与思考落实到中国西部区域社会研究的一项成功的学术实践，书稿中涉及或提出的诸多问题，皆可成为其进一步研究的拓展空间，诸如：民国甘肃地方精英与社会转型，民国甘肃地方精英与甘肃的近代化，民国甘肃地方精英与甘肃社会改造，等等，甚至于还有不少个案可以开展持续、深入的研究。

学海无涯。期待谢羽在中国的西部地区作出更多更具特色的研究。

吴琦谨识于武汉南湖之滨

2018 年 7 月 10 日

目　　录

绪论 ……………………………………………………………（1）
　第一节　概念的界定暨研究对象 ………………………………（1）
　　一　民国时期的甘肃 …………………………………………（1）
　　二　地方精英 …………………………………………………（6）
　第二节　相关研究的回顾与展望 ………………………………（7）
　第三节　研究意义、重点及方法 ………………………………（11）

第一章　变乱与秩序：地方精英的行动与作为 ………………（14）
　第一节　多方博弈：共和的达成 ………………………………（14）
　　一　辛亥革命与甘军攻陕 ……………………………………（14）
　　二　秦州反正始末 ……………………………………………（20）
　　三　围绕"省议会"的斗争 ……………………………………（27）
　第二节　社会的失范：河州事变 ………………………………（36）
　　一　"是剿是抚"的争论 ………………………………………（36）
　　二　各方的积极调停 …………………………………………（40）
　　三　善后工作的开展 …………………………………………（43）
　第三节　再度震荡：雷马事变 …………………………………（48）
　　一　雷马事变发生前甘肃的政治生态 ………………………（49）
　　二　雷马事变始末 ……………………………………………（54）
　　三　事变的最终解决 …………………………………………（61）
　小结 ………………………………………………………………（68）

第二章 固守与权变：教育场域中的地方精英 …………… (69)

第一节 旧学的近代回响 ……………………………… (69)
一 新式学堂的开办 ………………………………… (70)
二 存古学堂的创办 ………………………………… (78)
三 存续旧学的努力 ………………………………… (80)

第二节 大学的创办 …………………………………… (86)
一 从法政学堂到兰州大学 ………………………… (87)
二 同学会的发展 …………………………………… (94)

第三节 新知识群体的成长 …………………………… (98)
一 留学教育的发展 ………………………………… (98)
二 女子教育的发展 ………………………………… (103)

小结 ……………………………………………………… (112)

第三章 公共事务中的地方精英 ……………………… (113)

第一节 常态中的救助事业 …………………………… (113)
一 地方精英主导的慈善事业 ……………………… (114)
二 其他社会团体所主持的慈善事业 ……………… (121)

第二节 医疗卫生领域的作为 ………………………… (127)
一 对西医的接受 …………………………………… (128)
二 坚守中医的阵地 ………………………………… (136)
三 民国甘肃的医师群体 …………………………… (144)

第三节 积极的社会救助：工合运动 ………………… (157)
一 工业合作的成就 ………………………………… (158)
二 工合教育的情况 ………………………………… (162)
三 工合开展的医疗 ………………………………… (168)

小结 ……………………………………………………… (171)

第四章 务实济世：以王烜交游为中心的考察 ……… (173)

第一节 王烜的交游状况 ……………………………… (174)
一 师长 ……………………………………………… (174)

二　同年 …………………………………………………（177）
　　三　同里 …………………………………………………（183）
　　四　兰州千龄诗社 ………………………………………（193）
　　五　其他社会各界人士 …………………………………（197）
　　六　亲友 …………………………………………………（199）
　第二节　王烜交游的影响 …………………………………（200）
　　一　在震灾筹赈处的作为 ………………………………（200）
　　二　在甘肃赈务会中的作为 ……………………………（203）
　第三节　地方精英的困境：透视赈务会风波所见 ………（209）
　小结 …………………………………………………………（214）

结语 ………………………………………………………（215）

附录一　甘肃省民国十年度地方岁入预算书 …………（217）

附录二　甘肃省民国十年度地方岁出预算书 …………（222）

附录三　旅京甘肃学会会员录 …………………………（240）

附录四　兰州八社产业一览表 …………………………（245）

附录五　王烜交游表 ……………………………………（254）

参考文献 …………………………………………………（264）

后记 ………………………………………………………（271）

绪　　论

第一节　概念的界定暨研究对象

一　民国时期的甘肃

民国初期的甘肃所辖地域非常广阔，宁夏、青海尚未建省，宁夏道、西宁道均隶属甘肃省治下。时人慕寿祺对甘肃幅员太广所致社会问题有精辟的论述：

> 甘肃省财政之困难，盖缘于幅员寥廓，三面与蒙番接壤，土旷人稀，种类繁杂。人少则用物亦少，商业不能开通；种类杂则营业习惯趋向各殊，不能就我范围；且多迷信宗教，生息不繁，故精华不聚，事事与内地不同。所以直接间接之税来源均不旺也，而民情犷悍，伏莽滋深，抱怨寻仇，无事思乱，兼以重山复水，纵横绵亘相隔皆数千里，航轨不通，防军星罗棋布……

甘肃形势南北长东西窄，形如鹿首，东北宁夏距省城一千一百四十里（宁夏属之灵州在府东南九十里，其东北与内蒙古鄂尔多斯右翼中旗接界。平罗县在府北一百三十里，其西北与内蒙古阿拉善额鲁特旗接界）。西北肃州距省城一千四百六十里（肃州至嘉峪关九十里）。安肃道所属之安西州在肃州之西六百八十里，距省城二千一百四十里，形如鹿之两角。正南阶州距省城一千一百五十里，其所属之文县在阶州东南二百里，形如鹿之唇吻。就全省形势论，其东北西北界连蒙古，其西其南界连羌番，仅东南一隅秦州所属之各县与四川广元，陕西凤翔、汉中所属接界。正

2 嬗变与重建

东泾川所属与陕西邠州所属之长武等县接界。庆阳府所属与陕西之延安、鄜州接界。又自嘉峪关外敦煌县境以南起迤逦而东，接连肃州甘州凉州之南境，平番之西境，皆接番地。肃州之南有祁连山，甘州之南有闵支山，凉州之南有八宝山。毗连三府州境南与西宁之大通接壤，其山内东西四五千里，若野马川、野牛沟、八宝山皆番族游牧奸回藏匿盗贼出没之地。南自北大通起沿湟水迤逦东南抵积石山接连青海迤东之湟源县，为通西藏要道，由湟源西南行至西藏七十余站约五千余里，其中尽属番族盘踞之地。由青海东南之贵德县沿黄河迤逦而东至循化县，复折而南抵西倾山东之临潭县，逾洮河而抵洮州东北之岷县，顺岷江而东南抵阶州所属之西固县。复由西固而至阶州，由阶州正南而至文县，逾摩天岭与四川之龙安松潘接界。自贵德循化而南至洮岷阶文以西南北三千余里皆接番境。就大势而论，俄在西北英在西南，就近边而论，蒙自西北而延及东北，羌自西北而延及正南。就附近而论，西宁所属之循化巴戎等县及乐都县属之密拉三沟尤为撒拉尔回子劫掠藏奸渊薮。就肘腋之间而论，则河州距省城仅二百里，固原县毗连之海原县在固原西北二百一十里，化平川在平凉之西南九十里皆回民麇聚之地，是敌居境外，患在腹心。就现在情形而论，应以固河湟三处为症块所结，最当注意之地。自回匪平定以后至今河州之城防，其官兵皆常年驻扎城上，河州迤南之和政县与岷县接壤，土匪时出没于其间，关系之紧要亦可想而知矣。①

1928年9月5日，国民党中央政治委员会第一五三次会议决定设立青海省，十月十七日国民党中央政治委员会第一五九次会议决定设立宁夏省，自此甘肃省分为甘肃、青海、宁夏三省。从1929年1月1日起，三省按照划定区域各自行使管理权，现代甘肃省的格局形成。甘肃分省与1928年马仲英掀起的"河州事变"息息相关，这次事变

---

① 慕寿祺：《疆域》，《求是斋粘稿本》，民国稿本，甘肃省图书馆西北地方文献阅览室藏。

的发生有其深刻的社会矛盾背景。河州事变的发生,祸及甘、青、宁、新四省,人员伤亡惨重,引起了极大的社会震动,重新对这一地区进行管理与整合,日益变得紧迫。甘肃省和原西宁地区、原宁夏地区在地理、历史、民族等方面都各有其特点,在当时的条件下,要进行有效的管理和开发,有很大的困难。冯玉祥早在专任西北边防督办之初,即有在西北划分省区的设想,冯氏欲借建省之机,由中央任命省政府主席等官员的办法,将国民军的势力合法地渗透进去。①

1928年,划甘肃西宁道属之西宁、大通、乐都、循化、贵德、巴燕、湟源7县,另建青海省;同时划甘肃宁夏道属之定夏、宁朔、灵武、盐池、平罗、中卫、金积、豫旺(原镇戎县,今原州区)8县和宁夏护军使所辖的阿拉善额鲁特、额济纳土尔扈特二部,成立宁夏省。文中所论及的甘肃,以1929年为界,在地理范围上以其行政区划为准。

民国时期,各派势力先后主政甘肃。辛亥革命爆发时,陕甘总督长庚是西北地区的最高地方长官,在他的压制之下,甘肃政局直到宣统帝退位一个月后才发生较大变化。1912年3月11日,秦州临时军政府成立,正式在甘肃大地举起共和旗帜。1912年3月20日,赵惟熙正式就任总督,次年又兼任民政长。赵惟熙正式就任总督后,在临时省议会的咨请下,颁布了一批法令,实行阳历,剪去发辫,禁止妇女缠足,废除都督的庞大仪仗队,废除对官员称老爷、大人等称谓。这些移风易俗的改革,同当时废龙旗、悬挂五色旗一样,成为甘肃由专制向共和过渡的标志。1913年11月,袁世凯任命张广建为陕甘筹边使,次年张广建被任命为甘肃总督兼民政长。张广建主政甘肃后,以段祺瑞推荐的二人掌握要害部门,又从其家乡安徽招募精壮1000余人,编成卫队3个营。他不仅以亲信控制军事要职,同时也以亲信控制省政府以及地方政府要职,省政府秘书长、政务厅长、警察厅长等人皆为他的亲信。袁世凯复辟帝制失败后,

---

① 刘进:《中心与边缘——国民党政权与甘宁青社会》,天津古籍出版社2004年版,第40页。

4　嬗变与重建

其直属武装分裂为皖、直、奉三系。1920年后，京畿及其附近几省，陷入军阀混战之中。为对抗掌握中央政权的军阀，"地方自治"的风潮遍及全国。1920年12月，甘肃旅沪同乡会通电甘肃各机关、团体，主张"甘人治甘"，实行"自治"。马麒、马璘等地方实力派人物等倡言拥护马福祥为甘督，最终于1921年6月，陆洪涛正式就任甘肃督军。在陆洪涛督甘期间，政治上的特征是省政权削弱，多数镇守使都处于不同程度的割据状态。到1925年3月，陆洪涛中风瘫痪，八月段祺瑞任命冯玉祥兼甘肃督办。1930年4月到1931年11月，甘肃出现权力真空，各派系军阀争夺甘肃。1931年年底，以蒋介石为首的国民党中央在甘肃统治确立后，蒋介石任命邵力子为甘肃省主席。邵力子上任之后，大力提倡禁鸦片烟，又强调"军民分治"，试图解决甘肃严重的地方割据问题，但成效并不显著。1933年，邵力子以地方割据、派系斗争、财政困难等问题自己无力解决为由，离开兰州到南京。同年4月，国民政府任命朱绍良为甘肃省主席。鉴于邵力子孤身一人来兰，国民党政令无法推行的教训，朱绍良就任时，随即调来胡宗南第一师第五团杨德亮部，另调一宪兵营驻兰州。朱绍良在甘的主要措施是统一军政，他注意与各地军队首领联络私人感情，对各县县长先经协商，由省政府委派。朱绍良在内政方面开始编组保甲、清查户口、办理警务工作。1937年，贺耀祖为甘肃省政府委员，兼代省主席。贺耀祖在甘肃的任职仅半年多，但这是国民党由国内战争转向抗日战争的转变时期，贺耀祖主持成立了甘肃民众抗敌后援会，在他主政期间，是甘肃国共合作较好的时期。1937年12月，朱绍良再次任职甘肃省政府主席，他的"在安定中求进步"的治甘方针，并未成为现实，他主政时期甘肃不仅在政治上出现了倒退，而且还出现了局部的动乱。1940年，谷正伦被任命为甘肃省主席，在他主政期间，国民党的政治经济体制贯彻到了甘肃的各个基层社会。抗日战争胜利后，国民党对甘肃境内的党政军机构进行了改组，并于1945年8月至9月，不到两个月时间，就匆匆走完了"民选"代表、议员的过场。

当时，一般民众对西北地区的了解十分有限，尤其"'胡天八月即飞雪''塞外秋风寒''腥膻之乡''不毛之地'诸歌咏，皆易养成人民视边疆为畏途"①。而当时民众要来所谓的边疆地区，殊为不易，按照民国二十年内政部公布的办法，无论个人或团体，均应向该部领取考察护照。其具体规定如下：（1）凡本国人考察边境（暂以热河、察哈尔、绥远、宁夏、甘肃、外蒙古、新疆、青海、西藏、西康、云南、广西为范围），无论个人或团体，须依式填具考察申请书三份，连同二寸半身相片四张，送请所在地方政府，转请内部审查。（2）专科以上学校学生或教授，申请考察时，得由所在学校校长，直接送内部办理。（3）审查如有疑义，得令来部面询，路远者由地方政府，传询呈复。（4）审查呈准，即由内部颁给考察护照暨报告表式，并咨行铁道部，发给乘车半价证。（5）内部发给考察护照后，应即咨行边境考察区域行政长官，转饬所属保护，并协助之。（6）考察者到达边境时，应报告当地官署，呈验护照，并报告内部查核；如在考察中，欲延展考察区域或期限时，应为呈请边地最高官署核准，同时亦应呈报内部。（7）考察完竣，应将考察情形、考察意见，呈送内部审核，认为确有特殊成绩者，得呈请奖励。②抗日战争爆发以后，随着沿海地区相继沦陷，巩固西北的陆防，利用西北地区地域辽阔、丰富的战略资源实施纵深防御成为当时有识之士的主张。但是在开发西北政策感召下，来西北工作的东南人士，素质却是良莠不齐，"挟策而往者，途辙为塞，西兰道上，冠盖如云，会垣传舍，咸告客满。此中佼佼者，固不乏其人。其他或则以甘肃为化外区域，文化低落，民智不开，心存好奇，意图观光；或则惑于西北宝藏之富，认为到处金窟，俯拾即是，冀求事半功倍，不劳而获"③。

总体而言，民国时期的甘肃由于受到地理区位的限制，趋于保守，国家层面上的变革对该地区社会深层结构触动甚缓。1931年年底，南京国民政府主政甘肃以后，国家权力加大了对地方社会的控制

---

① 陈赓雅著，甄暾点校：《西北视察记》，甘肃人民出版社2002年版，第5页。
② 同上书，第10页。
③ 慕寿祺：《求是斋零件粘稿本》，民国稿本，甘肃省图书馆西北地方文献阅览室藏。

力度，但是终民国之世，国家对基层社会始终未能实现严密的控制，制度的建设没有形成行之有效的体系。

二 地方精英

本书所采用的"地方精英"概念，主要是由于晚清科举制度的废止，传统的士绅阶层出现了分化，由科名来界定士绅与实际不符。但是近代"地方精英"的来源与"士绅""乡绅"是分不开的。关于"士绅""乡绅"这一阶层，早在20世纪40年代就已有日本学者进行研究。张仲礼在《中国绅士——关于其在十九世纪中国社会中作用的研究》①一书中，以学衔和功名来划分绅士。最近几十年来美国学者在大量的个案研究中发现，许多所谓的"绅士"并不一定有功名，而是主要依靠土地占有、宗族特权以及对地方事务的管理而跻身于"名流"之列。余英时则强调绅士阶层的知识分子内涵，认为他们虽不一定等同于知识分子，但却是中国知识分子阶层的主要社会来源。②

1905年科举制度废除以后，原有的士绅阶层出现了分化，而且不同的省份、地域差别很大。在江南地区，科举制度废除以后的江南地方士绅虽然不一定拥有功名，但社会要求他们要有比较高的文化修养，才是获得体面的重要标志。③在湖南省，研究者由真实可靠的统计数据出发，揭示了洋务派绅士和维新派绅士的崛起，推动了湖南社会的近代化。④近代湖南省的衡阳，研究者以"国家与社会"理论作为研究框架，探讨1850年至1949年衡阳地方精英的政治参与及其与城市政治发展之间的关系。由于近代衡阳地方自治缺乏必要的成长因子和体制上的支撑，官治取代自治成为精英参与城市政治的主要形式。随着国家权威在地方扩张，地方自治的空间日益狭小，地方精英

---

① 张仲礼：《中国绅士——关于其在十九世纪中国社会中作用的研究》，李荣昌译，上海社会科学院出版社1991年版。
② 余英时：《士与中国文化》，上海人民出版社1987年版。
③ 邓若华：《二十世纪前期常熟地方精英考察》，硕士学位论文，华东师范大学，2004年。
④ 阳信生：《湖南近代绅士阶层研究（1895—1912）》，博士学位论文，湖南师范大学，2003年。

被纷纷纳入国家政治体制内。① 晚清温州地区的士绅阶层开始了自我分化，上层士绅是清末新政的利益获得者，而下层士绅却被急剧边缘化。兴办学堂成为上层士绅、下层士绅与地方官府三方积累文化资本、争夺权力象征资源、扩张社会交往网络的焦点。② 对于中国知识阶层从传统乡土性"士绅"到现代都市型"知识分子"的转型，研究者从教育制度与群体变迁的维度加以考察，在自我认同上，知识阶层力图与传统士绅告别。③

民国时期的甘肃虽然仍以"绅""士绅"来描述这一阶层，时人刘尔炘描述这一时期"官""绅"关系有"甘肃自共和以来，其在各属，绅与绅争权而互相水火者有之，官与绅争利而彼此攻讦者有之，绅与官串通而鱼肉乡里者有之"等语。④ 但此"绅"非彼"绅"，其来源和精神内核与传统的士绅相比已发生了很多变化。因此本书用"地方精英"来界定这一阶层，其精英身份的获取，依赖于其构建地方社会共同利益的贡献，对维持社会秩序发挥了重要作用，而传统士绅在各类公共事务上的作为也得到了延续。

第二节 相关研究的回顾与展望

学者对于近代甘肃士绅阶层、其他社会群体、地域社会以及近代重要人物的个案研究已有一定的积累。对甘肃地区的士绅以及其他社会群体已从不同的角度，形成了一系列成果。陈尚敏在《近代社会转型与甘肃士绅》⑤中指出甘肃士绅在近代社会无论其

---

① 吴小珍：《地方精英与城市政治变迁（1850—1949）——以近代衡阳为例》，博士学位论文，华中师范大学，2012年。
② 李世众：《晚清士绅与地方政治——以温州为中心的考察》，上海人民出版社2006年版。
③ 杨小辉：《从士绅到知识分子——中国知识阶层转型研究》，博士学位论文，上海大学，2007年。
④ 刘尔炘：《答覆兰州地方审判厅推事朱恩昭陈请提议开办审判厅文》，《果斋别集》，《中国西北文献丛书》第173册，兰州古籍书店1990年影印本。
⑤ 陈尚敏：《近代社会转型与甘肃士绅》，博士学位论文，西北师范大学，2007年。

构成还是走向都出现了新的动向，并对兰州士绅刘尔炘进行了个案研究，通过对他的具体实践的分析，来讨论绅权在民国的延续性。杨银权在《清代甘肃士绅研究》①中，分析由于受到社会历史条件的限制，甘肃士绅阶层的人数相对较少，在同治年间的回民变乱中，一部分人获得了进入士绅阶层的机会，同样在地方公共事务中，甘肃士绅扮演着倡导者和实际经理者的角色。姚鹏在《近代甘肃留学生研究》②中，通过对相关史料的梳理，将近代甘肃的国外留学生视为一个群体，并将之置于近代留学运动及中外文化交流的大背景下，分析了甘肃省留学生主要集中在天水、白银、定西、兰州四个地区，具有明显的地域性，并重点考察归国留学生对近代甘肃社会的影响。姚联合《民国初年的甘肃省议会（1912—1927）》③梳理了中国第二历史档案馆、甘肃省档案馆的有关资料，④对历届议员情况从年龄构成、地域分布等方面进行分析，从甘肃省议会的议事流程、会议决案中可以管窥时任议员追求民主政治的努力，甘肃议会与省行政当局之间既存在着矛盾、冲突，也有着合作与妥协。

对于甘肃地域社会的研究成果有尚季芳的《民国时期甘肃毒品与禁毒问题研究》⑤。鸦片的种植、吸食和贩运给民国时期甘肃社会带来了诸多社会问题，某些社会群体（如军队、土匪、地方土劣等）将鸦片视为重要的经济来源，在禁与不禁之间，民国历届政府态度不一，终民国时期，毒品问题一直没有得到解决。苟景华在《二十世纪

---

① 杨银权：《清代甘肃士绅研究》，博士学位论文，西北师范大学，2009年。
② 姚鹏：《近代甘肃留学生研究》，硕士学位论文，云南大学，2012年。
③ 姚联合：《民国初年的甘肃省议会（1912—1927）》，硕士学位论文，西北民族大学，2009年。
④ 姚联合：《民国初年的甘肃省议会（1912—1927）》，硕士学位论文，西北民族大学，2009年。在中国第二历史档案馆查阅到10多份与其研究有关的资料，主要有《甘肃省议会选举舞弊问题电报》《省议会反对潘龄皋长甘电文》《筹备甘肃省省议员选举事务有关文件》《甘肃第二届复选举选出省议会议员汇造名册》等；甘肃省图书馆西北文献部馆藏文献收集的甘肃省议会部分常会、临时会议决案石印本，亦应视为档案资料。
⑤ 尚季芳：《民国时期甘肃毒品与禁毒问题研究》，博士学位论文，四川大学，2007年。

三四十年代甘肃地方政治的重构》①中指出这一时期，社会政治秩序在抗战的大背景下渐趋稳定，地方政治在这一阶段得以重新构建。甘肃地方政府推行了一系列措施，诸如新县制的推行、地方自治、战时保甲、党团组织的加强、警政改革等。刘进的《中心与边缘——国民党政权与甘宁青社会》②，透过典型事件，从中央与地方两个视角透析国民党政权在甘宁青地区确立统治地位的过程。文中采用了大量的档案和报刊资料，使对各派势力的分析与考察更为细腻和透彻。袁林的《西北灾荒史》③主要以陕、甘、宁、青、新为研究地域，整理了大量的史料，对西北灾荒情况作了全面的梳理。杨洪远《民国时期甘肃灾荒研究》④以灾荒作为视角来考察民国时期的甘肃社会，对甘肃的灾荒问题进行了定性、定量和定位研究。付春锋的《20世纪20年代甘肃灾荒救济》⑤以甘肃灾荒频发为背景，分析政府救济和民间救济行为，反映出该地区由无序社会开始向常态社会转变。许宪隆的《诸马军阀集团与西北穆斯林社会》⑥从现代化促进社会转型的角度，重新审视民国时期西北回族军阀集团在西北社会演进过程中的特殊作用。此外，还有魏永理的《中国西北近代开发史》⑦，丁焕章的《甘肃近现代史》⑧，刘光华主编的《甘肃通史·中华民国卷》⑨，张克非、王劲主编的《西北近代社会研究》⑩，对近代甘肃作了宏观性研究。《甘肃文史资料选辑》收录多篇时人回忆性文章，对于了解近代甘肃的面貌有非常重要的作用。

---

① 荀景华：《二十世纪二四十年代甘肃地方政治的重构》，硕士学位论文，兰州大学，2011年。
② 刘进：《中心与边缘——国民党政权与甘宁青社会》，天津古籍出版社2004年版。
③ 袁林：《西北灾荒史》，甘肃人民出版社1994年版。
④ 杨洪远：《民国时期甘肃灾荒研究》，硕士学位论文，西北师范大学，2007年。
⑤ 付春锋：《20世纪20年代甘肃灾荒救济》，硕士学位论文，兰州大学，2006年。
⑥ 许宪隆：《诸马军阀集团与西北穆斯林社会》，宁夏人民出版社2001年版。
⑦ 魏永理：《中国西北近代开发史》，甘肃人民出版社1993年版。
⑧ 丁焕章：《甘肃近现代史》，兰州大学出版社1993年版。
⑨ 刘光华主编，宋仲福、邓慧君著：《甘肃通史·中华民国卷》，甘肃人民出版社2009年版。
⑩ 张克非、王劲主编：《西北近代社会研究》，民族出版社2008年版。

对于甘肃民国地方精英已有一定数量的个案研究，董丽丽在《水梓与甘肃的教育事业研究》①中以水梓的具体教育实践为线，如制定教育法规，推行新的教育体制、科学与先进的教育理念，推动了甘肃教育事业的发展。王兰在《邓隆宗教思想研究》②中指出邓隆的思想是由信仰儒学开始，道教间杂，最后归于佛教。邵彦涛的《旧学思想的现代化——清末进士邓隆的思想世界》③主要是介绍邓隆在现代化的过程中思想如何发生转变，并且提出了这种复杂的思想交融是当时一大批士人所表现出来的。牛明明在《冯国瑞及其学术研究》④中，从陇右人物环境的熏陶分析冯国瑞的学术渊源，从他对甘肃石窟遗存、金石学考证等六个方面概述了其主要学术成就。对刘尔炘的研究有《甘肃近代著名学者、教育家刘尔炘》⑤《士与二十世纪的实践性儒学——试论刘尔炘的思想、实践及其意义》⑥等论文。对张维的研究有《张维与〈陇右方志录〉》⑦《张维在古籍整理上的贡献》⑧等论文。此外，还有地方精英后人的回忆性文章《贤迹觅踪——记我的祖父张世英、外祖父周务学》⑨《煦园春秋——水梓和他的家世》⑩《回忆我的父亲水梓先生》⑪。

从以上研究史的梳理中可以看出，对于民国时期甘肃地方精英已

---

① 董丽丽：《水梓与甘肃的教育事业研究》，硕士学位论文，西北民族大学，2012年。
② 王兰：《邓隆宗教思想研究》，硕士学位论文，兰州大学，2010年。
③ 邵彦涛：《旧学思想的现代化——清末进士邓隆的思想世界》，《华中师范大学研究生学报》2010年第4期。
④ 牛明明：《冯国瑞及其学术研究》，硕士学位论文，西北师范大学，2011年。
⑤ 刘宝厚：《甘肃近代著名学者、教育家刘尔炘》，《兰州大学学报》（社会科学版）1991年第4期。
⑥ 张景平：《士与二十世纪的实践性儒学——试论刘尔炘的思想、实践及其意义》，《国学论衡》第4辑，中国藏学出版社2007年版。
⑦ 王锷：《张维与〈陇右方志录〉》，《西北师范大学学报》（社会科学版）1990年第4期。
⑧ 王锷：《张维在古籍整理上的贡献》，《社科纵横》1993年第4期。
⑨ 张绍萱：《贤迹觅踪——记我的祖父张世英、外祖父周务学》，西安出版社2009年版。
⑩ 《煦园春秋——水梓和他的家世》，中国艺苑出版社2006年版。
⑪ 水天长：《回忆我的父亲水梓先生》，《团结》2013年第3期。

有一定的成果，但在现有的基础上，仍然有较大的开拓空间。

首先，面对民国时期的社会变动，以往的研究多将其放在社会发展阶段的大框架中，探讨其近代性或局限性。在民国的背景下，传统的士绅阶层出现了分化，但对于其延续性和相对稳定性的关注不够。

其次，以往对士绅的研究，更多的是将其纳入政治史、经济史的脉络中。本书采用"地方精英"这个概念，主要强调其对地方社会的责任感。他们一方面在地方社会中努力实践；另一方面要根据社会的变化，对所掌握的资源加以调整应对，以随时在变化中维持自己的地位。

再次，对于甘肃地区的地方精英研究成果较少，将其视为一个群体来作为研究对象，还没有引起学界足够的关注，不利于认识这一群体的概貌，更难以全面地展示其历史地位。就个案研究而言，偏重于刘尔炘、张维、水梓等少数人，而对其他人物的研究还停留在简单生平介绍层面上，研究的深度不够。

最后，相关史料的发掘与利用不够。相关研究将史料的征引集中在地方志和少数人物的文集，对时人汇编资料、档案资料的利用不多。

第三节　研究意义、重点及方法

甘肃地方精英是民国社会一个不可忽视的社会群体，对其研究还有拓展的空间。本书写作的意义在于以下两点。

第一，本书讨论的中心问题是地方精英阶层在民国时期保持着相对的稳定与延续性。面对社会的持续性震荡，他们努力使用自己所掌握的资源，成为历史的直接介入者。

第二，对甘肃区域社会的考察，力图把握区域社会发展的内在脉络。当国家层面发生重大事件时，地方的经济结构和权力结构却保持着其自身的特点，而地方精英正是这一特性的集中表现者。

本书以地方精英在甘肃社会中的主要活动为切入点，来分析地方精英在社会变迁时期，对地方事务的广泛参与，以及其自身价值的认同。正文由四章及结论部分组成，在绪论中重点述说写作的缘起、研究现状以及所用的理论与方法。

第一章，概述民国时期甘肃地区的权力关系，将地方精英的活动与甘肃的地域特征联系起来。面对辛亥革命、河州事变、雷马事变这样的持续性震荡，他们积极斡旋，维持了地方秩序。

第二章，在科举制度被废除以后，地方精英仍作出了种种保存旧学的努力。但是新的教育体系还是成为时代的主流，新的知识阶层也由此形成，其具体走向和精神内核已与传统的地方精英不同。

第三章，考察地方精英在公共事业上的表现。民国时期甘肃遭受一系列的天灾人祸，而其时主政甘肃的各派均未能建立起行之有效的慈善救助体系，地方精英成为慈善和医疗救助事业的实际主持人与执行者。而工合运动这一新型慈善事业，与传统治标的慈善救助相比，其内核已有不同，非甘肃籍的人士在这一活动中发挥了更大的作用。

第四章，选取王烜的交游为个案进行分析，其交游所形成的社会网络对其经世的活动产生了影响，在赈务会中赞襄其事业的多为其朋友。科举考试虽然已经废止，但旧的科名拥有者在进入民国后，其交游仍具有极大的延续性。而透过赈务会风波所见，地方精英在权力结构中仍处于从属地位。

最后是结论。通过对地方精英在民国时期甘肃各项活动的考察，可以看到民国时期甘肃地方精英在面对社会大变动的时期，利用其所掌握的社会资源，努力承担其精英责任，强烈的经世观念是其灵魂的核心。但是面对强权，他们始终不能拥有独立的社会地位，因而有些人选择了急流勇退，但正是有赖于这样的一个阶层，甘肃地区社会保持了相对的稳定，其变乱都没有超出社会的承受能力。

本书将研究的重点放在民国时期地方精英在甘肃地区的活动，希望通过对这些活动的考察，更全面地反映这一阶层在外部环境急剧变化的冲击下，如何维护自身的地位、权益；地方精英的走向是在怎样的语境下发生的；在材料的运用上，将采用档案、时人文集、报刊资料，以对地方精英进行具体而微的研究。

在收集资料的过程中,笔者发现本书所面对的难点有:

第一,对区域史方法的运用,既需要反映甘肃地区的地域政治生态,也不能割断与国家史的联系,同时又要把握好两者之间的关系。在民国时期,甘肃地区的变动十分明显,但是国家史层面上的史事,有些对于甘肃地区来说未必重要。这就需要挖掘出更丰富的细节,使对甘肃的描述落在实处。

第二,受知识积累的限制,在对已掌握的材料进行解读的过程中,笔者发现地方精英十分复杂,以其主要活动作为切入点进行分析,其局限性也很明显。在对现有理论的运用中,也存在着困难。

对于社会群体的研究,是社会史的重要内容,而地方精英内部并非铁板一块,笔者将采取个案分析的方法,来探讨地方精英在这一特定时期,面对现代国家权力对地方社会的渗透,如何发挥其精英的作用。

第一章　变乱与秩序：地方精英的行动与作为

甘肃由于地处西北，风气闭塞，辛亥革命的爆发，引发了甘肃社会的严重震荡，由于地方的保守性，共和达成也是多方博弈的结果。民国时期，主政甘肃的各方实力派，并没有解决现实的社会问题，反而为了小团体利益而党同伐异，河州事变以及雷马事变给社会造成了持续动荡，社会失范，此时甘肃的地方精英，极力地维持地方的稳定，在各派之间作了大量的斡旋，努力恢复社会秩序，收到了一定的效果。

第一节　多方博弈：共和的达成

辛亥革命发生前后，甘肃已进入多事之秋，多起兵、民事变的发生，瓦解着旧有的社会秩序。但保守势力迟迟不肯退出政治舞台，先是甘军攻陕，为了筹集军饷，当时主政的长庚、升允、彭英甲等人多次致电清内阁军机处，要求筹款接济。黄钺在秦州反正，直至和平解决也是一波三折，甘肃省议会更是在艰难中维持。面对这一重大变局，地方精英中有人困惑迷茫，更多的则是积极的行动，设法遏制危机的扩大，以恢复社会秩序。

一　辛亥革命与甘军攻陕

晚清时期的甘肃从表面上看尚属安定，实则已是暗流涌动，辛亥革命之前已经发生了一系列的民变。宣统三年（1911）8月，张掖县民王良卿、王莲清等，在县里发动革命，事败被杀。在这一年春二、三月间，甘肃实行禁烟令，张掖奉令较迟，农民早已经下种，烟苗已出土。四月，甘州知府李廷飏同禁烟委员王振鹏（张掖人）率警兵下乡，铲犁烟苗。农民哀求不准，激起事变，聚众三四千人，攻破东城，拉倒王振鹏的房屋。甘州提督马进祥派队弹压，被群众赶走。马进祥据情上报，省方派西宁镇马福祥，甘凉道张毅查明，将为首的丁积庆、徐成明、刘竹林等斩首。守备周月林、绅士王九卿因暗地主谋，被遣发黑龙江充军，此外被处徒刑的有十余人。又历年粜卖仓粮，积弊甚深，久蓄民怨，因此农民积愤，有了革命的倾向。王良卿暗结帮会及受害农民三千余人密谋起事。时有河南人王莲清随父（南古城守备）宦游张掖十余年，看到清政腐败，辗转与孙中山先生取得联系，在山丹、东乐、抚彝各县活动。是年六月，王莲清与王良卿等结盟，计划在中秋节以三千人取张掖，二千人取山丹，一千人取东乐，一千五百人取抚彝；事成，就把四县作为革命根据地。不料被提督马进祥知道了。这时，王莲清正在东乐，马进祥密使人把王莲清逮捕，解来张掖，由他身旁搜出盟单及进兵计划。王莲清见事已至此，遂慷慨陈说民族利益和清朝必亡，当时就被杀了。临刑时王大呼我死后弟兄们当继续努力，拯救中国的危亡。同时被害的有回族刘姓一人。张掖人并称之为铁汉。之后，马进祥按盟单捕杀王良卿及帮会头目三十多人，牵连上的有二三百人，其他三十余人正要按单缉捕，因为辛亥革命成功而作罢。①

辛亥革命爆发，全国震动，10月22日陕西响应，陕西新军组成革命武力，称号秦陇复汉军，张凤翙以新军统领被推为陕西临时都督，张云山以哥老会领袖被推为革命军统领。陕甘总督长庚听闻陕西革命变起，密不宣布，与升允组成东征军援陕。长庚，满洲人，方握甘肃军政大权。东征军分为东、南两路，以马安良、张行志、陆洪涛所部，由东路泾川向陕境长武、邠州进发，崔正午部为南路由秦州

---

① 王烜著，邓明校点：《辛肃甘肃辛壬之间政变材料》，《王烜诗文集》（内部使用），甘肃省人大办公厅印刷厂1997年印刷，第691—692页。

（即天水）向凤翔进发，调河州镇总兵罗平安带兵三营驻徽县、两当暨陕西凤县东河桥一带防陕，又调忠武军一营赴徽县、两当分驻防川，又令吴炳鑫带兵三营驻防狄道。①

这时兰州城防吃紧，长庚改常备三标为忠武军，以周务学为统领，并调西宁镇总兵马福祥来省，添召回兵数营，号昭武军，以马福祥为统领。马福祥系回族武进士马福禄之弟。当庚子（1900）、辛丑（1901）间，清慈禧与光绪在西安时，升允任陕西督粮道，马福祥正是行在侍卫，相与往来。升允这次兴兵攻陕，自以为与马福祥有旧交，想借其武力用作他的基本队伍。不料马福祥意在观望，不愿在家乡燃起战火，不为升允所用。长庚也以马福祥素负地方重望，遂调驻省垣，以充实省城防务，并调庄浪满营旗兵五百来省助守。又令在籍绅士翰林院编修刘尔炘募城防兵三百人号志果军，以练生科为队长，在城关设稽查局，维持秩序。庄浪旗兵来省的只二百多人，驻金城关。居民见旗兵来到，以为革命是汉人排满，今满兵来了，恐怕杀汉人，于是谣言四起。满兵随列城上。布政使刘谷孙向长庚说，恐满兵招祸。长庚不听。满兵疲弱，多嗜好，无枪械，都拿着刀矛等旧兵器。彭英甲也对长庚说满兵不足用，徒令人民疑惧，怕闹出变故，不如遣还。长庚就把满兵遣去，复调肃州镇总兵柴洪山到省城，成立建威军马、步、炮五营，用固省防。即日省城戒严，以警察长为戒严司令，通令各县倍加警察名额，另成立自卫队及保卫乡团。马安良所统率的西军赴陕期间，所过陇东各县，沿途焚杀掳掠。升允捕获数人，将要诛戮正法。马国仁托人求情，就从轻割耳示众。正在这时，兰省军务处接宁安堡电告宁夏帮会有变，升允、长庚商议就教西军帮统马麒率部驰往宁夏平乱。②

甘军攻陕，陕西方面派张云山截堵，张云山把截堵甘军的重点布置在乾州。而进攻乾州的"西军"提督马安良，分统马骐、马占奎

---

① 王烜著，邓明校点：《辛肃甘肃辛壬之间政变材料》，《王烜诗文集》（内部使用），甘肃省人大办公厅印刷厂1997年印刷，第693—694页。

② 同上书，第691—695页。

（马安良的叔父）和他们率领的"十营旗"营长、旗长等不但都是回族，并且都还是家族。马安良的"西军"由兰州、榆中、定西、静宁、隆德、六盘山、平凉、泾川，沿着陕甘大路直驱长武。陕军开始打算依险设防，截堵"西军"，后来因永寿城太小，且城在山顶上，城内外均无泉水，仅县政府门口修有一座水窖，从三十里外，把潺潺小泉，用沙罐引到这里，平时就不够吃，敌人如从半道破坏水源，就会造成缺水现象，因此陕西方面并未设防。而乾州系陕西省西北部的较大城镇，居民多，离西安近，实为泾渭两水之间富庶地区。城北"冉店桥"，系一天然战壕，亦即当时之战场。① 双方就以乾州为中心，战况胶着，相持不下。

升允与彭英甲，既感军饷不足，又想扩大兵力，爰商定了七项计划：（1）甘省财产富有者，勒令捐助军饷，按财产多寡，定捐款之等差；（2）以劲旅突破乾州，限日出咸阳，攻长安；（3）驰檄新疆，急促提督焦大聚，第八营炮队长阮道成，入甘进援；（4）致电东三省宗社党肃王，请代购最新式军械，并拨款三十万两，以充军用；（5）编练炸弹勤王队9营，以期克日调用；（6）鼓动陕西回民起事，分扰新军后方，以壮声势；（7）组织暗杀党，派赴各地，谋刺民国最重要人物。②

为了筹集军饷，长庚、升允、彭英甲等多次致电清内阁军机处，要求筹拨接济。宣统三年（1911）9月29日陕甘总督长庚致电内阁总理袁世凯，③ 表示"惟甘肃瘠瘠民贫，非同东南繁富之区，匪时举办要政，业已筹款维艰，今军务倥偬，更难著手。过用压力，转恐激生事端，且纵用压为，亦恐搜括无几。至枪械等项，除将省内外局库所存一律发给援陕各军，而本省防剿各军几坏，无从没法"④。

---

① 马乐天、韩海容：《辛亥革命时期甘军进攻陕西乾州概略》，《甘肃文史资料选辑》第11辑，甘肃人民出版社1981年版，第198页。
② 陈秉渊：《辛亥革命时陕甘议和拾遗》，《甘肃文史资料选辑》第11辑，甘肃人民出版社1981年版，第205页。
③ 《宣统三年九月廿九日陕甘总督长庚致内阁总理袁世凯电》，《甘肃文史资料选辑》第11辑，甘肃人民出版社1981年版，第219页。
④ 同上。

希望"贵阁主持，会商府部，查照历次电奏，迅赐筹拨接济。不独庚一人铭感不忘，陕甘亿万生灵，同深感戴"①。宣统三年10月13日长庚再次致电内阁度支部，②甘肃"列藩库存饷仅支一月，有支无收，危急万状。惟有泣求钧阁、部，速济饷百万，由归绥，迪化分起汇解，以救倒悬"③。而"甘省路远，解到需时，应恳度支部与京汇庄商拨，京汇庄如担任收兑，则此间汇庄虽无多现款，而商人声息相同，或可搜集微数，暂济目前，再候部中大宗拨款，挽此危机"④，与长庚一同致电的司道俞明震、监理官传秉鉴、谘议局长张林焱等人。

甘军攻陕，军饷再度告急，长庚于宣统三年10月29日致电内阁，⑤甘肃目前"司库如洗，罗掘俱穷，设一旦边项不支，不惟诸军短气，且将有哗溃之虞。虽蒙度支部允拨借款，但远莫能致，难济急需。无论如何为难，务恳度支部先由票号汇寄银伍拾万两，暂济燃眉。俟前请银一百万两筹借有款，再乞陆续由归化拨解"⑥。宣统三年11月21日塔尔巴哈台参赞大臣额勒浑转陕甘总督长庚等自兰州发电，⑦表示"陕甘兵事不独为全省治乱所关，实为国家存亡所系。连日督饬各军不敢少懈。惟甘库如洗，兵饷不能接济，万分焦灼。伏乞无论如何为难，先设法凑银陆拾万两，即奏请内帑亦无不可，分拨北京天成亨三十万两，协同庆八万、蔚丰原十二万、大德恒五万，电兑到兰，以顾眉急。俟此款借定，即将此陆拾万扣还"⑧。"庚等处此瘠区，智穷力竭，不得不呼吁于我公之前。万望顾全大局，为朝廷保此

---

① 《宣统三年九月廿九日陕甘总督长庚致内阁总理袁世凯电》，《甘肃文史资料选辑》第11辑，甘肃人民出版社1981年版，第219页。
② 《宣统三年十月十三日陕甘总督长庚等致内阁度支部电》，《甘肃文史资料选辑》第11辑，甘肃人民出版社1981年版，第219页。
③ 同上。
④ 同上。
⑤ 同上书，第221页。
⑥ 同上。
⑦ 《宣统三年十一月二十一日塔尔巴哈台参赞大臣额勒浑转陕甘总督长庚等自兰州发电》，《甘肃文史资料选辑》第11辑，甘肃人民出版社1981年版，第224页。
⑧ 同上。

立足之地，否则饷源告竭，不第将士灰心，亦恐各军溃变。"① 与长庚共同列名致电的还有甘肃谘议局议长张林焱和地方人士刘尔炘。

陕西藩司彭英甲于宣统三年10月20日致电内阁，② 陈言"陕甘接壤，陕为甘门户，无陕则无甘，无甘则伊新孤悬塞外，均不可保"③。但是，一再致电请求拨款，清廷皆无暇顾及，时有借比利时之款，彭英甲请求"可否准借外债二百万，由陕甘两省认还之处，敬候示遵"④。随后，彭英甲再次致电袁世凯，⑤ 力陈"目前电禀，拟借比国公债，实出于万不得已。盖部库现值奇绌之时，而此款又系急需之项。维有叩恳宫保，俯念边省待饷孔殷，无论如何为难，务祈登高认可，迅赐与该公使面订，借拨银百万或二百万两，由陕甘两省认还，俾济军需而维大局"⑥。

其时，各省纷纷承认共和，但是张林焱议长、刘尔炘副议长代表甘肃、新疆两省人民，致电袁世凯、咨政院，并转上海伍廷芳，他们表示："倘骤蹴共和一阶，则民情惶骇，谣诼纷乘，草莽英雄何胜指数，正恐少数代议士所得而左右之。将来不至斩木揭竿，四海沸腾不止，而蒙藏地广人众，难保不生事端。"⑦ 他们认为如果实行共和政体，会导致动乱。然而共和是历史的潮流，1912年2月13日，南北议和告成，此后隆裕太后颁布宣统皇帝退位懿旨，命袁世凯以全权组织临时共和政体。但是长庚却秘而不宣清廷逊位诏书，令甘军继续攻陕，然而纸里包不住火。先是甘军打乾州时，民军从城上抛下共和告成的传单，甘军西军统领马安良对升允说："国体已经改革，各军都

---

① 《宣统三年十一月二十一日塔尔巴哈台参赞大臣额勒浑转陕甘总督长庚等自兰州发电》，《甘肃文史资料选辑》第11辑，甘肃人民出版社1981年版，第224页。
② 《宣统三年十月廿日署陕西藩司彭英甲致内阁电》，《甘肃文史资料选辑》第11辑，甘肃人民出版社1981年版，第228页。
③ 同上。
④ 同上。
⑤ 《宣统三年×月××日署陕西布政使彭英甲致内阁袁世凯禀》，《甘肃文史资料选辑》第11辑，甘肃人民出版社1981年版，第228页。
⑥ 同上书，第229页。
⑦ 《张林焱、刘尔炘致袁世凯、伍廷芳反对共和电文》，《甘肃文史资料选辑》第11辑，甘肃人民出版社1981年版，第231页。

知道了，何必同室操戈呢？"遂暗地里将其军陆续撤回。接着寓居北京、上海的甘肃人士来电敦促当局宣布承认共和。此时北京政法学堂学生水梓从北京经宁夏返回兰州，对马福祥谈了大局情势，革命必成，应当保全桑梓。袁世凯也电令长庚以都督名义，暂时维持甘肃政局。长庚见大势已去，挥泪对各司道官员说："我老了！不能效仿王保保保元抗明了。让我赧颜事仇人，能不有愧于心吗？"随后马福祥密请长庚决定大局，长庚说："地方的事，大家觉得怎样好，就看着办好了，我不闻不问。"至3月11日，骁锐军统领黄钺发动秦州起义，组成临时军政府。四面楚歌中，长庚才宣布清廷退位诏书，3月15日就由甘肃布政使赵惟熙、咨议局议长张林焱、昭武军统领马福祥领衔，电呈北京承认共和，袁世凯立即任命赵惟熙为甘肃都督，将咨议局改组为临时省议会，推举张林焱为议长，刘尔炘为副议长，省城悬挂五色旗，宣告五族共和。适逢道员李镜清由四川回到兰州，就推选他为临时省议会议长，推举周务学、慕寿祺为副议长。省议会遂咨请都督赵惟熙迅速将攻陕甘军全部调回，四月攻陕甘军陆续调回，甘肃遂走向共和。

二 秦州反正始末

黄钺是湖南人，同盟会会员，受黄兴的指示来甘肃进行革命工作，他的父亲与长庚有交情，他利用这层关系到了兰州，长庚准许他成立六营队伍，但实际只有一营是新成立的，其他五营是拨崔正午部的，崔正午不受黄钺的指挥，有名无实。黄钺知兰州无可为，遂伪称秦州是陇南重镇，请前往以阻陕西的革命军，长庚准许，遂于辛亥年农历十一月带队前来秦州，但长庚拨给他的枪支，皆窳败，饷银又少，黄钺有毅力，不计其他。黄钺的营长张晚松是湖南人，有志革命，到秦州后，于壬子年（1912）农历正月二十三日宣布秦州独立，组织了军政府，发表檄文，指责升允、彭英甲破坏共和"匿诏令而不宣，恣其凶焰，以与我陕西民军相持不下，压迫我舆论，阻挠我民政，牺牲我膏血，惨戮我行旅"。而秦州独立"脱水火斯民之厄，竟共和一篑之功，义旗所指，秋毫无犯。凡我汉回蒙满士农工商人等，务各安本业，无相惊扰。并先行拟就约法五章，俾天下晓然，如见其怔。自此宣布之后，其各懔遵"①。以黄钺为正都督，向燊为副都督，卢士琪为顾问官，丁广照为一等秘书官，蔡寿祺为二等秘书官，以上各员都为湖南籍。在总务处中任职的各员，正、副总务长分别由秦州籍的张世英、哈铸担任，甘肃籍任职的还有花廷黻、任凤翩、赵钟琳、张廷燎，来自湖南籍的有黄荣选、向高标、张桓，其他省的有张庭武、汪青、蔡镇西、毕文硕。军政司正、副司长由李宗纲、黎兆枚担任，二人均为湖南籍，军政司厅长由甘肃静宁的受庆龙担任。财政厅正司长由湖南籍的黄嗣担任，副司长由秦州的萧汝玉担任。民政厅正、副司长由董皓民、贾缵绪担任，民政厅厅长由张绍蕃担任，三人都是甘肃秦州籍。教育厅正司长由湖南籍的陈贞瑞担任，教育厅厅长由甘肃秦州籍的周希武担任。司法厅正、副司长由周昆、阮绍琛担任，司法厅厅长由章德焜担任，三人都是湖南籍。交通司正、副司长由寇献琛、谭其茞担任，交通司厅长由魏国英担任。在总司令部中总参谋官鲁秉周，一等参谋官罗瑞麒，二等参谋官向铭勋、刘德馨、江楚枏、汤振安、黄锡斌，皆为湖南籍，二等参谋官梁国栋为甘肃籍。东路宣慰使花湛露为甘肃籍，总军需官黎瑞芬为湖南籍，一等书记官杨楚材为江苏籍，二等书记官由湖南籍的张秉赤、潘丙炎担任。镇司令部正、副招讨使由刘文厚、程傅霖担任，一等参谋官魏鸿发甘肃籍，二等参谋官向梁、严少春为湖南籍，三等参谋官张文华为四川籍，陈国春为湖南籍，中军官郭俊杰为陕西籍，正军需官李毓华，正执法官张兴勃为湖南籍，一等书记官杨儒汉为甘肃籍。② 在甘肃临时军政府中都督府以及司法司各员皆为湖南籍，总司令部各员中湖南籍为主，秦州本地人士主要在总务处、民政厅等部门任职。

甘肃临时军政府公布其法约"以维护共和救济人民为宗旨"，暂设于秦州，一切命令由本军都督颁布，在地方自治方面也有诸多规

---

① 《甘肃临时军政府檄文》，《甘肃文史资料选辑》第11辑，甘肃人民出版社1981年版，第11页。

② 《甘肃临时军政府及总司令部职官名录》，《甘肃文史资料选辑》第11辑，甘肃人民出版社1981年版，第20—22页。

定："占领地所辖各州县文武各官长如有不洽舆情者，即由自治局禀请本军政府撤换。各州县文武长官所受满清印信，均应缴消，暂以自治局关防行之。各地方自治局应编民团以资自卫。各州县及标营所有存储舱枪械，必须呈报本军政府备查。各地方应征租税，由自治局局员征收，解交本军政府，俾充军需。地方官不得干涉。地方官所需行政经费及标营粮饷，亦由自治局发给。惟须每月造具收支比较表，呈报本军政府备查。人民狱讼仍暂由地方官经理。凡在战地之民团，亦应由招讨使调遣，但随助战不在此限。"①

在秦州宣布独立后，黄钺先后致电各方争取舆论支持，他表明秦州举事本在甘肃未认共和之前，"在兰州官绅虽承认共和，尚无正式公文通告，国号年号概未改革。长庚、升允尚拥重兵未离兰州、平凉，驻防宁夏，凉州将军都统未离职守，各旗兵未缴军械，恐连合回番有梗大局"。甘肃种种情形，毫无共和气象。②

4月26日，以张世英、哈铸、董皋民为代表致电，阐明"赵惟熙、彭英甲与甘民结怨甚深，人地不宜。秦州黄公遵令解决，请委任俞明震为都督，以靖甘乱"③。秦州绅商学军界代表董戒、董之桢、马秉彝等致电袁世凯，首先表明"黄道钺在秦州反正。因其时甘军尚攻凤翔，未闻兰州承认共和"。其次，"迨二月朔，兰州宣布共和，照会兰秦绅士，要约八条转商赵都督电中央政府，尾开奉到覆电决行之日，作为秦州临时军政府取消之日。此照会未到兰，而赵即将大总统铣电寄到。中有黄道举兵西向之语，与黄道事实不符。欲黄报告实情再行取消，乃赵始则称调兵围守，继则称黄为匪为逆，黄益不安"。再次，黄钺反正后，"未伤一民，未出一卒，所行政策，一遵大总统命令。秦州粮税、讼狱书差诸弊，悉为清厘，绅民感之"。反观赵惟

---

① 《甘肃临时军政府法约》，《甘肃文史资料选辑》第11辑，甘肃人民出版社1981年版，第12—13页。
② 《致南京内阁总理黄电》（1912年3月19日），《甘肃文史资料选辑》第11辑，甘肃人民出版社1981年版，第25页。
③ 《秦绅致北京袁大总统南京孙大总统湖北黎副总统电》，《甘肃文史资料选辑》第11辑，甘肃人民出版社1981年版，第45页。

第一章　变乱与秩序：地方精英的行动与作为　23

熙"奉行共和，一事未举，黄热心公益，反遭匪名，公道何在？"从多个方面为黄钺辩驳。

除了向北京及南京方面申诉之外，秦州的地方人士还向上海甘肃旅沪同乡会等社会团体表明立场，以董戒、董之桢、马秉彝等为代表，表示赵惟熙"前任巡警道时，藉公苛派，民怨甚深"。彭英甲"任兰州道数年，糜库款三百余万"。主张以前署藩司官俞明震为兰州都督。①

秦州地方人士张世英，在临时军政府中发挥了重要的作用。他于清宣统元年（1909）即在秦州筹办地方自治。他拟定自治纲领概述如下：（1）成立区社村甲机构，城内设自治局州议会，各街分设村公所，村以下有甲长，乡设区公所，区以下有社长，社以下有村长，村以下有甲长，各掌各事，不相侵凌。（2）教育方面先成立教育会，采取会议制，以发展教育。（3）设经征处，管理钱粮赋税，由地方人经管。（4）设崇俭会，丧葬婚嫁之事，俱要节约，汰除往日奢侈浪费之风。（5）设立夜校，责成区、社、村、甲各长对贫寒儿童以及成年失学的男女一律入学，扫除文盲。（6）组织息讼会，凡口角，打架、婚姻、田地等纠纷，各就所在息讼会调解，如遇触犯法纪事件，具文呈报政府审理。②辛亥革命发生后九月初一日陕西军起，十二日秦州始得确耗，次日张世英自往东乡，资令周子扬往南乡，杨德臣往北乡，胡恕轩往西乡演说。令各团练以备土匪之乘机为乱。③秦州起义后，黄钺邀请张世英出面共成大事。民国元年（1912）阴历二月初一日，张世英在学堂万岁位前拈香涕零久之。张世英初三日即上书黄钺劝其取消，书略谓："秦州诸狲重庆，稍延将至不可收拾，与其留以有待，不如健以致决。与其力争上游

---

① 《秦州绅学商军界致上海甘肃旅沪同乡会电》，《甘肃文史资料选辑》第11辑，甘肃人民出版社1981年版，第46页。
② 张澄子：《张育生先生事略》，《甘肃文史资料选辑》第17辑，甘肃人民出版社1984年版，第188页。
③ 张绍著：《祖庭闻见录》，1917年铅印本，甘肃省图书馆西北地方文献阅览室藏。

不如俯顺舆情云云。"① 黄钺得书以后，也认真考虑，准备取消。

面对甘肃都督赵惟熙的指责，黄钺积极地在湖南籍的地方实力派中寻求支持，他致电湖南都督谭延闿，指出甘肃都督赵惟熙以他"为匪为逆，派兵四面进逼"，而赵惟熙"民贼之尤，去年任警道，苛敛几酿民变，杀戮党人数十，省议会力薄，不敢弹劾"，黄钺认为"前藩俞明震物望素孚，学识超卓，官绅商学望其再出，与旅甘湘人尤洽，俞为都督，全甘受福"②。不久，他再次致电湖南都督谭延闿"旅甘湘人不下数万，恐同罹浩劫，惟公念之"③。湖南都督谭延闿于五月三十一日通电北京袁世凯大总统、武昌黎元洪副总统、南京黄兴留守、各省都督、各报馆，黄钺"提一旅之众，孤寄甘南，纠合同志，预备独立，近为本省之倡率，遥为陕军之声援"。"至黄之个人，宗旨澹泊，同人所知，无待陈述。""非以乡谊私情，为人游说。"④此后，黄兴、谭延闿再次致电袁世凯，表明黄钺"嗣遵大总统电令，于兰州既认共和即行解职，其无权利思想又可概见"⑤。同时，谭延闿致电黄钺，表明中央的立场："甘肃外接新疆，种落纷异，现伊犁已生意外波折，秦州之事，尤宜早为解决，以免他虞。"并劝黄钺："公之志事，有识共知。功成身退，未为不可。望勿坚执，致起衅端。"⑥ 谭延闿又于五月二十八日、六月二日两次致电黄钺速隐退回湘。⑦

---

① 张绍蕃：《祖庭闻见录》，1917年铅印本，甘肃省图书馆西北地方文献阅览室藏。
② 《致湘都督谭》（一九一二年四月二十二日），《甘肃文史资料选辑》第11辑，甘肃人民出版社1981年版，第38页。
③ 《致湘都督谭》（一九一二年五月七日），《甘肃文史资料选辑》第11辑，甘肃人民出版社1981年版，第39页。
④ 《湘都督谭通电》（五月三十一日），《甘肃文史资料选辑》第11辑，甘肃人民出版社1981年版，第41页。
⑤ 《黄兴谭延闿致中央电》，《甘肃文史资料选辑》第11辑，甘肃人民出版社1981年版，第41页。
⑥ 《湘都督谭来电》（五月十三日），《甘肃文史资料选辑》第11辑，甘肃人民出版社1981年版，第42页。
⑦ 《湘都督来电》（五月二十八日），《湘都督来电》（六月二日），《甘肃文史资料选辑》第11辑，甘肃人民出版社1981年版，第43页。

秦州起义，双方就是否和平解决展开和平争论，为此甘肃省都督赵惟熙多次向北京袁世凯发电，称黄钺对于解决阳奉阴违，在4月28日的电文中称黄钺勾结客军，"川军司令李树勋亦函称仍将由徽县北上"，"况甘现值饷项万绌，兵队尚未裁遣，军界闻此惊耗，均各愤激不平，万一该军西来，致滋冲突，则甘不能认破坏之咎也。应恳电饬川陕都督速将该两军撤退，免致蹂躏地方，牵动大局，不胜企祷！"① 赵惟熙于4月29日致电北京军界统一会，质疑黄钺宣布独立的合法性，表明在3月6日甘肃省已经承认共和，黄钺在其后宣布独立，并结连川秦各军。② 5月21日赵惟熙致电袁世凯，指责黄钺"既非甘人，又非甘官，现在统一政府既经成立，自有负完全保民之责任者，亦何劳该道之谬托维新以爱人者害人耶？""酌派马镇福祥再往秦州劝令撤去政府名目，其原领并私招荐兵队即夺马镇接统，分别裁留，并资遣该道刻期出境，以消隐患，而靖地方。"③ 5月29日赵惟熙再次致电袁世凯，"两月以来，官绅各界均以养痈遗患责熙，而各军官请战之书不啻盈箧，熙均力持人道主义，始终不愿酿成战祸，荼毒生灵，保全治安之心可质天日"。而黄钺"肴乱黑白，谓熙始终不肯和平"④。

经过多方协商，甘肃临时军政府与甘肃军政府于民国元年六月初七日在秦州订立解决条约，两方均派专员，甘肃临时军政府特派员陈贞瑞、周昆，兰州军政府特派员向楷、彭名崇，临时省议会特派员李象贤，秦州绅学商界代表张世英。所订各条款如下："秦州军府遵大总统歌电，承认与兰州政府解决。兰州政府所颁发有碍名誉之文告，即须电致中央政府为之更正。对于各州县应亦备文更正。川军前后照会兰州政府各事，应由两方面变通函商，各用正式公文一面解决，一面驰复川军。所有应行举办事宜，酌量地方情

---

① 赵星缘：《赵惟熙向袁世凯报告黄钺反正事件电文》，《甘肃文史资料选辑》第11辑，甘肃人民出版社1981年版，第214页。
② 同上书，第215页。
③ 同上书，第216页。
④ 同上。

形，随时进行更正，以副邻封厚望。解决之时，应由秦绅主稿，会商兰州省议会将秦州军府促进共和之功，呈由兰州政府电致中央政府并各省都督。秦州军府须与兰州政府名义合并，由黄都督在兰州宣布示起义之宗旨并辞职之理由。秦州军府全体人员，有愿在兰州政府办事者，由兰州政府应与以相当之位置。兰州政府须将政纲服制，仿照东南各省一律改革，以期行共和。秦州军府在秦州已行之各种便民政策，兰州政府应催促秦州切实进行，并通饬各府州县仿照办理。秦州军府各办事人员，应送薪水。如愿归者，应加送川资。至一切夫役，应发工食。秦州军府动用秦州各公款，应从丁粮项下摊还。电局为独立机关，此后秦州军府如向兰州电局发电，无论何人不得干涉。本条约除缮一纸由两方面全权委员签押外，应加缮二纸分交秦绅及兰州省议会，以便秦州军府解决之后，为监督共和进行地步。秦州军府军队有愿随黄都督南归者，兰州政府须酌给恩饷。"①

解决条约签订以后，黄钺仍受到赵惟熙的责难，为此黄钺于六月十五日再次致电湖南都督谭延闿，② 反驳赵惟熙所谓"黄钺不就范围，秦州各界以养痈见责等语"。指出赵虽"两次派员来秦，一系无识武夫，一系仰瞻属吏，既无正式公文，又无全权商订，事经两月，迭催不复，只得照会秦绅张世英等与省议会商办，辗转往返，为日遂多，何谓怙兵不服？至秦州一带，农商安业，并无关闭荒废影响。钺宣布解决之日，秦民痛哭投书乞留者不下数十起，此中虚实，不辩可知。况此事既经中央电令议会调停之时，自以议会为机关，钺一日未与议会断绝，即不得谓不就范围。赵督正于议会调停之时，复捏词妄电，显系反对议会，有心破坏"③。

为了解决双方争执，秦州绅商学界于六月十五日再次致电北京大

---

① 《甘肃临时军政府、甘肃军政府和平解决条约》，《甘肃文史资料选辑》第11辑，甘肃人民出版社1981年版，第23—24页。
② 《致湘都督谭电》（六月十五日），《甘肃文史资料选辑》第11辑，甘肃人民出版社1981年版，第44页。
③ 同上。

总统,①其中绅界代表张世英,学界代表贾缵绪,商界代表萧汝玉,称"黄钺已于六月七日实行解决",而"甘南地接川陕,自旧岁两省起义以来,道路梗塞,农商迥非昔比,实非因秦州独立而然。现在商路早通,农已就业,黄解决之时,士民陨涕,甘南投书乞留并纪绩者不乏其人。皆黄之洁己爱人,实行便民诸政有以感之"②。

经过多方协商,赵惟熙终于在六月十三日致大总统电,并国务院、陆军部、参谋部、参议院、甘肃会馆、黎副总统、黄留守、各省都督、省议会,③在电文中称黄钺"仰承大总统威德,已就范围,于初七日在秦宣布实行解决,临时军政府字样一并销除,顷据巩秦阶道向燊呈报前来、此实为民国二十二行省真正统一之第一日,至是欣贺"④。而秦州宣布独立以来,"仅戕杀游击玉润,此外未伤一人,不愧文明办法"⑤,并称黄钺"年富才优,尤乞大总统加之委任,以昭激劝,而励材能"⑥。赵惟熙在六月二十八日再次致电北京大总统、国务院、参议院、陆军部、甘肃参议员、同乡会、武昌副总统、南京黄留守、各省都督,⑦黄钺自取消军政府后,"已于廿一日携带已散军队数百人、由秦起程,取道清水由陕赴京等语。黄道此举,深属明于进退,能顾大局,以靖地方"⑧。至此,秦州起义得到了和平解决。

三 围绕"省议会"的斗争

甘肃之设有"民意"机关,始于清末宣统元年,初设省咨议局。甘肃省议会成立于民国元年,它基本是在咨议局名存实亡之后重新筹

---

① 《秦州绅商学界致北京大总统电》(六月十五日),《甘肃文史资料选辑》第11辑,甘肃人民出版社1981年版,第46页。
② 同上。
③ 赵星缘:《赵惟熙向袁世凯报告黄钺反正事件电文》,《甘肃文史资料选辑》第11辑,甘肃人民出版社1981年版,第218页。
④ 同上。
⑤ 同上。
⑥ 同上。
⑦ 同上。
⑧ 同上。

组，省议会的成员大部分为地方精英，他们希望通过议会参与政治，但临时省议会议长李镜清被刺，事后也不了了之，无一不反映出地方军事实力派的高压态势，而与之相比地方精英处于相对弱势的地位，省议会与省行政当局之间更多的则是合作与妥协。

1. 临时省议会时期

辛亥革命后，1912年3月15日甘肃承认共和，同月19日省当局宣布共和后，甘肃省各州县旅兰人士倡议组织临时省议会，经过一再协商，于3月下旬在文庙召开成立大会。票选李镜清为议长，刘尔炘、张林焱为副议长。[①] 议员共四十余人，有周务学、刘光祖、马福祥、邓隆、王之佐、水梓、孙炳元、邓宗、卢应麟、练克勋、柴桂芬、赵闻琴、史廷琥、刘希曾、聂守仁、李象贤、王毗、原志炯、石林焱、吕钟、王振鹏、何念忠、赵廷桢、蓝鸿藻、董国璜、李步瀛、刘开基、朱谟、薛溦、李坤培、谭文炳、公罝望、慕寿祺、石璠、马继祖、王宅中、姜继、文华国、周化南、任瑞琳等人。[②] 议员在年龄分布上以中青年为主，[③] 临时省议会的诸位议员，受过近代新式教育的13人，约占31%；有任职经历的25人，约占59.5%（其中官吏21人，占50%；从事教育工作的4人，占9.5%）。虽然接受过新式教育的议员不足三分之一，但在议会中亦是一支不可轻视的力量。[④]

临时省议会成立后，首先咨请都督赵惟熙迅速调回攻陕各路甘军，在议长李镜清坚持下和平解决了黄钺在天水独立问题，调处了省城炮兵哗变问题。在3月至6月这4个月时间内，议会向督署提出的

[①] 慕文云：《甘肃省议会记闻》，《甘肃文史资料选辑》第4辑，甘肃人民出版社1987年版，第37页。

[②] 姚联合：《民国初年的甘肃省议会（1912—1927）》，硕士学位论文，西北民族大学，2009年。

[③] 关于临时议会，议员的年龄分布，姚联合在《民国初年的甘肃省议会（1912—1927）》（硕士学位论文，西北民族大学，2009年）中做出了统计，临时省议会议员平均年龄为38.9岁，其中20—29岁有5人，所占比例为12.5%；30—39岁有20人，所占比例为50%；40—49岁有9人，所占比例为22.5%；50岁以上有6人，所占比例为15%；其中，30—49岁的壮年人所占比例为72.5%。

[④] 姚联合：《民国初年的甘肃省议会（1912—1927）》，硕士学位论文，西北民族大学，2009年。

比较重要的建议案有：（1）为消弭战祸，联络回汉感情起见，建议维护回族宗教，取消前清对甘肃回民一切禁令，回汉处于平等地位，并保留回族风俗习惯。（2）在法政学堂设立宪政研究会，延聘深通政法人员，讲解各国宪政情况及民国政体，官绅皆可入会听讲，每日讲三四小时，一月毕业，并给证书。（3）选派汉回大绅中之有重望者，给资出洋考察，俾多了解世界潮流，庶知人群一体，永弭仇杀之祸。考察地区，先以美国、日本为宜。（4）要求北京政府，转商各省，继续协解本省百万或百五十万，作为临时补助，一俟大局平定，即将常年政费提出预算交议会讨论确定，再为要求长年补助。（5）建议继续办理务州县城防团练，保卫地方治安。（6）建议筹办日报，启迪文化。

李镜清在主持临时省议会不久，由于不讲方式方法，在许多问题上与都督赵惟熙形成对立局面，遇事辄有摩擦，引起妒忌，于是赵从各方面挑拨回汉感情，造成回军首领马安良对李镜清的仇恨，演成回军干涉议会开会等事件的发生。最后李镜清被迫离兰，返回原籍狄道（临洮），在同年7月17日夜，被回军派人刺杀于家中。此案发生后，全省闻讯震惊。议员们人人自危，纷纷离省躲避，议会陷于停顿状态。一时社会议论纷纷，对马安良颇多责言。而马安良对各方舆论亦有所闻，为了缓和情势，于是在8月某日，特邀请旅省各县正绅（多为省议员）谈话。马安良乃大谈共和国家立法、司法、行政三权之重要性，对临时省议会之久不活动，故表关怀；对李议长之死，认为"未能得各界之同情"。最后马安良提议召集在省各议员重行开会，商讨一切问题。与会者多赞同其意见，于是临时省议会又重行组织；推张林焱为议长，慕寿祺为副议长，议员有：王廷翰、马维麟、王振鹏、文华国、马继祖、何念忠、练克勋、卢应麟、朱谋、吕钟、效维国、张济川、彭怀智等，此即一般所谓第二次临时省议会时期。

第二次临时省议会组成后，历时仅有半载，在会议期间的各议案，以请愿案和督署交议案较多，比较重要的，在请愿案方面，如提督马安良先后上请愿书于省议会：一请收毛皮场税，以阻止洋行垄断甘肃皮毛案，此案实行后，每年给地方增加皮毛税一百万元有零。二请愿停发甘青各寺院喇嘛口粮、衣单,以减轻地方负担案(当时兰州府属有喇嘛僧人五百一十名,岁支口粮入官九十一石多;凉州府、西宁府、安西州永宁桥湾庙共有喇嘛六千三百二十名,岁支口粮一万零五十三石,衣单银六百五十二两,香火银六百五十两;青海各王台吉共喇嘛三十名,岁支俸银九千二百两)。在督署交议案方面,如一"调和回族宗教,实行回汉通婚案"。理由是认为实现回汉通婚,"为从根本上解决甘肃回汉猜嫌,解决回汉仇杀之妙策"。议会讨论后,赞同通过,咨复试行。二"商借比国外债,以解决地方财政困难问题案"。理由是根据比利时矿物化验师贺尔慈函,以甘肃财政困乏,实业停办,情愿代借比款,自二十万至数百万,并承包修铁路、伙办淘金、炼铜各厂之意见。

赵维熙在咨文中认为:"甘肃在前清时代,本为受协省分,岁入协款百余万。然自举办新政以来,已属竭蹶不堪;顾此失彼。去秋室兴产税收顿减,协饷全停,加以兵队增多,需饷倍蓰,库储如洗,挹注无从,近中央虽允拨五十万两,但以之解救目前犹虞不济,况尚须归还去岁承借之巨款耶(指解决炮兵哗变问题时所借军饷三十万两)。倘不另筹他法,不惟机关僻滞,百务废弛,饥军环伺,哗溃堪虞。为今之计非借款无以救燃眉,非振兴实业无以图善后。查借款修路,集资开矿均为万国通行之公例,似不必因噎废食也。本都督为统筹甘肃全局起见,因时制宜,自当通融办理。刻下铁路矿务尚可稍作缓图,惟举债一端,则有万不能不先行提议者。今特将该化验师原函咨送查阅,希即提出议案,共同核酌,以维现状,而济时艰。"临时省议会对此案采慎重态度,经过三读,详细审查,最后作出决议:"贪用外债,即放弃主权。中国历来押借外债,往往失败,前鉴不远,何忍蹈兹覆辙,坚决不予承认,咨复查照。"①

1913年2月,赵惟熙利用春节过年,议员多半回籍,临时议会准备结束之际,又与比利时化验师贺尔慈重提前事,私立借具草约合

---

① 慕文云:《甘肃省议会记闻》,《甘肃文史资料选辑》第4辑,甘肃人民出版社1987年版,第38—40页。

同。其合同主要内容是："比国政府借给甘肃政府一百万元，甘肃政府以黄河沿岸麸金抵摊，地段是由西宁碾伯县起点至宁夏石咀山，长一千六百余华里。"驻京甘肃省参议院议员田骏丰闻讯后，即致函慕寿祺副议长询问，并请交涉阻止。慕寿祺即据函向赵惟熙提出质询，赵置之未理。慕寿祺又根据前清工商部旧章（当时新章尚未颁行）中"凡洋商包办矿产或合资开采必须绘图贴说单，审慎周详，事呈由外务部核准方许试办，外省不得私立合同"之规定，二次向赵惟熙提出质问，赵仍置若罔闻。在慕寿祺副议长以"垦殖协会将在甘肃筹办开矿"为理由的第三次质问提出后，赵惟熙始复函云，"此事既发起于各主管衙门，刻下公事既未出现，弟即无从签字，将来决议之权在贵会，执行之责在鄙人，且事关交涉，尚须质之于中央政府，非一二人之私见所能独断独行也"。至此，借外债案始被否决。

此外，临时省议会在最后阶段，通过的议员提案比较重要的有：一是咨请督署限期驱逐蔡大愚出甘肃境，勒令回四川原籍，理由是以其"在一次欢迎会中，宣讲列宁学说，倡言共产公妻"。这个提案，当时都督以颜面所碍，未便执行而作罢。一是弹劾何奏簧案。赵惟熙以乡谊关系任命何奏簧代理甘肃布政使。何任职后，卖官鬻缺，报效赵督。办法是"令甘肃候补人员先行报效而后挂牌"。弹劾结果，未生任何效果。反而加深政府与议会间的裂痕。另一案是建议在1921年年底停办全省各州县驿站案。此案得到执行，所有公文一律交邮局寄发，全年节省开支计银一十四万三千四百余两。

2. 各届省议会时期

1913年3月，甘肃省第一届省议会成立，这是根据当时北京政府内务部颁布的法令组织的。甘肃省议员规定为五十八名，由全省十二个选举区的选民选出初选当选人然后进行复选产生的。在第一次大会上，投票选举阎士璘（陇西）为议长，杨思（会宁）、赵守愚（徽县）为副议长。以议员籍贯而言，天水最多，共计九人，皋兰、张掖次之，各为五人，靖远、陇西、武威各为四人，其他各县，有两名者，亦有一名者，许多县一名都未有。正式省议会成立后，由于当时政乱兵骄，议会作用，发挥甚微。第一期常年会自3月开始，7月闭会，到同年10月，因袁世凯准备帝制自为，为欲解散国会及各省议会，先令省都督转巡警厅追缴省议会议员中国国民党党员证书。甘肃省议员五十六人中，属于共和党者仅有八人，其余四十八人均为国民党员。将证书送缴督署后，议员资格形同取消，省议员开会不足法定人数，会遂停止。到1914年2月，省议员隶属进步党者（此时共和党改名进步党），亦渐自解散。同年3月，袁世凯又以各省省议会成立以来，或因地方事变牵涉嫌疑，或因党派纷争，鲜有成效。通令各省省议会一律解散，所有一切行政事务由各该省行政长负完全责任，统候厘定地方制度时再行折中定制，俾利推行。张广建奉令后。即宣布解散省议会。到袁世凯死后，国内情况有了新的变化。1916年10月，第一届省议会恢复，召集第二期常年会，12月闭会。1917年5月，召集第一次临时会，6月闭会。11月又召开第三期常年会，到次年元月闭会。

1918年10月，第二届省议会改选成立，即开第二期常年会，在首次会上选王世相（皋兰）为议长，王友曾（秦安）、王之佐（张掖）为副议长。议员仍为五十六人，仍以天水籍者为最多，共计七人，其次是狄道、皋兰、武威、伏羌（今甘谷）均为三人，静宁、西宁、镇番（今民勤）等五县为二人，华亭等二十五县为一人，其余三十多县均无一人。本届议员任期为三年：先后召集了三期常年会，第一期在同年12月闭会，二三两期，均在以后两年（1919—1920）的9月至11月召集。在本届议会里，突出的议案不多。有些有关加重人民负担的重要问题；政府亦不送议会审议，即命令进行。如1919年9月，省财政厅发行七厘短期公债券兰平银八十万两，事前未送省议会审议，即按县分配。各县认为是一种派款，未向大商富户劝募，全向普遍人民摊派。在摊派过程中，各县又任意增加，雷厉风行，且多假劣绅之手，弊端百出，不数月全省竟收解二百万两，浮收之数，更难估计。像这样重大事件，省议会尚不能过问，其他更可以想见。

1921年10月，第三届省议会改选成立。在第一期常年会集会时，选杨思（会宁）为议长，慕寿祺（镇原）、周之翰（武威）为副议长。本届议员的分布情况,仍不普遍,除皋兰、狄道、秦安三县连同补选者各有四人外,陇西、镇原、天水、山丹、伏羌等五县各有三人,靖远、榆中、导河(今临夏)、武都、武威、酒泉、西宁、张掖、宁县九县各有二人,庆阳等十六县各一人,仍有四十多县无议员。在第一期常年会中,曾咨请省长公署公布县、市自治法案,在省城设立自治筹备处,由筹款局月拨经费一千元,筹办各县自治,先令各道、县设自治讲习所与地方自治协进会。

1922年4月,省议会参照陕西省参事会组织条例,开始筹组甘肃省参事会,以省长为主席,设参事十二人,半数由省议会票选,半数由省长就厅、道各员中委任三人,由地方士绅中聘任三人。参事会于同年5月正式成立,其主要职权为:筹划关于省地方应行兴革及一切行政事宜;筹划整理省有之不动产营造物、公共设备及其财产事项;审议省长提交省议会之预算、决算案及其他交议案;审议省议会建议案之可否执行;审议省长答复省议会之质问案;受省长之委托出席省议会,说明提案之旨趣或陈述意见;处理各级自治之纷争及疑难事项;审议省议会之决议案及执行方法;对于国家行政的建议及答复省长之咨询;其他依法令未规定归中央管理之省地方各事项。同年5月,省议会开临时会,因反对督军陆洪涛开禁种烟等案,演成议会与政府之大分裂。不久,潘龄皋以甘肃禁烟大员而继任甘肃省长。在省议会开会期间,因非法逮捕议员问题发生,全体议员向潘提出质问案,请潘氏莅会答复,而潘既不到会,又不答复,乃激起议员公愤,遂酿成由议长杨思率领议员集体闯进省署质问。由于卫兵拒挡,引起冲突,杨思不畏威胁,坚持不退,以致议员数人被殴受伤,惹起很大风潮。事息后,潘氏已不能安于其位,托辞离甘。议长杨思不久亦辞职。之后,议长又经过两度补选,先补选张维为议长,田玉丰为副议长,后又补选狄世襄为议长。

甘肃省议会的工作情况,可以从《甘肃省议会议决民国十年度地方岁入岁出预算书》中管窥一二。民国十年度甘肃地方预算由省公署送交甘肃省议会,"顾念民国之建设也已十年,省议会之成立也已三届,而所谓地方预算者或未交议、或交而未议、或议而未成立,至今欲仅求一形式完备之预算而不可得"①。"兹谨将审查修正之案附以说明，提请议决非必曰会计之是当也，而要之甘肃地方预算之成立自民国十年度始。"具体预算见附录一。

省议会最终确认"综计本年度地方预算收入，凡八十四万五千三百三十八元。内租税二十七万八千九百七十七元，官业收入二万四千三百七十三元，杂捐四十九万六千九百二十元，杂收入二万四千五百一十八元。原册列入者三十三万二千八百六十八元，原列国家收入令改列者四十七万三千元，原漏列令补行列入者三万九千四百七十元"。

"综计本年度地方预算支出，凡八十二万一千六百四十二元。经常支出六十七万二千一百五十二元，内务部费一十六万五千九百五十三元，财政费二万七千九百五十六元，教育费四十二万八千四百九十八元，农商费四万九千七百三十五元。临时支出一十四万九千五百元，内财政费一十四万八千五百元，教育费一千元。又设教育第二预备金二万三千六百九十六元，共编入支出者八十四万五千二百三十八元。"②"原案经常支出及追加之款合六十七万二千四百六十九元，令定支出六十七万二千一百四十二元。表面似无甚出入也，而令支数内有财政费二万七千九百五十六元，有警察厅未列补助费一万四千九百二十元，有各校预备金二万零八百九十二元，皆原案之所无也。出入相较，则视原案减五万余元。原案临时支出一十六万二千一百七十三元，令定支出一十四万九千五百元。表面亦似无甚出入也，而令支数内有公债本息一十四万八千五百元，此应由财厅负筹还之责者也。出入相较，则视原案减一十六万余元。"③详细见附录二。

1924年4月，省议会派副议长慕寿祺列席北京参议院会议，常驻京，曾为争取给甘肃分配英国庚子赔款事，奔走活动。同年10月省参事会裁撤，11月以省议会尚未改选，仍继续开常年会，到1925年冬国民军入甘后，省议会仍有活动，如咨请省政府选派甘肃中学毕业

---

① 《甘肃省议会议决民国十年度地方岁入岁出预算书》甘肃省议会预算审查会编，1921年，甘肃省图书馆西北地方文献阅览室藏。
② 同上。
③ 同上。

第一章　变乱与秩序：地方精英的行动与作为

生出洋学习航空技术，并建议购买新式飞机，规划航线等案，均被刘郁芬认为是"不急之务"而搁置。1927年3月，省议会被宣布解散，案卷交公安局保管，会址由国民党甘肃省党部占据。前后活动十余年之所谓甘肃民意机关——省议会，至此遂告结束。①

李镜清去世，家乡临洮于1946年为其建专祠，水梓有诗②：

> 公本陇上奇男子，治农巴蜀首屈指。
> 辛壬之交鼎革兴，倡议自治回陇垠。
> 西北共和初告成，群龙无首皇皇尔。
> 公以单骑入兰山，万民闻之皆欢喜。
> 民意机关建临时，公主议坛率多士。
> 恤民除弊扬仁风，排难解纷持公理。
> 十万大军东止戈，秦陇一家方和敉，
> 抚绥变兵固金城，取消独立保天水。
> 都府用人失公平，公益会中纷议起，
> 大会弹章甫告发，鬼蜮阴谋勾结始；
> 武人干政停议坛，仗马寒蝉众口止。
> 杀机已动公之言，无何公亦归乡里。
> 兴隆山下我逍遥，东岳台上梦魂里：
> 公言彼何能害余？惊醒五更叹不已，
> 有人窗前报讯来，下楼觅人人杳矣。
> 月夜潜逃走长安，我虽得生公竟死！
> 三十七年岁月深，如公壮烈谁堪比？
> 公之贤名有口碑，公之勋业垂青史。
> 我闻洮阴新祠成，整笔直书泪满纸。
> 陇上从古多闻人，惟公合称奇男子。

---

① 慕文云：《甘肃省议会记闻》，《甘肃文史资料选辑》第4辑，甘肃人民出版社1987年版，第42—44页。
② 《煦园春秋——水梓和他的家世》，中国艺苑出版社2006年版，第145页。

此诗可谓李镜清一生之写照，亦反映了地方精英在民初甘肃民主制度建设中的贡献及惊心动魄的遭遇。

第二节 社会的失范：河州事变

1928年河州事变是民国时期甘肃规模最大的变乱，其后数年甘宁青地区持续动荡，回汉人民生命财产遭受的损失极为惨重。[①] 事变的发生有着深刻的社会背景，围绕着事变的解决，主政甘肃的国民军最终推行了"剿抚兼施"的方针，一方面在军事方面积极准备，另一方面以各方势力多加调处，借以缓和局面。河州事变之后，以邓隆为首的地方精英在灾情调查和善后工作中发挥了重要的作用。

一 "是剿是抚"的争论

河州事变的发生有其深刻的社会背景，1925年9月，甘肃政局发生了重大变化。是年年初，甘肃军务督办兼省长陆洪涛中风卧床，甘肃陆军第一师第一旅旅长李长清发动兵变，驱逐陆洪涛。段祺瑞闻讯，即以冯玉祥兼任甘肃军务督办前往镇压，冯玉祥任命国民第一军第二师师长刘郁芬为总指挥代行甘肃军务督办率军西征。刘郁芬到甘肃后即党同伐异，首先诱杀省军第一师师长李长清，并杀李部团长包玉祥及营长华连升、杨占魁。至刘郁芬改编李部，任魏鸿发、郭安学为两个混成旅旅长，亦系利用甘军旧人，借缓和暂时的紧张气氛，以为过渡之局。嗣后两月，先以冯氏电令，调郭安学一旅赴绥远，其后，郭亦被免去旅长职。魏鸿发一旅，下级军官及士兵，多数潜逃。几经汰易，除团长刘元凯暂留外，其余中下级军官，几全由刘部军人

[①] 关于此事变的回忆性文章有：马全钦、马文祥《我们在马仲英举事中的经历和见闻》，马洁城《一九二八年河州事变札记》，王箴《龙蛇泪痕》，慕文云《河凉事变追记》，家玉琴《民国十七年河州事变记事》，苏振甲《一九二八年随军在河州的见闻》，马丕烈《马仲英起事与三围河州》，马凯祥《一九二八年河州事变中被围攻六个月的宁河》等，皆载于《甘肃文史资料选辑》第24辑，甘肃人民出版社1986年版。

委充,旧兵亦所存无几,另募新兵补充,原来的这个旅无形解散。①刘郁芬继续高压态势,逐走陇东之张兆钾与陇南之孔繁锦,并先后消灭了宋有才、黄得贵、韩有禄等地方武装,回族实力派马麒、马廷勷静观时变,不甘心被国民军瓦解。

1927年,刘郁芬将河州镇守使裴建准调离,派其亲信赵席聘充任。赵席聘到任后,纵容部下在回民聚居区的八坊一带寻衅闹事,横行霸道。1928年,冯玉祥追随蒋介石对奉军作战,电调西宁、凉州回军参战,马麒、马廷勷不愿出兵,并派人与奉军张作霖接上头,张作霖为拉拢利用回军,则委任马麒为甘肃督军,马廷勷为省长,并要求他们声援奉军,导致回军与冯玉祥之国民军矛盾进一步加深。

1928年4月,河州西乡和南乡回民发生新老教之争,赵席聘以回族造反为借口,逮捕和杀害了回民阿訇及首领人物。当时在马麒部任营长的马仲英本是河州西乡人,秘密联络马虎山等几位兄弟,直奔河州。马麒派去追击马仲英的三个马队也哗变,投入马仲英部下,很快队伍发展到数千人,矛头直接对准国民军河州镇守使赵席聘。"马仲英自立为'黑虎吸冯军'司令,采纳部下建议,注意搞好回汉民族关系,提出'不杀回,不杀汉,单杀国民军办事员'的口号。后来随着队伍的日益扩大,马仲英将自己的部队改为'西北边防联盟军'。"②

河州事变的发生与回汉问题一直没有得到妥善解决息息相关,在张广建督甘时期,省内外政治、税务要职,大多数用皖人,到处搜刮人民,政治腐败,财源枯竭。1919年,一些回族将领及地方士绅主张甘人治甘,酝酿易督。而当时推举出任甘督的人选为马福祥,忽陇东将士由陆洪涛之帮统张兆钾领衔通电反对,其措辞有"回汉世仇,愿帅健儿会猎于黄河之滨"等语。事前陆洪涛未见电文。发出后,陆得悉其情,斥责张兆钾。张谓:"我所为我自负责。"但此时时局不

---

① 王烜著,邓明校点:《刘郁芬、蒋鸿遇诱杀李长清》,《王烜诗文集》(内部使用),甘肃省人大办公厅印刷厂1997年印刷,第767—768页。
② 丁明俊:《论民国初期西北回汉军事集团之间的矛盾与冲突》,《回族研究》2000年第2期。

稳,省城人心惶惶。刘尔炘见此情形,乃电总统徐世昌,力陈事情,文曰:"今日谣传曰宁夏第军队来矣,明日谣传曰宁夏军队到矣,张督于是调秦州镇守使带机关枪队四营进省。当其时陇东将士忽发电反对易督,于是谣言更甚,谓宁海亦调队矣,谓导河亦挑兵矣,调陇东将士亦次第西上矣,满城风雨,人有戒心。夫易督亦寻常事耳,不图酝酿日久,一变而为主客之争,再变而为种族之争,而其实则皆权利之争耳。而所谓客军者,能于此交通不便,四面楚歌之地,饱掠而还乎?汉族、回族之身家性命,能保不同归于尽乎?回族各统兵大员之富厚声名,能保不一落千丈乎?过此以往之甘肃,能保不为全国武人所注意,客军将日增日多乎?而今日之张督,马护军使,陆、马各镇守使,能免于贻误地方之咎乎?即大总统能免于全甘九百万人之怨乎?呜呼!可不慎哉!可不慎哉!"① 此电到京后,徐世昌征询在京甘绅意见,大多数以陇东镇守使陆洪涛在甘治军严明,士兵爱戴,一致主张陆洪涛督甘。但回族实力派对此任命抗不服从,有独立说,虽未实现,而省方政令,不予执行,军民财政,均为各镇所把持。陆洪涛愤不能平,其部下黄得贵、李长清等,主张用兵征服,先攻西宁,以武力解决。陆亦谓炮火一响即便分晓,惟甘绅郑濬等力言,兵端一开,非旦夕所能速决,而地方必遭糜烂,百姓必受涂炭,恐致兵连祸结,不如寻一调和途径。陆从其议,谓吾非惧彼者,但为百姓,只好先求和平。乃先分电各镇通款,并准备选择适当之人分赴各镇,以资联洽。② 刘尔炘目睹此情,非出而调解,恐酿他故,再次致书各镇守使:"我甘汉回相习久如一家,汉族多文士,而贵族多将才。现值武装时代,为人民造福,全赖军人,军人之名誉日隆,地方之祸患日息。素稔贵族诸将帅皆深明大义,功在乡邦。近日,此间谣传谓贵族诸将帅因前次陇东有发电反对易督之举,故于陆镇守使之奉命护督亦心滋不悦。夫前电之措辞不当,如市井小儿之口角。鄙人等亦深知贵

---

① 王烜著,邓明校点:《陆洪涛护理甘肃督军及与各镇联合》,《王烜诗文集》(内部使用),甘肃省人大办公厅印刷厂1997年印刷,第737—738页。
② 同上书,第740页。

族诸将帅决不能有此意见，或者麾下士卒不能化种族之见，不能无人我之分意。念不平发为激论，是又不可不察也。当此是非纷起，嫌猜疑忌之时，若不表示真情，令人知主将之本意，以息谣诼之朋兴。恐酝酿日久招惹外界客军侵入甘境，则我甘不从此多事乎?"① 此文发后，各镇虽未如期并至，但情势为之和缓。不久，甘州镇守使马麟（玉清）首先来省，云愿力尽和解之责，当由其分电西宁、宁夏、凉州各马，谓前电措辞不当，系出自陆督军部下僚属所为，陆并不知情。各马对此事遂涣然冰释，次第分电到省，渐通和好。未几，西宁马麒派其弟马麟（字勋臣）亦至省，河州镇守使裴建准亦相继晋省谒陆，各处信使往还。甘肃统一之局渐成，当时人谓刘绅尔炘一电与有力焉。②

河州事变使得回族军事集团各派系头面人物不安，他们与国民军矛盾深浅不同而态度各异。凉州镇守使马廷勷自告奋勇去"剿办"马仲英，但派去的一旅部队哗变，受到国民军的怀疑，刘郁芬免去马廷勷凉州镇守使职务，并企图消灭马廷勷，马廷勷被迫走上反对国民军的道路，引发凉州事变。河州事件还没平息，又出现凉州事变，引起国民军的惶恐，在这种情况下，为了淡化事变的回汉民族问题色彩，冯玉祥强调马廷勷无视国法，导致变乱的发生，"该逆镇守凉州十余年，残民以逞，在父母之邦，行豺虎之政，横征暴敛，民不聊生。今复弄兵作乱，破坏统一，罪大恶极，无可逭恕。是乃回族中之逆子，回教内之叛徒，不特为军纪国法所不容，即我回族同胞亦应群起而攻之者也"③。当时甘州马璘、西宁马麒不愿看到回民军就此被消灭，更不愿国民军大军入甘，则出而奔走，呼吁和平解决。结果马廷勷还是被消灭，马仲英几经转战至新疆，最后逃亡苏联。

---

① 刘尔炘：《致回教各镇守使书》，《果斋续集》，《中国西北文献丛书》第173册，兰州古籍书店1990年影印本。
② 王烜著，邓明校点：《陆洪涛护理甘肃督军及与各镇联合》，《王烜诗文集》（内部使用），甘肃省人大办公厅印刷厂1997年印刷，第742页。
③ 《国民革命军第二集团军总司令冯玉祥讨马廷勷布告全文》，《甘肃文史资料选辑》第24辑，甘肃人民出版社1986年版，第32页。

与此同时，河州大绅徐绍烈、邓隆、张建、黄客金、刘应凤、马恕、封嘉勋等，以导河难民代表名义，联名致电冯玉祥，主张"非痛剿以寒其胆，不肯就抚，即就抚亦不能长治久安。查同治壬戌，因捻发之役而肆毒，光绪乙未，趁外交紧迫而蹈瑕。此次勾结奉军，捣乱后方，又在北伐将成时期。若令宽典幸邀，转恐养痈遗患，致成肘腋之祸，不惟人民涂炭，对于军事似亦失算。伏乞先剿后抚，以策安全"①。冯玉祥亦复电表示采纳建议。

地方精英慕寿祺此时亦上书刘郁芬，主张以剿为主，以军事进攻为主，他认为："武侯平南蛮所以不驻兵着，七纵七擒孟获之心已服矣。枹罕土匪是否心悦诚服，当在洞鉴中矣。夫抚之为计甚便，其说甚工，而其收效也则如系风捕影，漫漶惝恍而讫不可，据杨鹤熊文灿邅和尚之事，可为殷鉴。虽然古之以抚弭乱着有矣，蕃夷扰边无害腹地，则抚之。官吏迫胁良民走险，乱形未成则抚之。渠魁已获，胁从虽众，可以旦夕遣散，则抚之。败衄之余残寇无几不能复为民害，则抚之。今之土匪将以为无害腹地乎？以为乱形未成乎？以为渠魁已获乎？以为残寇无几乎？四者无一，而不得不抚者，盖师徒暴露瞬将八月地方旱灾已遍全省，处兹民穷财尽为息事宁人计，并非有怯战之心存其间也。马立汤等倘仍负固不服，请即大张挞伐，以决雌雄。自古用兵之道，必能战而后可以言和，待敌国如此，对土匪亦应如此。"②

当时，国民军首领冯玉祥野心勃勃，正在中原逐鹿，自然不愿他的大后方西北延烧战火，在这种情况下"剿抚并施，恩威并用"不仅是甘肃地方精英的主张，亦为国民军上层所希望。③

二　各方的积极调停

刘郁芬为了应付河州事变，一方面派遣大军，进行残酷镇压；另

---

①　王箴：《龙蛇泪痕》，《甘肃文史资料选辑》第24辑，甘肃人民出版社1986年版，第33页。

②　慕寿祺：《第一次上刘总司令论河州军事书》，《求是斋粘稿本》，民国稿本，甘肃省图书馆西北地方文献阅览室藏。

③　苏振甲：《一九二八年随军在河州的见闻》，《甘肃文史资料选辑》第24辑，甘肃人民出版社1986年版，第78页。

一方面采用种种措施，借以缓和局势。事变发生后，刘郁芬立即派财政厅长张允荣偕同在兰州的河州汉回大绅喇世俊、徐昭烈、马国栋、马国礼、马绍先、马忠仓等前往河州宣抚。不意行抵唐汪川（距河州八十华里）时，河州城被围得水泄不通，情况十分紧急。张允荣等未能入城，无法活动，又返回省城。于是刘郁芬决定分两路向河州增援。一路由狄道进攻宁定，趋河州南乡，一路从墁坪攻牛心山，趋河州东乡。南路道路平坦，可通车辆，由师长戴靖宇指挥，东路山岭重叠，道路崎岖，由副师长李松昆指挥。东南两路与回部激战达六昼夜，到5月23日始会师河州城郊，当夜回部退往距城七十里之双城、井沟、韩家集、大河家一带，河州之围乃解。据当时国民军方面宣布："是役两路毙敌五千多，官军伤亡六百余人。"①

刘郁芬在向河州进军的同时，由省政府委派戴靖宇、喇世俊、吴履祥、王定一、杨继高等为战地政治委员，随军前往河州。在城围被解后，政治委员会即成立，开始进行所谓安抚工作，重点放在八坊。八坊向为回民繁华区域，街衢纵横，人烟稠密，当围城时，居民几乎逃避一空。政委会虽于6月2日发动汉回绅士组织"导河全体民众治安筹备会"，招致流亡；又派所谓招安委员二十余人分赴各乡劝告人民回家。由于当时普遍流传"国民军见回不留""国民军要消灭回教"种种传说，因而汉回人民彼此怀疑，不敢返回家中。政委会在一营工兵的保护下，由城内移住八坊大公馆（马廷勷的公馆）。②

10月25日，马鸿宾、马玉清、马勋臣偕回绅喇世俊、张斌、马桂臣，汉绅水梓、张维、魏鸿发、史嘉言、邓隆等，在财政厅长张允荣等的陪同下，再次由兰州起程，取道西柳沟、北塔寺赴河州，准备定期约会马仲英、马廷贤、马占奎、王占万等头目会谈，商议和平解决办法。同时刘郁芬又派骆力学、董健宇、杨万里、杨作荣、郭任天、李慕向、杨廷士、张大鸿八人于10月27日赴河州，进行政治宣

---

① 慕文云：《河湟事变追记》，《甘肃文史资料选辑》第24辑，甘肃人民出版社1986年版，第49页。

② 同上。

传活动。马鸿宾一行于27日抵莲花堡（马等住北岸崇王家，水梓等住何家堡），当即以来意通知马廷贤等，但数日未见表示。于是马玉清、马勋臣来往于莲花堡与享堂、官亭等处，洽商和谈问题。会谈地点几经变更，先商定在官亭，后又改在西四十里铺，最后又改在潘家河沿会见。会谈日期也一再推延，最后定在11月22日以后。①

当时国民军方面提出的收抚条件是："如缴枪四千，准予改编为两旅，以马廷贤、马仲英二人分任旅长，并任马廷勷为省政府特派员，专办收编事宜，俟改编就绪，即归马廷勷负责管理。此外无分首从，概不再究，并保护其财产。"而回部头目要求改编为三旅，以马廷勷任师长，驻扎河州、宁定一带，六个月后再行听从调遣等情。马鸿宾、喇世俊、马斌三人联名，于11月14日发出《劝告马立汤（马廷贤字）书》，希望"幡然改图，拯灾黎于水火，既可以赎已往之愆，更可以谋将来之福"。并要求放回被扣留的马国礼及兰州十四方回民代表等。11月16日，刘郁芬又派门致中、郑道儒（教育厅长）以视察兵站、慰问伤兵为名，到河州观察和谈情况并协助马鸿宾等议抚活动。但马仲英对国民军的所谓议和，毫无诚意，只是拖延时间，另作打算。②

刘郁芬决心平息事变，除在甘原有兵力十七师、二十五师的陈毓耀、门致中等部外，还从陕西调来孙连仲部，准备发起总攻。同时采取剿抚兼施，派马国栋等向马部进行分化瓦解，先后向国民军投降的有马世弼、马占成、阿力麻土旅长等人。刘郁芬又派马鸿宾及甘肃绅耆喇世俊、张维、水梓、邓隆等赴莲花进行招抚，双方约定在西四十里铺和唵歌集两地会谈，因双方条件悬殊，谈判濒于决裂。刘郁芬便亲到河州城指挥总攻。农历十月十八日早晨国民军从城内分三路出发，向北塬井沟、红水沟、西川、双城展开大规模的攻势；另一路在南隆山梁掩护，刘兆祥师从莲花出发，上白土坡经杨塔寺向居家集会

---

① 慕文云：《河凉事变追记》，《甘肃文史资料选辑》第24辑，甘肃人民出版社1986年版，第54页。

② 同上书，第55页。

第一章　变乱与秩序：地方精英的行动与作为

师，孙连仲部的高树勋率部由小川过河向王家台进攻，形成包围圈。马仲英了解到刘郁芬有充分的准备，自己的武器和部队远不及国民军，因此率部经槐树关退入藏区。马廷贤部随后也退到藏区。国民军各部队都未遇到激烈抵抗。①

三　善后工作的开展

刘郁芬在下总攻击令后第三日，即12月1日，发出布告，宣布议抚失败的原因及"爰整师旅，大张挞伐"之苦衷。同时又召告"回汉胁从民众，如限于十二月三十日以前缴械投诚者，一概不追凭往，并予保护。倘仍隐匿违抗者按盗匪治罪。并严禁仇杀。所有以前抢夺妇孺，无论回汉，各归原主"。12月6日，刘召集地方汉回绅士，成立"甘肃导河安辑委员会"，由孙连仲任委员长，马鸿宾任副委员长，马玉清、喇世俊、骆力学、徐昭烈等十三人为委员，派戴靖宇为河州卫戍司令。导河安辑委员除通电全国呼吁救济难民外，并核发"良民旗""免死证"。另外又成立"清理河州逆产委员会"，布告对马廷勷、马廷贤、马仲英、马海渊、马景良、马凤祥、韩进禄等的土地、房屋、森林、牧畜、果园、铺面、油坊等一律清查没收，归为公有。②

12月8日，刘郁芬以河州事平，"凯旋"回省。兰州各界于同月13日在教育馆举行欢迎大会，由水梓致欢迎词。刘在讲话中，对马廷贤等要求在改编后6个月始听从政府调遣一节，表示极为不满，他说："试问天下宁有此种办法？然则改编后六个月中，省政府究能容其依然奸淫烧掠，置之不问否？至此已忍无可忍，不得不用武力解决。不满四日，即告肃清，可见以前之抚，并非兵力不足也。"③

民国十八年（1929）元月一日邓隆由兰州起程调查灾情，为导河

---

① 家玉琴：《民国十七年河州事变记事》，《甘肃文史资料选辑》第24辑，甘肃人民出版社1986年版，第76页。
② 慕文云：《河凉事变追记》，《甘肃文史资料选辑》第24辑，甘肃人民出版社1986年版，第59页。
③ 同上。

流亡难民放赈。"甫出门天大雪，至五里铺、八里窑皆有难民守候，先是要求丰黎义仓为难民备炒面一万二千斤，领筹赈处款八百五十元发给至省难民作回家之需。除华林城、九间楼、卧桥寺、火药局收容难民有册可查，发领较易外，零星居住之人，拥挤争吵，不免冒滥，乃令自报住址分头调查亲散。"①元月四日邓隆进入狄道城中，见了城防局委员长杨瑞五，并见了张维，张维向邓隆讲述了狄西回民帮助汉民二千石粮的事。邓隆"当即回寓电告河绅援例婉商，盖难民急需无过于粮，回民既得去冬存粮，又收今年夏秋田禾，欲求两族根本融洽，此正市恩之时"②。邓隆于元月八日在宁定县"清晨登城四望，城在谷口，女墙坍塌，匪驻山堡俯瞰全城宜不能守，城陷时屠八百户，惨矣"③。"九日清晨赴西城观地雷炸毁缺口，宽十余丈。是役也，围城八阅月，大小百余战，贼之攻城无所不用其极，而数千团丁终能保此破旧小城，其智勇正不可及也。十日清晨循西城至三清观，沿城坡皆穴居，惨不忍睹，三清观寓居难民多患时疫，书记病状嘱令午间取药。"④到元月十二日，求医药者云集午后观龙泉书院，难民多患泻痢。"今年施此种药不少，行时咸谓冬令无痢疾，未曾带药，乃觅药肆，照单配置，奈药肆无当归、白术不能应付，正在焦虑间，黄子敏来曰：君前送给官堡药饵，尚有存者。因取来分散，须臾而罄。"⑤元月十三日运寒衣一百五十件，至"撒拉崖已有难民候于途，分散赈款未暇记名"⑥。元月十四日，邓隆拜访了戴靖宇司令和回绅喇世俊。元月十五日，邓隆至安辑委员会见董健宇、李慕白等人，并与回绅一同开会。邓隆"报告沿途视查情形并目下最要之遏枭抢劫二事，请筹办法以恤灾黎"⑦。元月十七日，邓隆又赴安辑委员会，报告放赈员所查倪家川罗家寺一带回民霸占房屋事。元月二十一日，邓

---

① 邓隆：《调查灾情日记》，民国稿本，甘肃省图书馆西北地方文献阅览室藏。
② 同上。
③ 同上。
④ 同上。
⑤ 同上。
⑥ 同上。
⑦ 同上。

隆"赴仓院亲送药品,绕过大报恩寺棚居难民多已上庄,遂饭吴君一家。月下回家中铺街,遇露宿数人,呼给以钱询之者,皆上庄后饥寒难忍复入城行乞者,然乞食仍不可饱也,奈何"①。元月二十三日,邓隆向赴安辑委员会,提议"补赈续到未赈难民;扩充本城粥厂范围;调查公产损失;补修学校器具;豫筹学校基金;豫筹奖励学生经费;豫筹修城经费;维持人伦风化,凡子不养父母,妻弃夫者应准告发惩治;改沈公祠为忠义祠迁置昭忠牌位"②。元月二十六日,邓隆再赴安辑委员会"请补查西南北三乡续到难民一律放赈,并过匪灾救济会催发北塬赈票,又嘱董健宇豫备送寒衣赴乡车,是日拍致华洋义赈一电请发赈款"③。元月二十七日,邓隆与商会曾雨亭会长商制辟谷丹,"因难民粮被焚抢,回民遏粮不粜,不但无钱者不能买,有钱者亦无处买。惟辟谷方费粮少而济人多,救济目前莫善于此"④。元月三十日,安辑委员会开会陈述粥厂改良办法及北乡渠土代赈事。二月七日,邓隆赴筹赈会,并赴华洋义赈救灾分会报告情形。二月八日晚六点钟赴地方善后委员会,因常务委员张维有事回籍,邓隆为代理并开常委会讨论一切。2月9日谒见陕甘青宁剿匪司令报告灾情调查情况,"此行由狄道绕宁定县宁河堡至导河,四郊经莲花城小川子回省,所过皆匪灾极重之区,沿途难民惨状不忍目睹"⑤。对于导河难民饿死原因,邓隆认为"去年导河之乱,汉民夏秋田禾被匪收获外,并将历年盖藏完全掠去。现在汉民上庄衣食住全无着落,回民稍明大义者初遇难民乞讨,尚给饼块,后渐不与。所有存粮全窖地中,不肖头人发禁与汉民粜粮,有粜粮一升罚钱十串之说,施行经济压迫主义,以粮换地,难民无钱者不能买粮,如有钱者亦无处买粮,枵腹啼饥者所在皆是。加以房屋被焚,人多露宿,冻饿交加,焉得不死"⑥。

---

① 邓隆:《调查灾情日记》,民国稿本,甘肃省图书馆西北地方文献阅览室藏。
② 同上。
③ 同上。
④ 同上。
⑤ 同上。
⑥ 同上。

对于这种情况，邓隆建议"查城乡谷米以免闭粜，一条其法，查出存粮除留本家一年口食外，勒令照时价出粜，囤积多者罚出一半赈"①。

为了向公众说明赈款赈品的收支情况，省组导河匪灾急赈会将民国十七八两年的详细数目予以公布，来自几大公益机构捐款的有："丰黎社仓捐银叁千两正经折合洋叁千捌百肆拾陆元壹角伍分，甘肃筹赈会捐大洋柒百元正，兰州华洋赈灾会捐大洋壹千伍百元。其他社会各界及个人的捐款的有：甘肃省政府印刷局捐大洋叁元，泰和粮店捐大洋壹百元，光明公司捐大洋贰百元，邓隆捐大洋壹百元，张质生、毛敏卿劝捐兰州庆盛和共计捐助大洋贰佰捌拾叁元整。会宁县政府暨各界人士，礼县政府暨各界人士，唐桐庭先生劝捐兰州邮务管理局，宁朔县政府暨各界人士，明卿先生权捐兰州各宝号，泾川县政府暨各机关诸先生，女子师范学校诸先生，市政筹备处诸先生，第一师范学校诸先生，中山大学校诸先生等共计收入捐洋柒千陆百陆拾玖元陆角伍分。"②

本省募捐赈款支出，发放给难民的有："零散流落省垣难民共计壹千肆百口，每名五角共发大洋柒百元整；沿番地难民散放大洋贰千伍百陆拾肆元壹角，放赈员赵虎臣、程宪宜；散放莲花难民大洋肆百元，罗法台经手；散放马家湾流落难民大洋壹百元，仲子得经手；散放导河北区零赈难民大洋贰拾元；散放莲花零赈难民大洋贰拾元；慰劳官兵共费洋壹百壹拾陆元肆角贰分等。用于拍发电报的支出有：拍发冯总司令电报六封共费洋捌拾玖元捌角；拍发安牧师电报一封费洋肆元捌角；拍发北平华洋赈灾总会电报一封费洋贰拾贰元整。用于差旅的有：调查河州四乡难民损失表调查员旅费洋壹百伍拾元整；唐祖培因公赴河脚费洋柒元整；程宪宜赴番放赈旅费洋肆拾元整；赵虎臣赴番放赈旅费洋肆拾元整；罗法台旅费洋玖元伍角；白委员因公赴河旅费洋捌元整。脚费支出有：十七年运官堡寒衣脚费洋叁拾贰元整；十七年运狄道寒衣脚费尾数洋伍拾玖元壹角柒分；十七年运双城寒衣

---

① 邓隆：《调查灾情日记》，民国稿本，甘肃省图书馆西北地方文献阅览室藏。
② 《省组导河匪灾急赈会第一次报告书》，省组导河匪灾急赈会1930年编印，甘肃省图书馆西北地方文献阅览室藏。

脚费洋肆元整；十七年运和政寒衣脚费肆拾元整；十八年第一次运河州寒衣脚费洋叁拾陆元整；十八年第二次运河州寒衣脚费洋壹百零贰元整；十八年第三次运河州寒衣脚费洋肆拾贰元整；十八年第四次运河州寒衣脚费洋壹拾贰元整；十八年第五次运河州、和政寒衣脚费洋叁拾伍元柒角。还有一些支出，共计大洋陆千叁百五拾贰元玖角柒分。"①

寒衣的收入情况如下："救世新教会捐寒衣贰千伍百件，此会内邓德舆捐助洋五百元；邓赵氏捐棉衣鞋袜等件共壹百柒拾肆件；蒋民权捐寒衣贰百件；姚科长捐寒衣壹百件；红十字会捐寒衣捌百贰拾柒件；筹赈会捐寒衣捌百件；在河州续收筹赈会捐寒衣壹千件；十七年入寒衣伍百伍拾贰件；十八年入寒衣伍百陆拾柒件；华洋义赈会捐寒衣肆千肆百贰拾件；救世新教会捐寒衣肆百件；赈务会捐寒衣壹千件；邓赵氏捐棉鞋大小壹百双。以上总计捐入寒衣壹万贰千伍百肆拾件又棉鞋壹百双。"

寒衣支出如下："散番地难民寒衣壹千件；散官堡难民寒衣伍百件；邓德舆带散莲花堡难民寒衣伍百件；石永福带河散难民寒衣肆百件；散抚河湾难民寒衣壹百件；散第二次莲花堡难民寒衣柒百件；散狄道难民寒衣壹百伍拾件；散放沿途难民寒衣壹百贰拾捌件；散牙党关难民寒衣捌百件；散宁和堡难民寒衣贰百玖拾柒件；散南乡零放难民寒衣贰百件；散双城难民寒衣肆百件；散河州难民寒衣叁百捌拾肆件；散满鹿集难民寒衣贰百件；散重台塬难民寒衣伍拾件；散第二次双城土门关难民寒衣叁百壹拾柒件；运发临夏县难民寒衣伍百陆拾柒件；散北乡零放难民寒衣贰拾柒件；散临夏县难民寒衣叁千贰百贰拾件；散和政县难民寒衣壹千肆百件；散放临夏县难民棉鞋壹百双；散永靖县难民寒衣壹千贰百件。以上总计散放寒衣壹万贰千伍百肆拾件又棉鞋壹百双。"②

---

① 《省组导河匪灾急赈会第一次报告书》，省组导河匪灾急赈会1930年编印，甘肃省图书馆西北地方文献阅览室藏。

② 同上。

在放赈中施行分区放赈，放赈员有刘登科、穆敬正、杜子明、赵洋廷、董锦春、阮学孚、何全忠、张思忠、杨世英、史廷弼、穆青兰、陈嘉谟等。① 调查户口实数，分别次贫、极贫，照册放款。②

河州地区，来自乡间乞食的一些人，面目浮肿，与食用了草根树皮有关。因饿病而死的难民，每日计有一二十人，无人过问。邓隆拨出赈款，雇工在东西城门外挖了几个大坑，收埋无主尸体。③ 在河州被围困时期，在仓院大寺以及西北城根一带，掩埋兵民尸骸甚多，虽然之后由县长募工程队迁到北郊义冢埋葬。但是因为地狭人稠，空气混浊，并且宅家巷道堆积脏物，极易引起疫病。后由戴靖宇召集各界人士，特开清洁运动大会，饬派部队扫除大街小巷的肮脏秽物，传谕家户，一致注意公共卫生。刘郁芬特派医生到县，设立中山分医院，指定在征收项下月拨公费一千元，正月二十六日开诊。极贫分文不收，次贫收挂号费二百，施以药物手术，除去民众疾苦。④

第三节 再度震荡：雷马事变

1930年4月，冯玉祥派系国民军由于在中原大战中败北，退出西北，在这期间，虽然有诸多小实力派的存在，但没有政治权力中心，南京国民政府以回族实力派主政甘肃，各派系矛盾集聚，中央视察员马文车于1931年8月25日联合冯玉祥支持的雷中田发动政变，囚禁马鸿宾，史称"雷马事变"。事变发生之后，地方精英积极调和，马鸿宾被释放，而南京国民政府也于1931年12月任命邵力子为甘肃省主席，与地方精英热切希望由中央政府来稳定政局的愿望相契合。

---

① 《省组导河匪灾急赈会第一次报告书》，省组导河匪灾急赈会1930年编印，甘肃省图书馆西北地方文献阅览室藏。
② 王篯：《龙蛇泪痕》，《甘肃文史资料选辑》第24辑，甘肃人民出版社1986年版，第40页。
③ 同上书，第39页。
④ 同上书，第37页。

一 雷马事变发生前甘肃的政治生态

在1929年元月西北军统治甘肃时期,甘肃被分建为甘肃、宁夏、青海三省。分省之后,青海主席为孙连仲,宁夏主席为门致中,甘肃主席为刘郁芬。1929年6月,刘郁芬调陕就任西北军后方总司令职,8月,孙连神调任甘肃省主席。1930年4月,由于冯、阎联合倒蒋的中原大战爆发,孙连仲又奉令率部东下。甘肃政权遂交由以王桢为首的省政府委员杨思、张维、裴建准、喇世俊、赵元贞、王廷翰、李朝杰八人主持,由王桢代行主席职务兼财政厅长,李朝杰任民政厅长兼交际处长和兵站总监,张维兼建设厅长,喇世俊兼印花处长,赵元贞兼教育厅长,王廷翰兼禁烟善后局总办。

自西北军东撤后,甘肃地方武力开始抬头:马廷贤窜据陇南,号称一个军;陈珪璋称雄陇东,号称一个师;鲁大昌突起陇西,号称一个师;黄得贵独霸固原,也号称一个师。河西走廊,一直由青海的马谦(甘肃警备司令,司令部设张掖)、马驯(马步芳部团长,驻防武威)等部割据,形成半独立状态。由于这些地方武力争夺地盘,互不相让,逐致烽烟遍地,民不聊生。而省政府所能管辖的,只有兰州附近的皋兰等几个县。

1930年7月,以马廷贤为首的所谓四路联军——国民革命军甘肃联军陇南路总司令马廷贤、陇东路总司令陈珪璋、陇东路总司令鲁大昌、陇北路总司令黄得贵,先后两次发出通电(7月6日和8月27日),声讨王桢,并派马廷贤的总参谋长马建谟为前方总指挥,率部向兰州进攻,结果被马麟的骑兵在定西击溃。省政府在8月28日的《新陇日报》宣布了马廷贤的祸甘罪状;同时马麟又以宣抚使名义发表了"劝告天水马廷贤及告民众书",指出民国十七年(1928年)马廷贤、马仲英等在河州(今临夏)发动变乱,遗祸汉回人民的惨痛教训,劝告马部"幡然觉悟,改正归来"[①]。

---

① 张慎微:《关于"雷马事变"的见闻》,《甘肃文史资料选辑》第2辑,甘肃人民出版社1987年版,第89—90页。

1930年12月，随着冯、阎讨蒋战争的失败，以王桢为首的甘肃省政府委员，通电拥护南京中央政府，同时王桢表示不再代理主席。从此省府事务，由各委员共同负责，发号施令，均联合署名。杨思等致电南京国民政府说："大局统一，无任倾向，甘省事务，经公同会议，军事推马麟为保安总司令，雷中田为副司令，政务暂不用主席名义，由省委共同负责处理，暂维现状，听候明令训示祗遵。"冯玉祥旧部雷中田亦致电蒋介石称："田驻节兰州，分防各县，力持保境安民，兹谨率全体将士一致主张服从中央，听候处置。"表面上看，似乎各派皆服从南京政府。但是，暗中的较量仍在进行。①

冯系势力仍对局势有重要的影响力。甘肃省教育会、农民协会、总商会等致电蒋介石："王桢、李朝杰均宦甘多年，深得民心，杨思等均系本省汉回耆宿，咸孚众望"，"现幸人心厌乱，民意有归，过渡时代，尤不能不格外慎重，以纾中央西顾之忧"，因此主张"甘肃政局，仍暂由王桢等负责维持，省防司令雷中田，保卫治安，军民爱戴，并恳准予加入省府，俾资镇慑"。而以兰州公民代表李杰三等五千四百人的名义给蒋介石的另一封电报却说："王桢自代主席职务以来，贪赃枉法，无所不为，近因取消主席名义，委员共同负责，而王桢心怀不平，煽惑雷（中田）、高（振邦）两部意图破坏地方，死灰复燃"，"王桢党羽把持电局，扣留电报，电派人由省外拍发"。两派意见截然相反。由此可以推断，冯系势力不甘失败，企图在南京政府将要重组的甘肃省政府中，仍然占据主要地位，前一封电报当是在冯系势力王桢、雷中田的授意下发出的；而后一封电报则为甘肃地方反冯势力的声音。②

长期的苦难，使包括上层在内的大多数甘肃人士确实企盼中央权威重新光临甘肃，俾得政局稳定、社会安定。甘肃在南京国民政府最有影响力的人物要数马福祥。他与甘肃旅京人士水梓、田山等94人

---

① 刘进：《中心与边缘——国民党政权与甘宁青社会》，天津古籍出版社2004年版，第55页。

② 同上书，第56页。

给南京政府的请愿书中缕述甘肃数年来"惨不忍言"的"天灾人祸",认为"自统一告成,军事结束后",除中共革命省份外,"其他各省以次恢复秩序,人心渐定,独甘肃人民尚在水深火热中,省府主政无人,省委亦多临时性质,政令不行,险象环生,现在陇东南及河西各处讨逆部队林立,形成分据,以致军政财权不能统一",若南京国民政府对甘肃政局"不谋救济",则"中央不明真相""各方未受编遣之时,妄发野心,假借名义,挑拨回汉,焚杀淫掠,重为吾民苦","势必酿成燎原,贻国家西北大患,实非仅甘肃一省问题已也"。事实也确实如此,马仲英在河州事变中起家,后来他与青海马步芳争夺河西地盘,被马步芳赶入新疆,造成新疆政局与社会的长期动荡。蒋介石曾在"庐山宣言,将亲往甘肃视察一切",因此,"万众欢腾,望眼欲穿,最近甘省府函电吁请,全省人士奔走呼号","可见各方望治之切"。因此,马福祥等甘宁青人士向蒋介石提出九项要求,其中有:"请主席早日赴甘视察,以定西北大计而慰民望";"请速任命甘肃省府人员以专责成","请速派西北行营部队克日入甘以固边防而靖匪乱";此外,还有赈济、设法救济甘肃财政、推行航空与建设陇海路西段等。其他如甘肃省总商会、蒋介石委任的甘肃联军军事参谋长谢子良,甘肃洮岷路保安司令杨积庆等,均呈请南京政府早日派大员主持甘肃政权。

杨思等人组成的文官政府无法控制局面,他们希望南京政府在政治上尽快稳定甘肃政局,亦请求中央"迅简贤员莅甘主政,则一切纠纷迎刃而解"。如果说杨思等地方上层人士以前还倡导"甘人治甘"的话,那么,在此种混乱局面中,由甘肃本地人士统一军政、财政已不可能。①

旅外的甘肃人士中也有人希望选择本籍以外,且与南京国民政府上层关系密切者主持甘政。旅南京的甘肃人士在《陇钟言论集》中呼吁,主持甘政者要有如下条件:"有悠久之历史,于主义有深刻之

---

① 刘进:《中心与边缘——国民党政权与甘宁青社会》,天津古籍出版社2004年版,第57页。

认识，及奉行之决心者。瞭解中国大势，西北现况，及无割据思想者。有充分之政治知识与经验，及思想新颖，能接受新文化者。与冯玉祥无深厚之关系，及曾未为其部属者。能融洽回汉感情者。"① 而治理甘肃需要从四个方面着手："全省政治军事财政之统一；全省金融之统一与整顿；全省教育之恢复与振兴；全省灾民之积极赈济。"②

然而，南京国民政府并不急于将西北纳入直接控制中，也没有派军队进入甘肃。因为权力处于真空状态，各实力派皆有所企求。新疆省主席金树仁对中央将任命马鸿宾为甘肃省政府主席一事表示反对，他致电张学良要求对中央政策施加影响。张学良回复金树仁，主张将甘肃政权交与汉人掌握。蒋介石并没有听取张学良将甘肃政权交与汉人掌握的意见。南京国民政府于1930年11月21日的国务会议上，任命马鸿宾为甘肃省政府代理主席。但是，马鸿宾对于这项任命，唯恐其时介入甘政，会有螳螂捕蝉，黄雀在后之忧，故此，以退为进。在此种意图的指导下，马鸿宾接到任命后迟迟不赴任所，在蒋介石的一再催促下，马鸿宾离开宁夏到兰州，于1931年1月15日就职。③ 蒋介石在驱逐冯玉祥势力出西北后，仅希望西北暂时保持平静。以马鸿宾为甘肃省主席，亦是其依恃诸马，稳定西北政局的一个步骤。④

1931年元月，中央陆海空军总司令部，派出马文车、刘秉粹、严尔艾、谭克敏四名视察员来甘活动，马文车还兼任国民党甘肃省党部整理委员。对于视察员来甘，甘肃民众寄予厚望，在欢迎传单中指出："我们望若云霓的中央特派甘青宁视察员，现在已经到了。他们是垂死的三省人民的救星。我们不知如何的将我们十二万分热烈欢迎的忱悃表达出来。"⑤ 甘肃省连年天灾人祸，道路远阻，呼吁无门，"今者视察员之来，衔中央吊民之命，察地方详情实况。则吾民十数

---

① 《陇钟言论集》，1932年版，甘肃省图书馆西北地方文献阅览室藏。
② 同上。
③ 刘进：《中心与边缘——国民党政权与甘宁青社会》，天津古籍出版社2004年版，第59—60页。
④ 同上书，第61页。
⑤ 《质疑甘肃视察员严尔艾》，《陇钟言论集》，1932年版，甘肃省图书馆西北地方文献阅览室藏。

年之灾苦,藉视察员诸君子之公正报告,一朝可为中央所洞悉,国人所瞭知,其遗惠吾民,当不能以数字记也"①。但是,视察员来甘"关于三省民生灾苦,酷劫匪祸,从未见一字之传露,舆论慌惑,莫知其故。不意四月日,京中各报,忽载有视察员严尔艾君呈江总司令之一电,对于三省灾况民困,无半字提及;而为屠杀陇民三十余万之巨匪马廷贤,竟夸荐备至"。严尔艾竟在给蒋介石的报告中称:"马廷贤极纳善言,凡缩小兵额,减轻民苦,严肃纪律,注重训练,交换财政诸事,听候指导。陇南除川军占武都文县肆意扰民外,其余各县防务,均尚安靖。马部军纪严肃,决无屠杀不法等情。"② 当南京《中央日报》发表了报告的内容后,省内外舆论大哗,群情极为愤激,兰州街头出现了反严的传单、画报和标语,视察员公馆也接到不少的群众质问信。旅居南京的甘肃人士对严尔艾提出如下质疑:

> 马廷贤之屠城烧掳,为全陇回汉同胞所共晓同恨,严君入陇三月,曾否叩问一人?陇南各县民家墙壁,马廷贤部所杀人民之血迹尚存(此为陇南逃难来京之学生,所痛哭流涕而言者。)严君是否一察?天水、武都、礼、徽各县,马廷贤部所杀人民之磊磊白骨尚曝露郊野,严君可曾一见?陇南各县为马廷贤部奸淫未死之老妪幼女,尚在残废床笫,严君曾否一闻?陇南各县为马廷贤部所烧之废墟尚在,严君可否一观?③

严尔艾惶恐之余,自觉难以立足,便托辞离开了兰州。严尔艾回到南京后,竟登报发表声明:"前以陇南久苦纷乱民痛达极,尔艾奉令视察,曾将久苦地方之马廷贤部按枪缩编为骑兵共七团,汰劣留善取消师旅长名义交还民财政,中间备尝艰险,地方人民始告安靖。岂冯系余孽与素称反回眼镜之土劣,不满中央收抚给予名义,乃藉漏落

---

① 《质疑甘肃视察员严尔艾》,《陇钟言论集》,1932 年版,甘肃省图书馆西北地方文献阅览室藏。
② 同上。
③ 同上。

字句之电文，断章摘句，以为攻击。而查原稿所谓军纪严肃无屠杀绝对的系指最近说，彼等竟任意颠倒是非，忘造黑白，迭在大公报乱吠。"① 而旅南京的甘肃人士对之严厉反驳。国民党的监察院，对严尔艾的受贿，提出了弹劾案，旅京甘肃民众王日治等呈请严办严尔艾，旅南京的甘肃人士提出要"一致吁请中央，依法惩办此庇匪害民蒙蔽中央之严尔艾！陇回汉同胞，一致觉悟，协力剿除马廷贤匪部，勿售奸人挑拨离间！"② 但是，对严尔艾的最终调查，结果以"查无实据"，含糊了事。严尔艾离兰不久，刘秉粹也回南京，唯有马文车、谭克敏继续留在甘肃进行活动。由于马兼任省党部整理委员的关系，其妻杨文范一度担任《甘肃民国日报》（国民党党报）社长，马文车的言论、文章，经常见诸报端，竟然红极一时，成为一帮投机分子吹捧的中心人物。

二　雷马事变始末

马鸿宾于1931年元月十五日由宁夏到兰州，就任了代理甘肃主席职。马鸿宾就职后，甘肃的割据局面，并未得到改变，财政上的困难情况，依然如故。为了"励精图治"，马鸿宾在政治上采取的措施有精简机构，裁员减薪，以节省开支，用考试办法选任县长，表示用人"大公无私"③。军事上，他将带到兰州的部队，分驻在西部小西湖和河北一带。后来收编了两股地方武力，一股是盘踞陇南的马廷贤部下韩进禄（原为马仲英部下，是屠民勤县城主角之一）；一股是盘踞在临洮的张彦明，将之调驻河北盐场堡。雷中田对马鸿宾收编土匪、扩充实力的做法，十分不满。南京中央政府于8月7日发布命令，改组甘肃省政府，任命马鸿宾、杨思、谭克敏、马文车、张维、李朝杰、贾缵绪、水梓、喇世俊九人为委员，以马鸿宾为主席，杨思兼民政厅

---

① 《休矣！严尔艾！》，《陇钟言论集》，1932年版，甘肃省图书馆西北地方文献阅览室藏。
② 同上。
③ 张慎微：《关于"雷马事变"的见闻》，《甘肃文史资料选辑》第2辑，甘肃人民出版社1987年版，第92页。

第一章 变乱与秩序：地方精英的行动与作为

厅长，谭克敏兼财政厅厅长，张维兼建设厅厅长，水梓兼教育厅厅长。此项命令于 8 月 21 日到达兰州，雷中田见到马鸿宾由代理主席而被正式任命，自己连一委员名义也没得到，因而心怀不满。同时在视察员中，谭克敏已被任命为财政厅厅长，马文车仅得到一个委员的身份，十分不满，于是和雷中田联合起来，共同进行倒马活动。

1931 年 8 月 25 日，马鸿宾在省府西花园召开财政会议。他进城到会场后，即发觉情势不对，便以如厕为名，离开会场，辗转跑到城隍庙内暂避。雷中田因马鸿宾未被捕获，下令关闭城门，全市实行戒严，继续派军队追踪搜查。直到夜间，马鸿宾听到枪声，便决定自己出面，以免地方遭受变乱。26 日清晨，马由城隍庙后门出来走到官升巷口，对警察说明身份，要求去见高局长（省会公安局长高振邦），警察把马带到警察二分署，高据报亲自把马接到道升巷李朝杰公馆掩护起来。雷、高之间，从此便发生了猜疑，互不信任。

26 日下午，各街道贴出雷中田的布告：

> 为布告事，照得军阀马福祥，马鸿宾夙蓄扩张地盘之阴谋，冀填自私自利之欲壑，蒙蔽中央，把持甘政，蔑视全陇汉回蒙番，重兴帝国主义，实与先总理革命宗旨大相违背。溯自马鸿宾攫代甘肃省政府主席以还，所为罪恶，罄竹难书，举其大者如：（一）庇匪殃民，（二）把持财政，（三）私运枪械，（四）操纵金融，（五）侵吞公款，已属罪无可逭，还复招收土匪，且外引马廷勷率部北犯，扰乱治安。中田驻师是邦，除暴安良，自属天职，兹遵从中央视察员马心竹暨陕甘边防督办代表赵晚江之协商，重以全省党政军学农工各界大义之责请，不得不随诸父老兄弟之后，先事预防，共维甘局。凡我汉回蒙番同胞，自当一视同仁，无有畛域。除呈报中央外，为此布告周知，其各安居乐业，无得自相惊扰，致贻伊戚，切切此布。①

---

① 张慎微：《关于"雷马事变"的见闻》，《甘肃文史资料选辑》第 2 辑，甘肃人民出版社 1987 年版，第 95 页。

马鸿宾被扣后，马文车以国民党甘肃省党部委员资格，出面召集了所谓"甘肃省党政军学农工商各界代表联席会议"。会议于8月26日上午10时在省政府船亭举行，参加的代表有：国民党省党部委员凌子惟，省农会代表辛启明（省党部训练科干事兼农会指导员），省工会代表徐上达（省党部民众阅览室管理员，冒充工会代表），商会代表谢天佑、张宜伦、鲁椿，教育会代表梁伦，第八师师长雷中田，副师长王家曾，潼关行营主任代表赵晚江、林建，甘肃第一路警备司令陈珪璋的代表韩国士，甘肃骑兵第一师代表魏敷泽、马骏良，川军代表文劲涛，第二路警备司令鲁大昌的代表李克明，东路交通司令马锡武，以及政界的裴建准、喇世俊、杨思、李朝杰等。会议由李克明主持，并报告开会理由说："此次政变发生，为吾甘最不幸之事，然亦万不得已之事。今者事已至此，吾人亟应推举军政负责人，以维甘局……"会议通过的决议案：（1）公推雷中田担任甘肃全省保安总司令，魏敷泽为副司令；（2）组织临时省政府，推举杨思、李朝杰、赵晚江、马文车、李克明、陈珪璋、鲁大昌、王家曾、雷中田、喇世俊、裴建准、马锡武、慕寿祺十三人为委员；（3）公推马文车担任临时省政府主席兼教育厅厅长，杨思兼民政厅厅长，李朝杰兼财政厅厅长，喇世俊兼建设厅厅长。① 在8月28日，以马文车为首的临时省政府委员发出了就职通电。临时省政府成立后，除马文车、雷中田、王家曾、赵晚江、李克明等活动积极外，其余委员大多态度消极，意存观望。如杨思在1月以后才接任民政厅厅长，李朝杰始终未就财政厅厅长职，也从未出席委员会议，财政厅厅长一职后来由雷中田兼任。至所委的副长陈珪璋、鲁大昌都未见就职，高振邦在雷的催促下于9月间才成立了师部。②

临时省政府，从成立到11月5日，先后举行过二十七次委员会议，从全部会议记录来看，当时赵晚江和李克明在会上表现得最为活

---

① 张慎微：《关于"雷马事变"的见闻》，《甘肃文史资料选辑》第2辑，甘肃人民出版社1987年版，第96—97页。

② 同上书，第98页。

跃，许多议案，都是由他们提出交付讨论的。赵晚江原是以潼关行营主任杨虎城代表的身份来甘肃活动的，到兰州后，适逢"雷马事变"的机会，便当上了临时省政府的委员，并兼任省印花税局局长，在省务会议上表现得特别突出。10月22日上午，赵晚江出席了第二十二次省务会议，会后到农工银行参加了张宜伦（商会负责人之一）的宴会，下午7时左右回到寓所，向勤务员讨手纸如厕。刚出大门，勤务员忽闻枪响，当出外探望时，发现赵已被刺杀在农会门口。关于赵晚江的被刺，但据事后了解，赵晚江是高振邦派省会公安局督察长马阁麟带人刺杀的。刺杀的主要原因：一是赵在省务会上提出由政府公布纸币折价使用的措施，使高振邦新领到的三十万元军饷、公费，受了很大损失，因此怀恨在心；二是高是亲马鸿宾的一派，正在为恢复马的自由进行活动，赵在省务会上坚决反对，因而激起高的恼怒。赵晚江被刺殒命，临时省政府的重要人员，人人自危，委员们又各有心思，已显出四分五裂的局势。原定第二天（10月23日）在辕门口（现中央广场）举行的"兰州市民哀悼国难大会"（"九一八"事变发生后各地举行的群众性宣传大会），好多重要人员都未敢去参加，形势的紧张混乱，可见一斑。

事变发生以后，马文车以甘肃省党务整理委员会名义致电杨虎城，表明"马廷贤对陇南屠杀焚掠奸淫之惨酷，有过巢闯"，而马鸿宾又"复收匪予官，庇匪殃民，是以逼起此次政变"①。马文车力陈甘变与宗教无关，他以甘肃省党务整理委员会名义致电青海省主席马麟（勳丞）、临夏驻军司令马眉山、第九师师长马步芳及青海、宁夏两省党务特派员，"查兰州此次政变，全属局部问题"，"万一因政治之小变，误入宗教之问题，实非西北全体人民之福利"②。与此同时，回族实力派马福祥致电蒋介石，为马鸿宾申诉，

---

① 《马文车以甘肃省党务整理委员会名义致杨虎城电稿》，《甘肃文史资料选辑》第21辑，甘肃人民出版社1985年版，第156页。
② 《马文车以甘肃省党务整理委员会名义致青海省主席马麟（勳丞）、临夏驻军司令马眉山、第九师师长马步芳及青海、宁夏两省党务特派员解释甘变与宗教无关的电稿》，《甘肃文史资料选辑》第21辑，甘肃人民出版社1985年版，第159页。

称其本无争权之心,"鸿宾以本省之人,受命于丧乱之际,支撑应付,倍感艰难,迭以才力弗胜,屡请另简贤能,以免丛脞,其后阅时两月,迫于中央一再之电促,省方各界络绎之呼吁,义无可却,始轻骑简从,由宁赴兰",马鸿宾"调解纠纷,安辑流亡,对于兰州原驻各军加意抚循,对于中央所派视察诸员马文车等,和衷共济"。至于马福祥本人,与甘肃连年兵祸并无直接关系,"且是年兵匪之患,福祥全家受害最烈,导河宁夏两处庐舍,同为煨烬";至于与马廷贤相表里,马福祥表示"去冬鸿宾奉命主甘,马廷贤即首反对,文电俱在";至于甘肃"久苦兵旱,省中各界,方日拥护中央,祈祷和平",希望中央"鉴别是非,整饬纲纪,绥定西服,奠安边圉"①。

但是,当时甘肃省内外的部分群众,对于马福祥父子叔侄在甘、宁各省的扩张主义很是反感。如甘宁青旅平同乡会在通电中说:"马福祥以昏庸老朽之官僚,侧身中枢,自以为精通西北政情,俨然西北霸主,主席出自朕手,舍吾侄其谁哉!而不知甘肃祸变实种因于此。马鸿宾德不足以服众,力不足以制人,莅甘一年,变乱迭兴,挑拨离间,无恶不作,陇东陈、黄之战,陇南韩、马之争,均由该氏从中作祟,冀取渔利。"最后"吁请政府另简熟悉西北政情之大员,从速赴甘,解决甘肃大局,救甘民于水火"。又如以"旅京沪甘肃公民"名义发出的传单,着重驳斥当时马福祥在南京发表的声明中为马鸿宾辩护的各点。②

兰州教育界人士高文蔚曾上书马文车,指责马鸿宾庇匪殃民的事实,说:"当马鸿宾主政宁夏时,祸甘匪首马廷贤、马仲英败窜宁夏,受其庇护。及冯部东下,甘肃空虚,先纵马廷贤长驱入甘,屠杀陇南,继纵马仲英树旗中卫,劫掠甘凉。至主甘政后,将屠城礼县之韩进禄,焚杀洮西之张彦明等引入省垣,位之高官,从此匪患益深,而

---

① 《"雷马事变"中马福祥致蒋介石电》,转引自《月华》3卷26期,《甘肃文史资料选辑》第21辑,甘肃人民出版社1985年版,第171页。
② 张慎微:《关于"雷马事变"的见闻》,《甘肃文史资料选辑》第2辑,甘肃人民出版社1987年版,第101页。

民众不敢言匪矣！"同时歌颂马文车的所为是"革命措施"①。

适在这时，临时省政府委员杨思同李朝杰及青海代表马昆山、魏敷滋等出面从中调停，期望和平了局，以免糜烂地方。雷中田提出三个条件："马鸿宾私宅财物的损失，概不补赔；下命令叫马驻在靖远、新城两地的队伍一律缴械，马自行电中央辞退省委及兼主席职务。"马鸿宾对这三个条件的回答是："不要补赔，只要兰州和全省人民无损失，本人私产无甚关系；所部缴械命令当由我下，服从与否，不能保证；辞职一层，何用他提，本人从来未尝如此厚颜。"雷接到马的答复后，未有表示，调停随之搁浅。

在杨思等调停失败后，马麟又以青海省政府代主席的身份，由西宁到新城，出面调停。兰州市面，张贴标语，欢迎马麟进城，省垣各机关首长亦多往新城迎接，雷中田、马文车也派代表欢迎。但马到新城后，并未来兰。马鸿宾的第七师部下官长，提出的条件是："要临时省政府的负责人和马鸿宾主席同时辞职，马鸿宾恢复自由后，省政府主席由第三者担任。"雷中田当时对这些条件表示同意，但第三者人选，又成为考虑的焦点。有人主张杨思，杨坚决表示不干；最后马麟提出解决的意见是，以他的名义，电请南京政府将马鸿宾调回宁夏。电文发出后，未见答复。在这以前，兰州中等以上学校校长和教育会、佛教会、实业待行社等社团的负责人，也曾奔走调停，呼吁和平。

为寻求解决，马鸿逵自山东致电刘尔炘等，略谓"家兄素日谨慎小心，在甘半载，不敢谓其有功，亦信必无大过，请和平调处"云云。② 民国二十年（1931）9月8日午后，各界在商会公议：请马文车出省；马鸿宾亦返宁夏主席任；省府由旧委员出而维持现状。刘尔炘等人亦在场，雷中田没有提出办法，但劝留马文车，表示不愿卖友。唯雷之潘旅长（时已升编师长）反对甚力，有"持至最后再作

---

① 张慎微：《关于"雷马事变"的见闻》，《甘肃文史资料选辑》第2辑，甘肃人民出版社1987年版，第101页。

② 王海帆：《辛壬兰山见闻录》，《甘肃文史资料选辑》第29辑，甘肃人民出版社1989年版，第83页。

土匪"之言。①

为避免事变演变为回汉之争，慕寿祺提议："函回教促进会，召集十四方回民首领，由省府派员讲话，以安人心，而免误会。推喇世俊、马锡武、马国栋届时前往。"②

1931年10月9日，李朝杰、慕寿祺赴河口见马麟。各界推代表见雷中田，请求释放马鸿宾。雷中田的参谋长张曾玖主持其事，表示须有妥保，方可释放。③但亦无结果。刘尔炘为释马问题，亲访雷中田，雷避未接见，刘愤而对其传达人员留言说："我是刘尔炘，从没上过衙门，从没找过官吏，今天为地方治安、人民福利，特来访雷兰波，望速转达。"次日雷往见刘，征询意见。刘晓以大义，催请即日释马。雷虽口头应允，但回去后因受左右包围，仍未释放。刘又致函高振邦，请以地方治安为重，呼吁和平解决问题。

这时，陈珪璋和鲁大昌已先后分别就任中央陆军新编第十三、十四师师长。陈、鲁对临时省政府的态度是不即不离；青海马步芳的第九师把在张掖宣告独立的马仲英残部赶入新疆后，控制了河西的十多个县，并扬言要进攻兰州。临时省政府可以发号施令者，仍只皋兰、榆中、定西等县，实际上已处于摇摇欲坠、朝不保夕的状态了。

雷马事变发生以后，远在千里之遥的冯玉祥频频致电雷中田等人，1931年9月2日冯玉祥于汾阳致兰州李朝杰、高振邦电：

> 李汉三弟、高振邦弟钧鉴：此次生擒马鸿宾，处理神速，足见弟等与中田弟等精神团结，意志坚决，远道闻之，嘉慰无已。尚希努力作去，以巩固西北也。以下数事并盼注意：一、密看押马鸿宾，万勿使其潜逃，致生后患。二、应竭力扩充军备，储为革命的武力。三、一切办法，务必共同会商办理，免生参差。四、进行一切事宜，应以革命的办法，当机立断，不可稍有迟

---

① 王海帆：《辛壬兰山见闻录》，《甘肃文史资料选辑》第29辑，甘肃人民出版社1989年版，第84页。
② 同上书，第87页。
③ 同上书，第92页。

疑。五、甘省须与南京断绝关系，直属广东政府，并发出通电，明白表示。六、作事须稳住脚跟，拿定主义，不可为谣言所惑。七、应切实为民众谋利益，以慰人望。八、一切情形望随时来报。九、蒋中正最近在江西又有极大败仗之损失。长江上游亦有变故。红军进攻武汉甚急，蒋贼对此已束手无策。广东国府刻已派兵入湘。北方各将领已有反蒋之大联合。蒋贼覆灭即在目前也。冬。①

如果此时马鸿宾被杀，势必加深各派之间的矛盾，事变如何解决，各派都希望有调解人出面。

三 事变的最终解决

民国二十年（1931）10月8日，吴佩孚以游览为名抵达天水，当时盘踞在陇南天水等县的马廷贤，已接受了蒋介石的收编，被委为陇南绥靖指挥。马廷贤对吴佩孚的欢迎招待，极为奢华，行辕设在城内九间楼，行辕内外，夜间灯光辉煌如昼。马廷贤还在东教场举行过一次欢迎大会，吴佩孚一登台，看见悬有孙中山遗像，即说："孙先生与我意见不合。"当时台上有人即将孙中山挂像摘下。吴佩孚在这次欢迎会上，讲了国家兴亡、匹夫有责，国民党丧权辱国、男盗女娼，国难当头，希望西北回汉团结、共同救国等许多议论。吴佩孚在天水期间，经常晋谒的人很多，大有门庭若市的情况。其中一部分是奔走活动的政客，一部分是以好奇心去瞻仰卜将军风采的各界人士。②其中天水名士哈锐有《赠吴子玉将军八首》③：

一

万劫鏖残老病身，十年魂梦望青尘。

---

① 冯玉祥：《冯玉祥选集》（中），人民出版社1998年版，第643页。
② 裴建准、韩定山、张慎微：《吴佩孚之来去与陕军入甘》，《甘肃文史资料选辑》第2辑，甘肃人民出版社1987年版，第111页。
③ 胡圭如编辑：《哈锐集》，天津古籍出版社1991年版，第8—9页。

补天筮肯来西北，醉尉何人尔敢嗔。

二

韬钤自昔有家风，余子纷纷一洗空。
故国舟中名论在，凭将只手障川东。

三

蜀山息影偃麾旌，雾影从教髀肉生。
刊落棱威存本色，依然万里一长城。

四

韦编在手定行藏，四圣心传未渺茫。
疆场折冲余技耳，于公太乙一毫芒。

五

上策古今拼一走，北胡南越忍包羞。
岩岩一柱擎天立，到处人争识故侯。

六

少陵论将贵廉耻，北斗以南更有谁。
赢得全球人格在，爱钱惜命究何为。

七

金宋当年此战争，君家璘玠最声名。
至今地网留遗迹，话到劫灰泪暗倾。

八

忍把神州袖手看，如闻父老劝加餐。
何当一怒殪蛇豕，矍铄伏波再据鞍。

将之比作"岩岩一柱擎天立"，并以"伏波"将军视之。

吴佩孚在天水于 10 月 12 日向马文车发电文，表示目前形势急迫，"军侵占关东，有加无已，寰宇震恐，危系苍桑"。他入甘是为了"与诸君子共商大计也"。雷中田和马文车接到电文以后派代表是豪、原志诚、李彬等先后前往天水迎接吴佩孚。吴佩孚和他的眷属、随员等一行二百余人（主要随员有参谋长张方严，处长刘泗英、白品清、赵子宾、郑伯庸等）于 10 月 26 日从天水起身，经陇西、渭源、临洮等县，于 11 月 7 日下午抵兰，在各界的热烈欢迎下，下榻行辕。① 临时省政府派专人设"吴上将军行辕"，各街悬旗结彩。吴佩孚在兰州欢迎会上的讲演，言不外孝悌忠信。②

临时省政府委员，原定 11 月 10 日设宴为马鸿宾饯行，并请吴佩孚及处长以上随员和各机关首长作陪。但马鸿宾于早晨四时许即离城西去，临行时，公开发表启事。原文如下：

> 敬启者：鸿宾不才，谬绾乡邦大政，愆尤丛集，惧懔冰渊。因思以曾文正之贤，犹有外惭清议，内疚神明之语。宾何人斯，宁敢讳饰，仅列举吝心者数事，披露报端，借抒自讼之忱，兼当临别之赠，维我同人暨父老昆季谅察焉。宾受事半载，百废未克兴举，间阎痛苦未得解除，此吝心者一；纸币低落，社会久已病之，宾接事即抱整理之决心，乃事与愿违，故未做到，此吝心者二，行政训练所学员，分别委任，乃各员未克履新，一展所学，负我初衷，此吝心者三，此次变乱，实由宾不合时宜所致，转劳各界同仁以身家为宾担保，奔走说项，煞费苦心，此吝心者四；宾前去职后，即有牺牲权位以换得地方安宁之宣言，虽两月以来，形势业已和平，而人民精神上日益痛苦，此吝心者五；兹者承吴玉帅鼎言调解，兰波诸兄已释疑团，商定日内离省，未能一一走辞，面伸谢意，此吝心者六。至于以后甘政，惟望兰波与心竹两兄，视民事如家事，爱民身如己身，则宾之退让，庶有代价。此心耿耿，翘企以俟。情长纸短，不尽依依。诸希亮察！十一月十日。③

---

① 裴建准、韩定山、张慎微：《吴佩孚之来去与陕军入甘》，《甘肃文史资料选辑》第 2 辑，甘肃人民出版社 1987 年版，第 112 页。
② 王海帆：《辛壬兰山见闻录》，《甘肃文史资料选辑》第 29 辑，甘肃人民出版社 1989 年版，第 93 页。
③ 张慎微：《关于"雷马事变"的见闻》，《甘肃文史资料选辑》第 2 辑，甘肃人民出版社 1987 年版，第 107 页。

"雷马事变"到此告一段落。

吴佩孚在每个场合，处处表现自命不凡。如在省垣绅学各界的一次欢宴会上点戏时，也取"战长沙"和"牛头山"两出戏中关、岳二公的历史故事，以标榜自己，又如每次讲话，离不了"杨墨之学""中庸之道"以及"因果报应"等问题。他把历史上甘肃回汉仇恨问题，也归咎于孙中山的民族主义。对于吴的这些言论主张，当时不但没人反对，而且为了迁就吴的反孙中山思想，在各个欢迎会的程序上，把国民党当时规定"向总理遗像及党国旗行三鞠躬礼"亦予取消。吴佩孚抵兰半月以后，欢宴和欢迎会逐渐稀少，而诗歌颂扬之风，又盛行一时。报章上纷纷刊载兰州知名人士廖元估、李克明、慕寿祺、周应沣等人的诗词，相与传诵，吴佩孚也大量赠送自撰的"大丈夫论""桃源事记"等小册子，同时在《甘肃民国日报》上逐日发表了自编的"国民务本息争歌"和"民国现象歌"，以扩大影响，借作号召。吴佩孚还派其随员赵子宾、金殿甲、郭福金前往西宁游说马麟、马步芳，希望能得到二人的支持，两人表明"蒋公以知遇视我，当以知遇报之，未敢见异思迁，中途再醮"①。同时由政治处长刘泗英以四川军人代表名义，和当时在兰州的青、宁、新等省以及甘肃各实力派代表进行洽商后，在11月15日发出了由马麟领衔的甘、青、宁、新、川五省将领十八人拥吴出山，共商国是的通电，另有李谦者以"回部全权代表"名义，也同时上书蒋介石、张学良，于右任，主张"拥吴坐镇西北，以解中央后顾之虑"。当联名通电发出后，曾引起各方的重视与揣测。但随后，马麟与马鸿宾等在通电发出后，又向蒋介石、杨虎城去电表示否认。

吴佩孚入甘后的活动，引起了蒋介石的特别重视，指示马福祥利用马与吴的私人关系（拜把兄弟），连电请吴进京，共商国是，又命令杨虎城注意吴的行动，就近促其入京。杨虎城在11月11日致吴电报中说："外交紧急，国事日非，迭奉中央电讯，诸速驾入京，共筹

---

① 《马麟、马步芳复马文车拒绝拥吴反蒋函稿二件》，《甘肃文史资料选辑》第21辑，甘肃人民出版社1985年版，第167页。

国是。特派邢参议肇棠赴兰欢迎，祈早日命驾为盼。"但吴在各方的敦促下，并无入京的表示。当五省将领联名拥吴出山的通电发出后，使蒋介石更感不安，于是毅然命令杨虎城派队入甘"平乱"，借以驱吴离甘。

本来杨虎城对吴佩孚入甘活动，也有顾虑。杨虎城认为甘肃向来是陕西的后方，如果被吴控制，即直接威胁他的扩张计划。派队入甘，既可驱吴，又可达到向西伸展势力的目的。因而在接到蒋介石命令后，即派十七师师长孙蔚如，以潼关行营参谋长名义，率部入甘。吴佩孚得到陕军入甘消息后，即感到惊慌，遂与雷中田、高振邦等研究对策，一面积极作军事部署，由雷中田率部在会宁、定西一带布防抵御，并电四川邓锡侯进军陇南，予以支援。吴佩孚分别致电杨虎城、孙蔚如劝阻军事行动，表示愿作调停人。杨虎城复电谢绝，强调派师入甘，"即所以解除人民痛苦，亦不得已之苦衷"。吴佩孚在11月28日的最后复电中，驳斥了杨的意见，认为"师出无名，徒滋纷扰"①。

与此同时，宁夏代主席马福寿、宁夏绅商学农各界代表徐宗儒、孙桂芳等十三人，也分别致电吴佩孚、马麟及甘肃地方大绅刘尔炘、杨思等，一致反对陕军入甘。但事实上，孙蔚如这时已率部经过平凉，联合驻陇东的新十三师师长陈珪璋率一个旅和两个骑兵团的兵力，同时西进。兰州情势日见紧张。适在这时，吴的秘书长张某，突由天水到兰，声言陇南一带安谧如常。但事实上马廷贤业已公开反吴，准备派队北进，以牵制雷中田、王家曾等军的侧翼。据裴建准记述当时在兰州与吴佩孚、马文车等接触所见到的情况是：12月4日，兰州忽传鲁大昌部进至阿干镇，准备逼近省垣。后经鲁大昌驻兰代表岳忠间接向吴解释说明鲁军并未进入阿干，但吴等已饱受了一次虚惊。到12月6日，临时省政府接到报告说，西宁马麟的骑兵已移驻享堂（甘青交界处），陕军一部已由静（宁）、会（宁）取小道绕至车道岭、狼头庄，横断雷中田部与省方的联络，前方连电告急。这时

---

① 裴建准、韩定山、张慎微：《吴佩孚之来去与陕军入甘》，《甘肃文史资料选辑》第2辑，甘肃人民出版社1987年版，第115页。

负责防守省城的高振邦，即派蔡呈祥旅凑集保安队前往金家崖抵御。实际上等于派出一个侦察小队，既谈不到援雷，又谈不到御孙，更谈不到掩护省垣。而吴佩孚当日下午在参加五省同乡会的宴会时，还说"陕军已被雷部击退，胜利可操左券"，自欺欺人，亦云可笑。12月7日，高振邦部旅长王克猷由前方逃回，所部损失殆尽。8日，定西、榆中等地情势紧急，雷中田部的阵地全失，县长都潜逃到兰州。

当日下午兰州龙尾山脊（即四墩坪）突然发现骑兵奔驰，市民惊恐，纷纷躲避。高振邦起初认为是陕军的骑兵，惊慌失措。经派人往西稍门外与其代表接头后，才知是鲁大昌部进驻阿干镇后，派来防堵马鸿宾部进入兰州的部队。经岳忠等人的斡旋，暂住西关，未致决裂。而吴佩孚当日仍以晚餐款客，表示镇静。这时，马鸿宾的骑兵一部亦由永登红城子进到十里店。高振邦与吴商议后，即派公安局科长王大兴持高的亲笔信连夜去十里店欢迎马鸿宾进城，共商大计。马本人当时尚在朱家井子，由团长马开基接见了王大兴，并从电话上向马鸿宾转达了高振邦的意见，马坚决表示拒绝。当王大兴返城向高复命时，得悉东路电讯毁阻，雷中田部已向内官营一带溃退南窜。

12月9日，蔡呈祥率部由金家崖退回省城。陕军杨渠统（即杨子恒）旅的代表贾从城、高禹门等，持杨致杨思、裴建准、高振邦等人的函件进城，洽谈和平进入省城问题。原函大意说，前军已逼近四郊，省城各机关应照常办公，勿自惊扰。此来各部，有陈珪璋步骑两旅，由旅长孙志远负责，应分别接洽等语。午后，杨旅的参谋长孙阁亦进城，参加了治安维持会议。孙志远对先到东稍门外的陈珪璋部骑兵数百，不令入城，并说奉杨旅长命令阻止。经往复商谈，陈部骑兵暂未入城。这是陈珪璋部与陕军矛盾在兰州的初次暴露。当日夜间，高振邦率警察队撤离兰州，前往北山水埠河一带驻扎。曾经叱咤风云，不可一世之"孚威上将军"，这时智尽能索，日暮穷途，不得不偕同眷属和随从员兵，与马文车等仓促离兰，经宁夏转赴北平。

孙蔚如在12月11日进入兰州，即派杨渠统兼任兰州警备司令，接管了城防，并发表了"告甘肃民众书"，说明陕军入甘的目的是

"维护中央威信,整饬纪纲;宣达中央德意,解除甘民痛苦;融洽回汉感情,加强民族团结;消除驻甘各将士间过去之隔阂,充实西北国防"。接着于12月12日成立了甘肃省政府临时维持委员会,由孙蔚如任委员长,杨思、陈珪璋、喇世俊、裴建准、张维、王登云、杜斌丞任委员。在12月15日第一次会议上,又加推鲁大昌为委员,并派仲兴哉接收财政厅、水楠接收教育厅事务,规定维持会的任务是"在省政府未成立以前,暂时代行省政"①。孙蔚如为了给正式掌握甘肃政权打好基础,在维持会成立之后,首先控制了地方财政,为了进一步安定地方,另设立了甘肃省清乡总局,以邢肇棠为局长,颁布了清乡章则,在全省划出十个清乡区,规定以两个月肃清土匪,两个月整理民团,两个月编查户口,计划六个月内完成清乡任务。② 为了铲除异己,孙蔚如在1932年农历元宵节之夜捕杀新十三师师长陈珪璋。地方人士杨思听闻孙蔚如对陈珪璋有准备下手的风声,准备在演习上告知陈珪璋,因座上有客,未便明言,暗示让陈珪璋早日离开兰州。陈珪璋没有重视,第二日就是元宵节,陈珪璋在佛照楼旅社正和友人打牌时,突被孙蔚如派队包围,捕去杀死。③

孙蔚如入甘以后的各种措施,处处表现出"固蒂安根"的意图。可是蒋介石对杨虎城的态度,一贯是积极利用,时时提防。当孙蔚如进入兰州后,在12月18日即被发表为甘肃宣慰使,驻在兰州,维持省政。后来蒋介石又深恐杨虎城的势力在甘肃发展到难以控制的地步,于是在1932年4月下旬,以军民分治的理由,公布邵力子为甘肃主席,林竞、谭克敏、刘汝藩、水梓、孙蔚如、马鸿宾、贺耀祖、邓宝珊等为省政府委员。并由林竞兼民政厅厅长、谭克敏兼财政厅厅长、刘汝藩兼建设厅厅长、水梓兼教育厅厅长。邵力子等于5月初到兰就职,从此,甘肃政权即被南京国民政府所控制。④

---

① 裴建准、韩定山、张慎微:《吴佩孚之来去与陕军入甘》,《甘肃文史资料选辑》第2辑,甘肃人民出版社1987年版,第117页。
② 同上。
③ 同上书,第118页。
④ 同上书,第118—119页。

小　结

晚清时期的甘肃，虽然远离权力斗争的中心，但深刻的社会矛盾已暗流涌动，随着辛亥革命拉开序幕，地方社会权力格局变动，各派军阀和回族地方实力派迅速崛起。直至1932年南京国民政府控制甘肃，甘肃政局经历了河州事变、雷马事变等一系列震荡。面对这一重大变局，地方精英的政治选择各异，但是仍努力维持着地方秩序的稳定，在各派势力之间斡旋。秦州起义如果双方开战，势必造成地方动荡，在秦州军政府中张世英发挥了重要的作用，使之得到和平解决。而地方精英希望用议会机关实现其限制强权，并体现本阶层的主张，但这一主张在民国时期的甘肃并没有土壤，临时议会议长李镜清被刺身亡，虽然地方精英要求缉凶，却最终不了了之。回族地方实力派是甘肃地方的重要力量，河州事变发生后，国民军当局力图淡化这一事变的回汉矛盾。在河州地区的善后安抚工作，河州地方精英邓隆是实际的组织者。雷马事变最终以南京国民政府主政甘肃而告终，与地方精英长期以来希望由强有力的中央来维持地方秩序的诉求相契合。

第二章　固守与权变：教育场域中的地方精英

科举制度的废除，对于地方精英的震动极大，对这一阶层而言是一个大的分野。自晚清兴学，朝野上下认为国家的振兴需要大批以西学为根底的人才，在这一进程中，甘肃的新式学堂教育其学务的管理仍是以地方精英为主导，虽然其中加入了一些西学的课程，但传统的经学仍占重要的位置，学生的来源也以秀才（廪生、增生、附生）等为主。存古学堂的开办，刘尔炘对其维系国学十分期许，陇右公学、兰州兴学社、全陇希社无一不是以旧学为主。以法政学堂为滥觞的甘肃高等教育，终于突破了传统教育的道路，其学科设置、学校教职员工的知识背景都出现了新的变化。随着新式教育而成长起来的新知识阶层，他们其中的佼佼者——留学生群体在近代甘肃发挥了重要的作用，女子教育的施行也培养出甘肃最早的女大学生。

第一节　旧学的近代回响

清末开始，以倡导新学为目的的教育肇兴，在一系列兴学政策之下，甘肃先后设立有甘肃大学堂（后改名为甘肃文高等学堂）等新式学堂，其学务的实际主持者仍为地方精英，他们秉承"中学为体、西学为用"的教育原则和实际上重体轻用的关系，教学中属于"西学"范围的课程相比起旧学仍然处于从属的地位。存古学堂的开办更是刘尔炘希望传承国学的实践，皋兰兴文社、兰州兴学社等都是以地方精英为主导，以旧学作为主要知识体系的学社。

一　新式学堂的开办

清光绪二十七年（1901）8月，清廷诏令各省设大学堂，各府及直隶州设中学堂，各县设小学堂。陕甘总督崧蕃于清光绪二十八年（1902）委知府杨增新为提调，着手筹办甘肃大学堂，并聘陕西咸阳刘光蕡为总教习。清光绪二十九年（1903）刘光蕡偕陕籍教习数人来兰州，住兰山书院，学生仅二十余人。甘肃大学堂在兰州通远门外畅家巷附近旧兵营地址建筑校舍，并派易抱一往日本聘请专科教员，选购仪器、标本，并在上海购置图书。清光绪二十八年（1902）正月，清廷诏令各省缓办大学堂，并将各省原筹办大学堂款项提交中央举办京师大学堂。因此，甘肃大学堂亦改为文高等学堂。① 文高等学堂的学制，比大学堂低，比中学堂高，略同于后来的专门学校。

甘肃文高等学堂学生一百余人，一部分以秀才（廪生、增生、附生）资格报考，一部分于清光绪二十九年乡试后，由杨增新建议于乡试荐卷中选送，也有由各县在进学生员中保送的。学生中年龄最大的是天水人郭士林、新疆人解林（君实），年龄均过四十，最小的是陇西人王毗、秦安人王守模，均在十六七岁。

文高等学堂的课程有经学、史学、地理、外文、理化、博物、教育心理、数学、体操、法制、兵学、图画、万国公法、修身等科。经学原为刘光蕡讲授，刘光蕡逝世后，由刘尔炘继任总教习，并讲经学、修身和不定期地讲授数学，刘尔炘讲数学以梅氏丛书和数理精蕴为依据。史学分中外史，中史由孙尚仁、慕寿祺分任，外史由史廷琥担任，地理由易抱一担任，外文共分日、俄、英、法四种，法文由双弗、俄文由阎澍恩（兼日文）、英文由钟世瑞担任、万国公法由副办张某担任；日籍教员梅村次修（授博物）、高桥吉造（授理化）、岗岛诱（授教育心理学），三人于清光绪三十年（1904）到校授课。高桥吉造讲课时，由日本留学生范恒翻译，其他二人无翻译，在黑板上

---

① 赵元贞、水梓、谈凤仪：《清末甘肃文高等学堂的片断回忆》，《甘肃文史资料选辑》第4辑，甘肃人民出版社1987年版，第104页。

写汉语讲授。岗岛诱每讲一段后，自己译成汉文，写在黑板上，书法整齐，文理顺，运笔如飞，颇为学生所称道。法文、俄文因学习较难，学生较少，仅一二十人；英文、日文学生较多，年龄亦较高。学生上课时，除外文、数学外，不分班。①

学堂除本科外，另设有师范馆和预科。师范馆学员数十六，除有进士（孙云锦，静宁人）一人外，均为举人或贡生，年龄一般较大，其中王鑫润一人年龄较小，在三十岁左右。师范馆毕业后，派往各县开办小学堂。预科自由报考，不拘资格，后改为附中第一班。

学堂有"贴堂"制度，即将学生所作的好文章，贴在堂上，供人观赏。② 光绪三十年易抱一主讲地理课，他拟定一些题目让学生写作，后将部分学生的文章，编为《甘肃文高等学堂师范生舆地课艺》，其学生的情况如表2-1所示。

表2-1　　　　甘肃文高等学堂师范生履历

姓名	字号	年龄	籍贯	教育背景
侯垣	字乙青	四十六岁	秦州直隶州秦安县	乙酉科优贡生、戊子科举人
谢善述	字元年	四十三岁	西宁府碾伯县	乙酉科拔贡生
苟维藩	字介亭	二十九岁	兰州府狄道州	辛丑科举人
苟国华	字文卿	三十岁	兰州府狄道州	乙酉科举人
孙毓英	字杰侯	三十八岁	兰州府河州	甲午科举人
王廷赞	字襄臣	四十一岁	宁夏府灵州	乙酉科拔贡生
梁登瀛	字晓临	三十一岁	兰州府金县	丁酉科举人
公墨崋	字紫瞻	四十三岁	肃州直隶州高台县	庚子辛丑并科举人
郑濬	字哲侯	三十四岁	平凉府平凉县	辛丑科举人
李发春	字华廷	四十三岁	甘州府抚彝厅	丁酉科拔贡生
张映枢	字静如	二十五岁	兰州府金县	癸卯科举人
郭璘	字璞存	三十七岁	安西直隶州敦煌县	丁酉科拔贡生

---

① 赵元贞、水梓、谈凤仪：《清末甘肃文高等学堂的片断回忆》，《甘肃文史资料选辑》第4辑，甘肃人民出版社1987年版，第98页。

② 同上书，第97—99页。

续表

姓名	字号	年龄	籍贯	教育背景
孙祖武	字述斋	二十七岁	兰州府皋兰县	辛丑科副贡生
马文蔚	字豹臣	三十五岁	凉州府古浪县	甲午科举人
刘凤来	字仪伯	三十岁	凉州府武威县	癸巳科副贡生
李继祖	字绳之	二十七岁	兰州府皋兰县	癸卯科副贡生
黄霄汉	字镜何	三十八岁	宁夏府中卫县	丁酉科拔贡生
张志贤	字尚斋	二十九岁	巩昌府安定县	辛丑补行庚子恩正并科副榜
赵鼎臣	字铸九	三十二岁	兰州府狄道州	甲午科举人
刘文炳	字汝彪	四十二岁	巩昌府陇西县	癸巳恩科举人
刘青黎	字乙庵	三十四岁	平凉府静宁州	丁酉科副贡生
王九卿	字作宾	四十五岁	甘州府张掖县	丁酉科拔贡生
刘幹		四十二岁	兰州府皋兰县	癸巳恩科举人,候选职教
窦奉璋		三十三岁	兰州府皋兰县	丁酉科拔贡生,候选复设教谕
关天培	字笃生	二十九岁	秦州直隶州	丁酉科举人
王立佶	字吉人	四十四岁	兰州府皋兰县	辛卯科举人
顾仁	字静山	四十二岁	秦州直隶州徽县	辛卯科举人
苟萃珍	字筱斋	三十七岁	巩昌府通渭县	辛卯科举人,国子监学正,衔前任山丹县教谕
宋舆周	字怀西	二十七岁	巩昌府伏羌县	辛丑科举人
牟缵绪	字继先	四十四岁	兰州府皋兰县	甲午科举人
牟缵洪	字瑞卿	三十六岁	兰州府皋兰县	丁酉科举人
王树涛	字松严	四十岁	兰州府皋兰县	辛卯科举人
李佐唐	字辅臣	三十一岁	兰州府皋兰县	癸巳恩科举人,候选盐场大使

资料来源:《甘肃师范生舆地课艺》,光绪三十年(1904)刻本,甘肃省图书馆西北地方文献阅览室藏。

从表2-1中,可以看到甘肃文高等学堂师范生,大部分拥有科名,其中有不少人已经是举人,在年龄分布上多半为三十岁至四十五岁的中青年,这些人在知识结构上还是以旧学为主的。

舆地课虽然是属于西学范围,但在实际教学过程中,仍体现了浓厚的旧学色彩。如有题:"问地球何以同于日体,沙石何以先于植物,植物何以先于动物,石有二种名曰水成火成,从何分验,试条举之。"① 学生侯垣答:"日为地球之大母,地为太阳之分子,子母无异体也,故曰同。何者,混沌未分,阴阳共处于无形,周子所谓太极即一团热气也,全乎热气者为日,分乎日之热气者为地。"② 苟萃珍答:"地与日皆球形热汁,故其体同,学者胶于章句谓天圆地方,不知方者指理而言,非指体而言。"③ 苟国华答:"自太极分而两仪,出两仪出而八卦,生八卦生而五行,成五行成而天下之物悉出,纳于其中何者?天虚也,地实也,天气之清者也,地气之浊者也。当混沌初开,特一鸡卵形耳,天如卵青,地如卵黄,空气凉冷之后,则轻清上浮者为天,重浊下凝者为地。"④ 学生对一问题的回答仍使用了传统的"太极""阴阳""混沌"等概念。

文高等学堂创设于清末推行新政之际,其学风自然受到维新派的影响,但因甘省地方偏僻,风气闭塞,当政者又系升允之类的守旧派,故维新气氛,迄不浓厚,但其间也有一些新的气象。当时,舆地课有题目"问中国各直省藩部之区画若何",侯垣答:"国朝龙兴辽沈,定鼎燕都,历康乾之世威棱远播疆索,四周幅员之广亘古未有,而藩部纳贡相环以拱卫我中土者,固星罗棋布焉。不独中原十八行省绣壤相错,而山海关外巩三辅于根本地者,有盛京、吉林、黑龙江三省,厦门外屹雄镇于东洋者有台湾省,玉门关外廓版图于西域者有新疆省,合之凡二十有三省,诚恢恢乎奠金瓯大一统焉。中国版图之盛汉唐尚矣,而元则又过之。国朝康乾之时,亦几与相埒,乃昔日之边患仅在西北陆地,今之边患则兼及东南海疆,四面环攻不啻众射之的也。金瓯已缺,玉敦空联,文能搜抉得失之由,可谓一字一泪。"⑤ 宋舆周答:"北廷如内外蒙古犬牙相错,盘踞西陲,如回部吐蕃青海

---

① 《甘肃师范生舆地课艺》,光绪三十年(1904)刻本,甘肃省图书馆西北地方文献阅览室藏。
② 同上。
③ 同上。
④ 同上。
⑤ 同上。

两藏以及朝鲜、安南、缅甸、尼伯尔诸国，无非隶中华之图，籍以成属国者，藩部之盛莫俞于兹，不诚为海内雄观也哉。"① 关天培答："国朝自定鼎以来，文德武功远迈前代，幅员之广，亘古未有。自甲午一役，朝鲜自立台湾分割，而暹罗、缅甸等国之失于前者，又不足言也。今东则三省，西则卫藏，仍不免他人之窥伺，尚忍言哉。"② 面对列强环视的局面，文高等学堂的学生对危机有充分的认识。

学堂设有孔子牌位于大讲堂上层的图书楼上，同时，还设有"皇帝万岁"牌位。大讲堂兼作礼堂。行开学、毕业及重要节日典礼时，督、藩、臬、学各司、道官员均到，于仪节上发生争执。有人以为学校应以师道为尊，宜先拜孔子，另一部分人主张先拜皇帝牌位。总督升允引《尚书》上"作之君、作之师"的话说"孔子虽师，亦人臣也，先拜皇帝为是"。于是群议始定。③

文高等学堂的学生于清光绪三十三年（1907）、清光绪三十四年（1908）分两批毕业。清光绪三十三年（1907）学生毕业时，在总督衙门复试，总督升允亲自出题："履端于始。"毕业证书上载朱书上谕和各科分数，并授以贡生资格。文高等学堂前后保送北京深造者共四批。第一批为邓宗、孙炳元、张积成、张志谦四人，送往北京，经复试后入京师大学堂。第二批为包述铣、和献璧、李象德三人，原系送往日本留学，其中包述铣考入日本士官学校，和献璧、李象德二人在北京复试未取，改入警官学校。第三批为赵元贞、田育璧、鲁效祖、王尔兴四人，赵复试考入京师大学堂，后被选送美国留学，田复璧考入京师高等师范，王尔兴、鲁效祖二人退学。第四批为水梓、赵学普、杨希尧、徐让四人，后徐让未成行，其余三人考入京师法政学堂（后改法政专门学堂）。其后续有文高等学堂学生施国桢、曹英二人亦考入该校。文高等学堂学生，除一部分深造、一部分留在甘肃工

---

① 《甘肃师范生舆地课艺》，光绪三十年（1904）刻本，甘肃省图书馆西北地方文献阅览室藏。

② 同上。

③ 赵元贞、水梓、谈凤仪：《清末甘肃文高等学堂的片断回忆》，《甘肃文史资料选辑》第4辑，甘肃人民出版社1987年版，第100页。

作外，还有一部分随杨增新到了新疆，学生金树仁、鲁效祖、萧正中、钟符乾、谈凤仪、桂芬等亦先后被招往，充任要职。金树仁后任至新疆主席，兼西北边防督办。文高等学堂正科毕业后再未招生，除预科继续存在外，宣统元年（1909）又开始招了一班附中。预科和附中都于宣统三年（1911）毕业，文高等学堂结束。①

师范馆附设于文高等学堂内，由文高等学堂提调杨增新兼任总办。各府、州、县按配额选送举人、贡生来馆肄业，并负责筹解所送学生的按月津贴。师范馆开设人伦道德、经史、国文、算术、教育、体操六门课程。各科每周时数虽不可考，但"经史"一课为各科之首，由文高等学堂总教习刘尔炘主讲。其他所谓西学课程，都不被重视，有的长期没有人讲授，形同虚设。如算术一科，起初没人讲授，以后虽勉强由刘尔炘讲《周髀》和清代梅文鼎的《天算书》，但不久仍旧虚悬下来。师范馆的修业期限虽定为一年，但因学堂和学生都狃于书院的散漫积习，制度并未严格执行，学生入馆、出馆时间极为零乱，始业结业也几乎没有定规。总计从1904年到1905年冬季结束的两年中，肄业期满而正式毕业或肄业虽未期满而为学堂承认其毕业的学生，共一百三十五名。师范馆毕业的学生到中学任教的很少（当时开办中学很少），绝大部分被派赴各府、州县创办高等小学堂。其中如孙云锦、王庚山均为一时知名之士。

甘肃师范馆从课程设置和修业期限来看，它只是一所短期速成性质培养师资之所，还不能算作正式的师范馆。光绪三十一年（1905），专门管理全省学堂设立与监督职责的甘肃学务处成立，即决定创设甘肃优级师范学堂以代替师范馆，培养中学教师，并同时办理初级师范程度的速成师范学堂。

光绪三十二年（1906），改建兰山书院为优级师范学堂。是年二月，由杨增新兼理筹备事宜，五月开学。学生由各府、州、县选送的廪、增、附、监生组成。正式开学后任命裕端为首任提调，提学

---

① 赵元贞、水梓、谈凤仪：《清末甘肃文高等学堂的片断回忆》，《甘肃文史资料选辑》第4辑，甘肃人民出版社1987年版，第104—105页。

使陈曾佑为监督,张林焱任总教习(以后改称教务长)。优级师范以培养中学堂和初级师范学堂的教习为目标。修业期限计预科(亦称公共科)三年,选科(亦称本科)二年,共五年。至光绪三十三年(1907)冬学部派员视察后,优级师范学堂自光绪三十四年(1908)起,按照预科一年、本科二年的学制办理。优师学生每月发膏火二两四钱,每年发单、棉制服各一套,草帽一顶,羽绫靴一双,并供给全部书籍文具。学期结束,大考成绩好的还发给奖银八钱至四两不等。

学堂开设的公共学科有伦理、经学、子学、国文、算学、史学、地理、博物、理化、英文、日文、俄文、教育、心理、图画、体操十六门。在学堂筹备阶段,各县选送前来的学生约二百人。但是预科在光绪三十二年(1906)五月份正式开学时,只有八十人入学。由于人数不足,就在光绪三十三年让各府、州、县学堂选送学生。续送的新生连同旧生一百四十名,合并成为学堂预科。

和师范馆一样,优师对"中学"的学科十分重视,特别是"经学"由总教习张林焱亲自主讲,在学生中更受到重视。载湉(光绪帝)死,溥仪继位,张林焱代国文教师拟出了"周公何人也",讴歌载沣对溥仪的辅佐。学堂在教学中属于"西学"范围的课程,比起师范馆来,并无多大起色。如理化教员王泽闿在一次试制火柴的实验中,让学生摊干燥的氯酸钾和赤磷在铜盂内搅拌,引起剧烈爆炸,学生金翼乾受重伤,眼睛顿时失明(后治愈),另有十余人轻伤。①

光绪三十二年春,在改建兰山书院为优级师范的同时,还改建求古书院为速成师范学堂,以培养初高等小学堂的师资。学堂筹备期内由兰州道彭英甲兼任总办,开学后的首任提调为王鸿福,总教习是刘光祖。入堂学生由各府、州、县、厅按配额从生员(或中学堂修业生)中择优选送,但在光绪三十三年夏毕业的第一期学生中,

---

① 刘用:《清末甘肃师范教育概况》,《甘肃文史资料选辑》第8辑,甘肃人民出版社1980年版,第92—94页。

举贡出身的占了绝大多数。由于学堂的修业期短（一年），津贴优厚（每月八两），招引了省城附近的贡生和师范馆的部分毕业生。这期学生的年龄悬殊，最大的五十一岁，最小的十八岁，入学时间也颇有参差。

速成师范开设经学、史学、舆地、教育、格致、图画、体操、算术、英文、修身、伦理十一门课程。其中有的学科设而未开，有的虽然开设，但由于师资困难和学生的偏好以及出身关系，科举气氛很为浓厚。①

光绪三十四年（1908），速成师范决定改为初级师范学堂。当即按初级师范学制招收简易科（一年）和完全科（预科二年、本科三年）的预科学生各一班。是年夏，速成师范的第二届学生毕业之后，学堂即改名为初级师范学堂。当时因预科学生太少，暂并入简易科上课。次年，简易科学生二十九人毕业，未再续招，完全科的预科学生达四十人，即单独成立。不论简易科或完全科的学生，也都由各府、州、县按配额选送，学生的津贴（改初师后减为四两）亦由各府、州、县筹解。学生出身方面，第一届简易科全是廪、增、附生，年龄最大的四十三岁，最小二十四岁，宣统二年（1910）所招学生中已无廪生，增、附生也很少，其余大部为童生。初级师范学堂开设修身、教育、读经讲经、中国文学、历史、地理、算学、理化、博物、习字、图画、体操十二门课程。其中读经讲经一科较被重视，约占每周教学时数的四分之一，讲授人为总教习刘光祖。

初级师范学堂在宣统三年（1911）春并入优级师范学堂，两学堂合并后虽名为两级师范，实则优师学生于宣统二年（1910）冬全部毕业之后未再续招，当时校内只有新并入的初级师范学生。于宣统二年夏，又改两级师范为初级师范学堂。不久，辛亥革命爆发，初级师范学堂同其他学堂一样停办了。②

---

① 刘用：《清末甘肃师范教育概况》，《甘肃文史资料选辑》第8辑，甘肃人民出版社1980年版，第95—96页。

② 同上书，第97—98页。

二 存古学堂的创办

光绪三十三年（1907）七月，湖广总督张之洞在武昌创办存古学堂。宣统元年（1909）初，学部奏准颁行《分年筹备事宜折（并单）》，将该校纳入翌年各省"筹备立宪"的办学规划。存古学堂遂成为清季官方在"新教育"体系中尝试保存国粹的主要形式。① 存古学堂的教职员多为地方饱学之士，其中不乏学术影响甚巨的"硕学通儒"，也为民初的中高等教育储备了一批师资和部分"文史专修"之才。

甘肃存古学堂于清宣统三年三月初开办，其前身为求古书院。求古书院是甘肃省立书院，明代为行都指挥司署，清初改为兰州府贡院。光绪八年（1882）陆廷黻任甘肃学政，出巡平凉、庆阳、泾州、固原、宁夏，案临考试，发现考生试卷上八股文浅薄，试帖诗多未叶韵，回到兰州后，与陕甘总督谭钟麟商议改兰州府贡院考棚为省立书院，次年正式建成求古书院，光绪三十一年（1905）改为甘肃初级师范学堂。② 求古书院的提调是湖南籍人士黎丹，教员中湖南籍人士颇多。讲历史的胡有焕对中外历史都很娴熟，讲教育学和博物的张梁，对这两门学科也有相当的研究。甘肃存古学堂的监督是刘尔炘，之前担任甘肃文高等学堂的总教习。是年文高等改办兰州中学，他便以翰林院编修的身份，充当了存古学堂的主办人，接管了由求古书院所办简易师范学堂的学生。存古学堂中的学生待遇较高，每名每月的津贴是湘平银四两，比其他学校高出一两六钱。每学生十人有校工一人供造膳奔走之用，在校吃饭的学生每人每月给校工制钱五百，在当时的经济情况下，每月有五串钱的来源，四五个人的生活便可维持下来。③ 存古学堂成立，首先把原文高等所附"育才馆"（毛庆蕃护理

---

① 郭书愚：《四川存古学堂的兴办进程》，《近代史研究》2008年第2期。
② 邓明：《历史上兰州的四大书院》，《甘肃文史资料选辑》第44辑，甘肃人民出版社1996年版，第9页。
③ 韩定山：《我所亲历的甘肃存古学堂》，《甘肃文史资料选辑》第4辑，甘肃人民出版社1987年版，第111页。

陕甘总督时所设）的八个学员，无条件地收入。其次是招收旧日廪、增、附生五十人，原有的一班师范生，也允许留堂学习，和存古学生同样待遇。①

刘尔炘对于开办存古学堂维系国学十分期许，他认为："尧舜禹汤文武周孔所传何可废也，诗书礼乐易象春秋之道其在斯乎？自孔孟至今屈指已二千年，邹鲁渊源需我辈，体尧舜以来传心之十六字，唐虞事业在人间。自圣门四科造士以来，曾分德行、言语、政事、文章，惟中国三代教人之法，不外格致、诚正、修齐、治平，一线斯文布帛菽粟，六经遗训河岳日星。"②刘尔炘初学的是"举业"，后跳出了举业范围，进一步从事韩柳以来的古文、程朱以来的理学，归结到绍述孔门六经，承继道统。存古学堂究竟如何存古呢？刘尔炘根据古文家姚鼐的话，"圣门之学，义理、考据、辞章三者缺一不可"，为了存义理的古，便在堂中开了易经和宋元学案的课。为了存辞章的古，便在堂中开了古文辞类纂、经史百家杂抄的课。为了存考据的古，便在堂中开了学部所编六经纲领和顾亭林日知录的课。此外，还加上御批资治通鉴辑览的阅读，使学者在读史上养成尊君尊孔的古，再加上举行释奠、释菜典礼，学习算术体操，使学者在义理辞章考据而外，还存礼、乐、射、御、书数等六艺的古。③宋元学案由刘尔炘亲自讲授，但存古学堂的其他教员的水准却未尽如人意。讲易经的是一位王姓举人，他将卦辞、爻辞、象象逐字逐句讲授，像私塾学究给童蒙教书一样。讲古文的是一位卢姓举人，讲课只是望文生义，不能将知识分门别类，理清知识脉络。有一位讲博物的教员，印发的讲义是从日本翻译过来的博物教科书，他觉得讲义内容简单，不管讲植物、动物，总要使用《康熙字典》等书的释义，例如"蜘蛛"，知诛

---

① 韩定山：《我所亲历的甘肃存古学堂》，《甘肃文史资料选辑》第4辑，甘肃人民出版社1987年版，第109—110页。

② 刘尔炘：《存古学堂·果斋别集》，《中国西北文献丛书》第173册，兰州古籍书店1990年影印本。

③ 韩定山：《我所亲历的甘肃存古学堂》，《甘肃文史资料选辑》第4辑，甘肃人民出版社1987年版，第110页。

义者也,引用"尔雅"上的解释,"杨子法言"上的解释。例如"芸苔",菜名,即油菜,引用"本草"上的解释,"玉篇"上的解释,等等。①

存古学堂成立不久,浙江俞恪士来做甘肃提学使,有一天他召集省垣教职人员讲话,谈到了读经问题。他说:"科举废了,学生需要学习科学,死板地读经实在没有必要,尤其小学儿童,他是才出土的幼芽,要他们学治国平天下的大经,岂不太难。将来旧式的读经,尤其小学中的读经,必得改变。"刘尔炘认为这是离经叛道,是对"存古"两字的侮辱,立地张贴出大幅招贴,邀请兰州教育界人士到左公祠听讲。俞恪士因此另开了一次会,作了柔和的解答。不久秦州的张世英到兰,选印了一部分俞恪士所写的明儒学案评,调处了两人的关系。尽管刘尔炘坚决提倡古学,但存古学生中对新学颇有兴趣,如康有为的《不忍杂志》,梁启超的《新民丛报》《饮冰室文集》《庸言》《国风》等刊物多方访求阅读。当时道升巷有个芗石书社,专门出售这类新书。同时像天水的丁佩谷、杜浚源等受乡先生陈竞存的影响,对这样刊物尤多方罗致,随时介绍,而伏羌(今甘谷县)的黄启虞等因曾在陆军学校,受革命影响深,常秘密向同学介绍邹容、章炳麟等的《革命军》《昌言报》和后来的《民报》《荡虏丛书》之类的革命刊物。②

武昌起义以后,长庚调马安良部回军进省,当时人对于光绪二十一年(1895)回变事件心有余悸,谣言四起,学校师生,再不能安心课业,存古学堂也从此结束,毕业的同学们,都转到兰州师范学校。③

三 存续旧学的努力

甘肃地方精英他们从学术背景上,大部分是旧学背景,面对教育

---

① 韩定山:《我所亲历的甘肃存古学堂》,《甘肃文史资料选辑》第4辑,甘肃人民出版社1987年版,第111页。
② 同上书,第112页。
③ 同上书,第113—114页。

的变局，他们或创办新的机构，或在原有机构中，以旧学为主要教育内容，作出存续旧学的努力。

1. 陇右公学

1920年12月北京政府任命陇东镇守使陆洪涛为护理甘肃督军。陆洪涛依照前任张广建的办法，照旧成立"烟亩罚款处"。兰州的地方人士见到这宗罚款甚巨，想借此款在兰州开办私立学校，并商议起名为"陇右公学"，择定小西湖"社稷坛"为校址。于是他们联名呈文以地方之款办地方事为理由，向陆洪涛要款。指明在烟亩罚款项下拨付，以期早而举办。陆洪涛准许拨十万元作为建校基金。但不久以后，陆洪涛重病半身不遂，辞职离开甘肃，兴办陇右公学的日程就搁置下来了。

1925年8月，北京段祺瑞政府任命冯玉祥为西北边防督办，先派师长刘郁芬率兵从五原出发，经宁夏入甘肃境来到兰州，称为甘肃督办。为了军需筹款，刘郁芬打算把官银号存的陇右公学基金现款十万元提取以济军用。这一情况被杨思得知，就急速给各机关发通知派代表到小西湖陇右公学开会。后杨思约请刘郁芬，当面争论基金。此后，刘郁芬在提此款就改变方式，对地方绅士声明先行借用，俟政府有款即还，成为定案。① 后来刘郁芬走后，甘肃主席迭次更换，陇右公学董事会董事长杨思，副董事长张维、水梓等人多次上书，此款后零星归还，因为票币贬值等缘故，陇右公学只办了几处小学。②

2. 皋兰兴文社

皋兰兴文社是乾隆四十一年（1776），由邑举人邵君荣清发起，"以所司修学社频午赢余银百两呈请郡侯与县康公基源，交商孳息，为一邑宾兴经费。康公嘉其志，而少其赀，爰割鹤俸以四百金为之倡。一时先后会官吾邑者如临汾王公亶望、歙县蒋公全迪、满洲奇公

---

① 王大兴：《记杨思先生的一次"酒会"》，《甘肃文史资料选辑》第29辑，甘肃人民出版社1989年版，第14—16页。
② 关于陇右公学董事会与甘肃省教育厅、财政厅、禁烟委员会往来公文详见《陇右公学筹备资料汇辑》，陇右公学筹备处1937年稿本，甘肃省图书馆西北地方文献阅览室藏。

明、如皋吴公鼎新、临安郑公陈善、仁和陆公玮皆慨分泉润,于是共集白镪一千五百金,是则吾兴文社之所由昉也"①。到光绪三十一年(1905),刘尔炘主持皋兰兴文社时"其母金不过五千两,而积年所负子金乃较五千两而过之,且强半式微无力完纳"②。为了整理皋兰兴文社,征订了新的章程,皋兰兴文社以"扩充基金推广教育为宗旨"③,社中任事名额有:"名誉社长一、社长一、经理员一、助理员一、社员无定额、书记一、社役一。"④ 社长由具有"有举贡以上出身者;中学以上毕业者;生员及小学毕业者曾在政界学界任事过六年以上有学识经验者"的资格人选中推荐。经理各员"由社长择人任用不在此限"⑤。

光绪三十二年(1906)皋兰兴文社创立了高等小学校,其规模为"每校学生不得过四级,每级五十名"。"注重读经、国文等形上之学,以立人才教育之基。其次,注重手工、书算等形下之学,以立职业教育之基。"对学生"照旧章酌收学费,其学生应用书籍纸墨笔砚炭火等概归自备"。校中管教各员及开支如下:"校长兼主任教员一,月支薪俸炭火银一十六两;助教员一,月支薪俸炭火银六两;校役一,月支口食银五两;茶水,月支银一两;校役灯油,月支银一钱;校役冬季炭火,月支银五钱。"⑥ 民国成立后,高等小学校改为半公半私性质的兴文小学,学制初小五年,高小三年。1927 年停办,改设国文专修馆,不久也停办。1928 年由施周丞任主管,王煊任名誉检查,并以杨子厚、王锡九、郑元滋、孙炳元、陈泽世为义务赞襄。1938 年由郑元滋接管,1948 年由刘景曦接任为理事长,1949 年开办

---

① 刘尔炘:《皋兰兴文社记》,《社章汇编》,陇右乐善书局 1920 年刻本,甘肃省图书馆西北地方文献阅览室藏。
② 同上。
③ 刘尔炘:《皋兰兴文社新章》,《社章汇编》,陇右乐善书局 1920 年刻本,甘肃省图书馆西北地方文献阅览室藏。
④ 同上。
⑤ 同上。
⑥ 刘尔炘:《皋兰兴文社立高等小学兼国民学校章程》,《社章汇编》,陇右乐善书局 1920 年刻本,甘肃省图书馆西北地方文献阅览室藏。

兴文中学，后与陇右中学合并为兰州第八中学。①

3. 兰州兴学社

兰州兴学社"培植人才为宗旨"，并"暂附于陇右乐善书局以节糜费"②。兰州兴学社以"公款赀送前兰州府六属学生肄业省外相当学校"，并"暂定皋兰、狄道、导河、靖远、金县、渭源六县各送学生一名，其资格以高小以上毕业为合格"。省外留学的费用"本社租息有限暂定每生每年给予学膳宿服各费共银壹百元，往来川资各五十元，此外如有不敷由学生自备不得要求增加"。选送学生"于两个月前由本社将拟送学校及应选资格通知六县劝学所，于二十日内选送道社复经，本社考验合格即行送往"。而赀送各学生"应具求学愿书及毕业后服务证书"。赀送各学生"于每年暑假寒假期内应将学业成绩及用款账目报告本社核查"。赀送学生"除因万不得已事故报由本社允许退学外，如有托故废学或任意荒学情事，由本社追缴供给之款"③。

4. 全陇希社

全陇希社在民国八年（1919）成立，以提倡道德培植人才为宗旨，地址在旧举院（今萃英门兰医二院）。刘尔炘认为："我国讲究教育的都讲的是国民教育，职业教育等，谈人才教育的甚少。鄙人的见解觉得这人才教育关系甚大，所讲的学问都要从我国圣人的经训上筑起个根基，才能找着门路，要筑这个根基，又非长于国文，无从下手。"④他认为当时的教育不重视旧学，"自己国里圣人留下的活人方法、外世方法、治国方法也全然没人懂得了。只好学习些平等自由的新诂头，趁着层出不穷的新时派说些空话大诂盲从瞎闹的

---

① 朱太岩：《兰州"八社"》，《甘肃文史资料选辑》第37辑，甘肃人民出版社1993年版，第91页。
② 刘尔炘：《兰州修学社章程》，《社章汇编》，陇右乐善书局1920年刻本，甘肃省图书馆西北地方文献阅览室藏。
③ 刘尔炘：《兰州兴学社赀送省外留学生规程》，《社章汇编》，陇右乐善书局1920年刻本，甘肃省图书馆西北地方文献阅览室藏。
④ 刘尔炘：《全陇希社立国文讲习所第一班学生毕业训话》，《果斋别集》，《中国西北文献丛书》第173册，兰州古籍书店1990年影印本。

顺应潮流去了"①。社长由具有以下资格"曾任简任以上之职有资望者；曾为举人进士出身有学识者；曾在政界学界任事过六年以上有学识经验"的人中推荐。②

全陇希社所设国文讲习所以"注重国文以备高小学校国文教员之用"为宗旨，学生额数"暂以四十名为限"，"学生年龄以二十五岁以下十六岁以上为限，其毕业期以三年为限"。"招收学生以高小学校毕业得有证书者为合格。"学生投考时"须将平日修业成绩呈交本所以凭查考"。"考收学生于正额四十名外取预备生十名。"学生入所讲习"四月后举行甄别一次以定去留，正额有缺预备生补入"。每月按功课程度"分等榜示酌给奖金"，"所中除桌凳外其应用器物，书籍、笔墨、纸张、火食、操衣等皆由学生自备，不另收学费"。"将来即筹有的款经费稍裕，亦只优加奖金，其应用之物仍须自备，俾学生知物力之艰，以矫正不爱惜公家物之恶习，即以养成俭朴惜福之美德。"

全陇希社所设国文讲习所职教员名录如表2-2所示：所中管教员及额支如下："所长兼主任教员一，月支薪俸炭火银二十四两；名誉所长一，兴文小学校校长兼任；各种学科教员，教育界先达分尽义务；学生奖金，月支银四十两；书记钢笔生一，月支银六两；校役一，月支银四两；茶水，月支银一两。"该所成立后呈报教育厅立案"将来学生毕业得由教育厅派充国文教员"③。

表2-2　　　　　　　　全陇希社职教员名录

姓名	别号	籍贯	履历	职务	住址	通讯处
刘尔炘	晓岚	皋兰	己丑翰林	社长兼训话	儒学街	乐善书局

---

① 刘尔炘：《全陇希社立国文讲习所第一班学生毕业训话》，《果斋别集》，《中国西北文献丛书》第173册，兰州古籍书店1990年影印本。

② 刘尔炘：《全陇希社章程》，《社章汇编》，陇右乐善书局1920年刻本，甘肃省图书馆西北地方文献阅览室藏。

③ 刘尔炘：《全陇希社立国文讲习所简章》，《社章汇编》，陇右乐善书局1920年刻本，甘肃省图书馆西北地方文献阅览室藏。

续表

姓名	别号	籍贯	履历	职务	住址	通讯处
张存德	葆田	会宁	优级师范毕业	所长兼国文文法诗歌教员	会宁东关	德生潽铺
张祖培	子桢	皋兰	兴文高小学校校长	名誉所长	河北	兴文高小学校
陈克清	膺禄	皋兰	兴文社文牍员	监学兼经学字学教员	东关	石桥楼下
杨汉公	显泽	狄道	优级师范毕业现任第一师范校长	修身音韵教员	狄道县城北门内雍家巷	甘肃省立第一师范或兰州正本书社或狄道城雍家巷
董健宇	葆吾	天水	北京高等师范毕业现第一师范教员	教育教员	天水县大城箭楼	甘肃省立第一师范
何鸿吉	豫甫	伏羌	北京高等师范毕业现第一师范主任	理科教员	金山镇	甘肃省立第一师范
王堃龄	锡九	皋兰	皋兰劝学所长	地理教员	官园	兴文高小学校
施国桢	周丞	皋兰	北京高等师范毕业现法政学校校长	法制教员	西城巷	甘肃公立法政专门学校
金翼乾	汉章	皋兰	北京大学毕业	历史教员	曹家亭	甘肃公立法政专门学校
陈泽世	伯辅	皋兰	北京高等师范毕业	教育史教员	南稍门外	甘肃省立第一师范学校或兰州西大街天德合号内
王廷选	子卿	皋兰	文高等毕业	体操教员	官沟沿	兴文高小学校
刘荷	百禄	陇西	北京中国大学政治经济科毕业	本国地理及经济教员	陇西通达巷	东街全兴福号内
曹希忠	懋之	狄道	北京教育国语讲习所毕业	国语教员	狄道城南街	甘肃省立第一师范或狄道城

资料来源：《甘肃全陇希社立国文讲习所同学录》，甘肃全陇希社立国文讲习所编，1921年版，甘肃省图书馆西北地方文献阅览室藏。

由表2-2可见，全陇希社国文讲习所的教职员工皆为地方精英，且旧学根基深厚。

国文讲习所中管教员及额支如下："所长兼主任教员一，月支薪俸炭火银二十四两；名誉所长一，兴文小学校校长兼任；各种学科教员，教育界先达分尽义务；学生奖金，月支银四十两；书记钢笔生一，月支银六两；校役一，月支银四两；茶水，月支银一两。"该所成立后呈报教育厅立案"将来学生毕业得由教育厅派充国文教员"。①

民国十年（1921）国文讲习所学生毕业，刘尔炘为同学录作了序文，以"校内毕业之时，实校外始业之日"勉以继续奋进。民国十四年（1925）冯玉祥部国民军入甘，国文讲习所停办，全陇希社并迁府儒学（今延寿巷）。民国十七年（1928）由王训庭任主管，慕寿祺任名誉检查，谈凤鸣、赵正卿、施周丞、水梓、秦望莲、王烜为义务赞襄。1940年联合其他各社创办志果中学。② 由赵元贞担任志果中学校长，为了办学，赵元贞把自己在雁滩北面滩的一片沙地（今甘肃教育学院和二中农场）全部捐给学校，连其广武门的一院房子也捐献。正因志果中学是民间筹办的，又是赵元贞和一些热心教育的人士为学校献力，民主气息比较浓厚。一次，国民党省政府免去了赵元贞校长职务，准备换成他们的心腹。但"新校长"还没有上任，志果中学学生就在家长支持下自发地表示反对。当局没办法，只好收回成命，又恢复了赵元贞的职务。③

第二节　大学的创办

近代甘肃从兴办新式学堂到大学的创办，不仅仅在于教学内容的"新"，还在于引进了与旧的国学对应的西学。在大学的创办中，地方精英日益让位于外来的知识精英，在学务管理上不再占据主导地位。

---

① 刘尔炘：《全陇希社立国文讲习所简章》，《社章汇编》，陇右乐善书局1920年刻本，甘肃省图书馆西北地方文献阅览室藏。
② 朱太岩：《兰州"八社"》，《甘肃文史资料选辑》第37辑，甘肃人民出版社1993年版，第91页。
③ 穆长青：《记赵元贞博士》，《甘肃文史资料选辑》第17辑，甘肃人民出版社1984年版，第91—92页。

一 从法政学堂到兰州大学

1. 甘肃法政专门学校的成立

甘肃法政专门学校（下亦简称为法专）可溯源于光绪十五年（1889）兰州府发审局附设的学吏局，光绪二十六年（1900）学吏局改为学律馆移皋署西花厅，凡发审局学吏局正佐各员均一律入馆学吏治。光绪二十九年（1903）改为课吏馆，行月试分别等第一次给奖，尚未具有学校规模。光绪三十二年（1906）改课吏馆为法政馆，添派提调及管教各员，始有讲堂之设。宣统元年（1909）复奉部文改为法政学堂，移于城内西大街时有讲习科一班。二年复招别科生一班，本省士绅始得入堂肄业，故一班之中有官籍、绅籍、客籍之别，给奖优薄亦以是为差。① 按照规定，除官班外，绅、客班均须住堂，但实际住堂者的学生很少。学堂宿舍，几同旅馆，讲堂纪律，异常松懈。民国元年，湖南人马邻翼任甘肃教育司司长，他曾留学日本，专攻师范，来甘莅任后，对于学务大加整顿。马邻翼视察后，即委蔡大愚为该堂教务主任，旋委任为校长。蔡大愚成都人，日本法政大学毕业，莅任以后，教育学生守规则、勤功课之道。旋于是年7月，讲习科与法政科同时毕业，至此法政学堂结束。②

法政学堂结束以后，蔡大愚即积极筹设法政专门学校。校舍定于兰州西关萃英门旧举院内，利用原有的至公堂、观成堂为教室，并躬亲监督修治。新校于民国四年（1915）经教育部批准立案，定名为甘肃公立法政专门学校，校长仍由蔡大愚担任。是年冬，蔡大愚因组织倒张（张广建）失败去职，校长由施国桢代理。③ 法政专门学校的职员和教员名录如表2-3、表2-4所示：

---

① 《甘肃公立法政专门学校同学录》，甘肃公立法政专门学校编，1916年版，甘肃省图书馆西北地方文献阅览室藏。

② 邢邦彦：《清末法政学堂到兰州中山大学》，《甘肃文史资料选辑》第17辑，甘肃人民出版社1984年版，第6页。

③ 同上书，第8页。

88　嬗变与重建

表 2-3　　　　　甘肃公立法政专门学校职员姓名录

职务	姓名	行号	年龄	籍贯	履历
校长兼教务主任	蔡大愚	冰吾 行二	四十三岁	四川成都	日本法政大学毕业历任四川嘉定中学教务长，上海中国公学教员，并创办北京清真第五小学，计学务经验在十五年以上
学监兼文案	张屺则	云桥 行一	三十四岁	甘肃伏羌	北京国立法政专门学校肄业
学监兼文案	丁锡龢	星桥	四十岁	四川奉节	前清拔贡，四川高等学堂毕业
学监兼管图书	王暕	斌父	四十八岁	湖南湘潭	湖南师范传习所毕业
学监兼管图书	胡霖	养潜	三十三岁	湖南平江	曾任湖北陆军书记官
会计兼庶务	丁裕谦	益三	四十六岁	甘肃临泽	前清廪生保荐县丞，前龙矿学校藏文教习
学监主任	燕丕基	杏林 行一	三十七岁	湖南桃源	北京筹边高等学校毕业
学监兼文案	许廷彦	季梅 行四	四十一岁	甘肃金县	甘肃速成师范毕业
学监兼图书	李獬	猴笙 行五	四十六岁	湖南宝庆	广西法官养成所毕业
会计员	王用宾	郎西 行一	三十二岁	湖南湘阴	请补陆军三等书记官，前军械局书记官
庶务员	文豹隐	兰品 行五	三十五岁	甘肃导河	前清州同
庶务员	李祖培	荫轩 行一	三十二岁	甘肃碾伯	前清拔贡，甘肃师范学校暨第一中学学监

资料来源：《甘肃公立法政专门学校同学录》，甘肃公立法政专门学校编，1916 年版，甘肃省图书馆西北地方文献阅览室藏。

表 2-4　　　　　甘肃公立法政专门学校教员姓名录

职务	姓名	行号	年龄	籍贯	履历
伦理学 经济学 国际法 行政法教员	蔡大愚	冰吾 行二	四十三岁	四川成都	日本法政大学毕业历任四川嘉定中学教务长，上海中国公学教员，并创办北京清真第五小学，计学务经验在十五年以上

第二章 固守与权变：教育场域中的地方精英

续表

职务	姓名	行号	年龄	籍贯	履历
心理学教员	马邻翼	振吾行五	四十八岁	湖南宝庆	前甘肃教育司司长
心理学伦理学教员	刘宪	铁卿	三十岁	江苏武进	江苏师范学校及单级教授练习所毕业
刑法总则教育	叶尔衡	尧城行二	三十四岁	浙江	前甘肃内务司司长
法院编制法刑法总则教员	彭立本	玉成	三十岁	湖南湘乡	教育部直辖北京法政专门学校法律别科毕业
刑法总则教员	王道昌	啸侯	四十三岁	湖北	日本早稻田法政大学毕业甘肃高等检察厅检察官
民法总则民法物权教员	胡镜清	济生	四十岁	湖南湘乡	湖南法政学堂毕业前清考取法官学习推事
国文教员	杨思	慎之行一	三十五岁	甘肃会宁	前翰林院检讨日本大学毕业
国文教员	杨汉公	显泽	三十三岁	甘肃狄道	甘肃优级师范毕业
国文教员	汪青	剑萍行一	三十岁	甘肃天水	前清州同
英文教员	李荃	叔豪	二十五岁	湖南宝庆	湖南高等实业化学应用科毕业
英文教员	杨英	春元	二十六岁	湖南宝庆	湖南求忠学校别科毕业
法学通论经济原论教员	王廷玛	子璠	三十二岁	甘肃靖远	天津公立法政专门学校毕业
比较宪法教员	万宗周	毓棠	三十六岁	湖北随县	湖北法政学校毕业甘肃高等检察厅首席检察官
民法债权教员	林钟蕃	白年	三十八岁	福建龙岩	日本早稻田法政大学毕业前甘肃高等审判厅推举
国文教员	黄希宪	履平	三十三岁	江苏无锡	前甘肃高等审判厅书记官员
日语体操教员	刘绍业	济卿	三十岁	甘肃伏羌	日本士官学校肄业
商法概论民事诉讼民法债权教员	王鑫润	庚山行一	四十岁	甘肃皋兰	北京法律学校毕业
国文教员	钟彤沄	筑父行一	四十二岁	湖南宁乡	前清廪生，法政学校毕业，历充甘肃省立法政研究所法官养成所，两湖法政研究社教员

续表

职务	姓名	行号	年龄	籍贯	履历
比较法制史教员	黄芝瑞	静余行一	三十五岁	湖北江夏	日本早稻田大学毕业现任甘肃高等审判厅厅长
商法总则刑事诉讼教员	王梦桂	近仁	三十四岁	湖北黄冈	湖北官立法政学校别科肄业，署皋兰地方检察官
刑法总则教员	谢邦樟	佛安	二十五岁	福建龙岩	江西法政学校别科毕业，现代甘肃高等检察官
国际公法 宪法 西洋历史教员	水梓	楚琴行一	三十二岁	甘肃金县	北京国立法政专门学校政治经济本科毕业
统计学 政治学 日语 货币银行教员	赵学普	相臣行一	二十九岁	甘肃狄道	北京国立法政专门学校政治经济本科毕业
法学通论商法概论 工业政策农业政策 民法物权	杨希尧	子高行一	二十九岁	甘肃循化	北京国立法政专门学校政治经济本科毕业
英文教员	詹润霖	竞皆行二	三十一岁	湖南益阳	湖南高等学校正科第一类毕业
刑事诉讼 刑法总论 破产法 国际私法教员	刘吕钜	荫甫行一	三十九岁	湖南安化	湖南公立第一法政专门学校毕业
民法债权 时政学 国法学教员	周秉钧	辑五	三十八岁	湖北枣阳	日本东京警监学校及东京法政大学校法律科专门部毕业
民法概论 亲属法 商法教员	陈大鑪	育生行一	三十二岁	四川成都	四川法政学校及高等巡警学校毕业
心理学 数学 伦理学教员	田育璧	太璞行三	四十二岁	甘肃镇原	北京高等师范毕业

续表

职务	姓名	行号	年龄	籍贯	履历
法学通论教员	燕丕基	杏林行一	三十七岁	湖南桃源	北京筹边高等学校毕业
国文教员	张映川	月秋	四十六岁	甘肃狄道	前清优贡生
中国历史教员	蔡辅	筱州	二十八岁	安徽合肥	安徽高等警察学堂毕业
监狱学教员	刘倬	拯生	二十八岁	湖北天门	湖北高等巡警学堂及法律别科毕业
体操教员	李宗廉	劭龄行二	二十三岁	湖南宝庆	北京陆军军需学校毕业

资料来源：《甘肃公立法政专门学校同学录》，甘肃公立法政专门学校编，1916年版，甘肃省图书馆西北地方文献阅览室藏。

从表2-3、表2-4中可见，法政专门学校的教职员工，甘肃籍人士所占比例不高，教职员工大部分有法政专业背景。

法专办了十五年，先后有七人担任校长，他们是蔡大愚、李懈、施国桢、张瑛、赵元贞、沙明远、杨集瀛。其中施国桢任校长两次共八年。施国桢生于1885年，甘肃皋兰县人，清朝附生，1917年由北京国立法政专门学校毕业回省，1918年任甘肃法政专门学校校长。他执掌校务，也亲自教学。辞职后在法专任教师，以后还在兰州中山大学、甘肃大学和甘肃学院相继任教，讲授《经济原论》《法学通论》等课程。

法专先后开设过政治经济本科与预科、法律本科与别科、法政别科、经济本科等科班，共有四百一十二名学生毕业（预科生二十九人未计在内）。由于一些知名学人相继任教，教学质量较好。教师们还与社会人士一起开展学术活动，成立校友会和法学会，创办了《法政周刊》（由教师金翼乾主编），学生中也出过一些零星刊物，学术气氛比较活跃。还有中外文图书近四千部（册），仪器及标本六百余件，年度经费决算为二万八千余元。[1]

---

[1] 张新国、李生茂、王玉林：《兰州大学历史概况》，《甘肃文史资料选辑》第17辑，甘肃人民出版社1984年版，第13页。

2. 从法政专门学校到兰州大学

1925年国民军入甘，沙明远任教育厅长。施国桢被迫辞职，法政专门学校校长由沙明远任兼。沙明远系冯玉祥的老师，刘郁芬尊为上宾，但他对于教育既系外行，又无暇兼顾，赴校对学生讲话，亦多是讲些如何博取功名富贵的老一套。后薛笃弼任甘肃省主席，议改法专为甘肃大学，委沙明远、水梓、骆力学、杨集瀛、郑道儒为甘肃大学筹备委员，同时，以杨集瀛代理法政专门学校校长，以资筹备和改组。1928年元月，教育厅召开甘肃大学第一次筹备会议，加派省政府秘书长吴至恭为委员，委员郑道儒请辞，又以马鹤天为委员。筹备会议决定：改甘肃公立法政专门学校为兰州中山大学，现任筹备委员均为中山大学董事，原有的法政专门学校各科应届毕业生照旧，但毕业后不再招生。中山大学暂设教育学院、文史学院、医学院、农学院和国文、艺术、农业三个专修科，并附设高中、小学。原有法政专门学校教职员全部转到中山大学任职。1928年3月，刘郁芬任命甘肃教育厅长马鹤天为兰州中山大学校长。马鹤天到职后，聘冯亚经为法律系主任，张云石为国文专修科主任，李赞亭为艺术专修科主任，高抱诚为高中部主任，杨清汉为教务长，杨集瀛为总务长，并即着手招收预科、国文、艺术两专修科及法律系学生，于4月1日举行开学典礼。五月底，校长马鹤天赴郑州开会，行车至靖远为土匪所击伤，校事由校务处理委员会处理。是年12月，马鹤天辞职，次年元月郑道儒继任校长，骆力学为副校长。5月，郑道儒辞职，以谢无忌为校长，谢无忌不久即去职，又以邓春膏为校长，骆力学仍为副校长。①

1930年年底，教育部下令除广州中山大学外其他中山大学校名一律更改，兰州中山大学遂改名甘肃大学。1931年年底又奉教育部令改名甘肃省立甘肃学院。1944年3月经教育部正式批准改为"国立甘肃学院"。这一时期的院长有八位，他们是马鹤天、郑道儒、李世军、谢无忌、邓春膏、朱铭心、王自治、宋恪。其中任期较长的几

---

① 邢邦彦：《清末法政学堂到兰州中山大学》，《甘肃文史资料选辑》第17辑，甘肃人民出版社1984年版，第9页。

位专职校院长为：

邓春膏（1900—1976），号泽民，青海循化县人。北京大学哲学系毕业，后在美国芝加哥大学获哲学博士学位。先后担任兰州中山大学、甘肃大学校长，甘肃学院院长。1936年辞院长职务任文史系主任兼教员，讲授英文、教育史等课程。

朱铭心，号镜堂，甘肃靖远县人。北京师范大学研究生，曾任北京师大附中教员。1932年任甘肃学院事务长兼教员，1937年至1938年任院长，后任事务长兼教员。

王自治，甘肃宁县人，北京大学毕业，曾在甘肃省教育厅及建设厅任科长，后任陕西泾阳县县长、平凉中学校长。1938年至1940年任甘肃学院院长。

宋恪，字宾三，甘肃甘谷县人。1929年毕业于上海大夏大学。1931年任兰州一中训育主任，1932年任国民党陆军三十八军秘书，1935年任军法处处长，1936年任陕西省洛川县县长。1937年于美国康奈尔大学上学，获教育硕士、哲学博士学位。1941年任甘肃学院院长，1946年任甘肃省教育厅厅长。[①]

从兰州中山大学至省立甘肃学院，这一时期，学校先后创办了《兰州中山大学月刊》、《甘肃大学半月刊》、《甘肃学院》（季刊、月刊、半月刊）、《农学集刊》等刊物。学生自治会也出过《甘院学生》等刊物。1946年8月2日，根据中央政府行政院决议成立了国立兰州大学，并将萃英门内全部地基划归学校，共计二百三十九亩。由辛树帜出任校长，辛树帜为湖南沣县人，毕业于国立武昌师范大学，曾留学德国，先后任广州中山大学教授、南京国立编译馆馆长、西北农学院院长等职，是国内著名生物学家。许多国内一流的专家学者如盛彤笙、董爽秋、顾颉刚、张舜徽、杨问奎、史念海、袁翰青等都曾来校任教。[②]

[①] 张新国、李生茂、王玉林：《兰州大学历史概况》，《甘肃文史资料选辑》第17辑，甘肃人民出版社1984年版，第14—15页。

[②] 同上书，第16—18页。

二 同学会的发展

随着甘肃的高等教育得到发展，同学会也得到了发展，共计成立十六个同学会，计有成县、西固、西和、渭源、古浪、平凉、武威、民勤县中学旅兰同学会，宁夏旅兰同学会，山西大学旅兰同学会，绥远中学旅兰同学会，省立兰州中学高级商科同学会，兰州市国立院校皖江同学会，国立兰州大学同学会和山西同学会以及医学院毕业同学会，技术人员训练所同学会，交通技术人员同学会等。①

陇西旅兰同学会于1949年5月1日成立，水梓题词"以友辅仁"。陇西旅兰同学会以树立一种新作风为宗旨，对内做人要"友爱""团结"，对外处事要主持"正义"追求"真理"，愿为苦难的大众而奋斗，不为少数的土劣作辩护。② 面对"两大主义不能相容，把人类的思想，拉向两个极端；把人类第生活，分开两个壁垒"。"因此，唯有鼓起勇气，果敢的面对现实，迎接时代，在动乱的矛盾里寻求合作，在自私的炮火下争取公益，我们应该抱定一个真理，坚持一种理想——终久，世界要和平，人类要合作的。"③ 陇西旅兰同学会成立后发表了四封公开信，其一向陇西县县长李作栋进言。④ 其二向陇西参议会进言，对于陇西各中小学生程度水准的降低，以及校务的不景气，指出"党团的力量，便渐渐渗进了学校机关，甚至连小学教育，地方乡镇等，也都由党团包办，各校人事的更动，教育科长，根本不能做主，教育当局的一切计划，乃至一筹莫展"⑤。其三

---

① 杨兴茂：《民国时期的兰州社会团体》，《发展》2010年第8期。
② 蔡树德：《本会成立经过及展望》，《陇西旅兰同学会成立特刊》，兰州萃华印书馆1949年版，甘肃省图书馆西北地方文献阅览室藏。
③ 《陇西旅兰同学会成立特刊·刊头语》，兰州萃华印书馆1949年版，甘肃省图书馆西北地方文献阅览室藏。
④ 《陇西旅兰同学会成立特刊·陇西旅兰同学会为李县长进一言》，兰州萃华印书馆1949年版，甘肃省图书馆西北地方文献阅览室藏。
⑤ 《陇西旅兰同学会成立特刊·陇西旅兰同学会为陇西参议会进言》，兰州萃华印书馆1949年版，甘肃省图书馆西北地方文献阅览室藏。

致信陇西中小学同学①。其四致信陇西父老，直斥"那些所谓士绅者流，自难脱避其责，可是为啥你们有一个儿子便去当兵，而他们有三四个大少爷不支一名呢？"鼓励普通民众面对不公"应当鼓起勇气大胆的向地方政府申述"②。

与此同时，越来越多的甘肃学子也向外求学，尤其集中在北京，旅京甘肃学会的成立也就顺理成章了。旅京甘肃学会成立于民国六年（1917）4月，以联络乡谊、砥砺学行、图谋公益为宗旨，会所设于京师南横街吴公祠。旅京甘肃学会以旅京学生为主体，旁及津、沪、汉等地学生，其会员具体情况可见附录三。

从附录三可见，以毕业会员为例，共54人，在地域分布上皋兰9人、天水6人、靖远3人。在学科选择上军官、警察学校的有26人，法政学校的有5人。在肄业会员73人中，皋兰19人。

旅京甘肃学会分为讨论、执行两部，讨论部分文、理、艺、法四科，执行部分教育、出版、卫生三科。"在职务方面，旅京甘肃学会社设正会长一人，主持本会一切事务。副会长一人，协理会务，正会长有事故时，代理其职权。正会长由大会用无记名单记法公举，以得票最多数者充之，其得票次多数者为副会长、书记员，四人，经理文书记录通信报告事项；会计员四人，经理出纳事务并对于官费生之学费有催领公配之责；庶务员四人，调查会员住址、修订会员录及其他不属于以上各款事务；评议员无定额，评议会长交议事项。书记、会计、庶务各员由会长推任之，但须得多数会员之赞同，又会计员之专管学生官费事项者，更须得多数官费生之认可。各职员任期皆一年，于每年第一次例会时选任，被连举者得连任之。正副会长因不得已事故声明辞职时，应为行补选，其他各职员辞职须得会长之许可。凡会员须遵守本会一切规约。如有毁损本会名誉者，经评议会公决令其退会。在会期及会议方面，每年寒暑两假期内开例会各一次，报告已过之事实并磋商将来之进

---

① 《陇西旅兰同学会成立特刊·陇西旅兰同学会给陇西中小学同学的一封信》，兰州萃华印书馆1949年版，甘肃省图书馆西北地方文献阅览室藏。

② 《陇西旅兰同学会成立特刊·陇西旅兰同学会给陇西父老们的一封信》，兰州萃华印书馆1949年版，甘肃省图书馆西北地方文献阅览室藏。

行方法。本会遇有重要事件得有会长召集临时会,其有会员五人以上或评议员三人以上连署者得请求会员召集之。在经费来源方面,会员入会时须纳入会金一元,会员每年纳常年捐一元,于例会时缴纳;凡会员任有给职务所得在五十元以上者,须纳百分之一之所得捐。"①

随着旅外求学的学生增多,他们对于时政的评论也更为犀利,在雷马事变中针对吴佩孚的来甘,旅居南京的青年提出了质疑:

> 时代总是把甘肃丢却,文明的进展在甘肃总是迟缓着,像耕乏了的牛,鞭挞都不能加紧它的脚步。在革命的初期,十七省都有流血的干部,而甘肃有被尊敬的长者们倡着"迎銮"的圣调。不想在革命北伐一直到训政的现代,又演出这样的怪剧:为革命的洪涛所摧毁而逃亡的北洋军阀吴佩孚,一到甘肃,竟受了破天荒的欢迎,而欢迎的并且是省会的知识界。到现在我们还要解释吴佩孚是怎样的应该打倒吗?只请问狂欢的迎接吴佩孚的兰州知识界:以什么理由去欢迎?是不是想做北洋政府的国民,观得在武力统治下,过压制的生活是不是舒服;是不是想做割据破碎,征伐变乱中的逃氓,观得在统一和平后的生活是悠游?是不是民主为多事,而宰割为甜蜜?
>
> 比如说吴佩孚是主张回汉合作,所以来欢迎。请问回汉合作,必须要请个失意的军阀来主张,然后才能合作吗?为甚吴佩孚现在才倡回汉合作,而在他得意之时,为其部属的张狼先生却倡回汉世仇的说法?回汉原无分别,无世仇,只由于专制时代与军阀压治时的利用,才有了鸿沟,才来互杀。我们希望回汉同胞觉悟,勿受军阀利用,并共同联合打倒军阀,则回汉合作无人主张,也自然是合作的,何需一个野心的军阀来主张,借题目另作事呢?我们希望的合作是:回汉同胞间的彻底合作,不是仅仅回汉领军的统治者的合作,更不是两方的军事领袖合作起来捧一个

---

① 《旅京学会简章》,旅京甘肃学会编,1917年印,甘肃省图书馆西北地方文献阅览室藏。

失意的北洋军阀。欢迎吴佩孚主张回汉合作者，可知这又是一套军阀的变相利用否？

说吴佩孚提倡道德的教育，所以来欢迎他吗？我们看看吴佩孚"前三皇后五帝"的一阕"烂痰"，从"公妻主义"（吴说共工氏以夫妇之道为不便，乃倡公妻及自由恋爱……）的共工氏直讲到"专讲政治法律及物质科学的民国"，总统而言曰：不讲三纲五常五伦八德者必亡。说是因为吴佩孚给军人讲忠孝，所以欢迎他。看看把"忠"字怎的解释？"如长上言行正大，则绝对服从，奉令唯谨，如长上有不合处，亦需设法劝谏……即或无力挽回，亦应力图所以处置之道，万不可有激烈举动，酿成大逆"。放亮点说，长上要害民卖国，军人亦万不可有激烈举动，不然便是大逆。这是怎样的忠？无怪民国以来的军队，都成了私人的走狗，军阀的财产，原来是都想当一个忠臣。至于孝，只要是人，对他的父母莫有不亲爱孝顺的。只可恨军阀混战，贪污搜剥，使无数的父母子女，一颠沛流离，孤寡无依。军阀未打倒，已倒的军阀不能防制他再起，想尽孝也莫有办法，把万人的子弟做了牺牲，使无数的父母看看他们的爱子为了一个军阀的野心而去挡炮眼，粉身碎骨，思念而疯狂而痛心死，这个野心的军阀子在他失败了后却来讲忠讲孝，并且甘肃的知识界还去欢迎来讲，这多么滑稽！

若说他讲"农商"，"倘有军人偶有不合，可由公正首举，白该管长官，婉转申诉，和平耐接洽，以处理的道理"，来欢迎他，我想未必。因为甘肃的农商，何尝不是较紧牙关硬。甘肃农商，白生至死，对于军人是"婉转"，而且"和平"，以至哑伏的，是用不着再请一个失败的军阀来宣传的。

将吴佩孚到甘的"大供献"，"对症药"，读了，从头到底，莫有必要欢迎他的理由，我们揭破表层说，吴佩孚的来甘，完全是乘机会来造势力的。什么合作，什么道德，什么忠孝，不过拿来装幌子，支门面。他看透甘肃的文化程度，所以他按照程度来讲这一套。①

他们对时局的批评相对于老一代的地方精英更为大胆和犀利。

第三节　新知识群体的成长

随着新的教育体制的建立，产生了一个新的知识群体，由于教育过程和官员选拔制度的相对分离，新知识群体与统治权力之间并不具有直接的依存关系。而新的教育体系，其核心是"开民智"，所学习的是谋生的技能和具体的科学知识，新知识群体更多所从事的是专业化职业。留学生群体在中国近代社会变革中的地位极为特殊，从许多方面冲击着传统的制度化儒家体制。首先，随着科举的衰落和废除，留学成为最直接的上升性途径，不仅是因为借此能获得许多新兴行业的就业机会，同时也可以分享原先只有通过科举才能获得的功名。其次，留学生对改变中国人的思想观念和知识结构，起到了特殊的中介作用。②

一　留学教育的发展

甘肃省的留学教育起步较晚，1906 年清廷宣布实行预备立宪的这一年，学部派遣进士馆学员游学日本，在甘肃选出阎士璘、杨思、范振绪、田树浸、万宝成五人。其中阎士璘、杨思进日本法政大学补修科；范振绪、田树浸、万宝成进日本法政大学第五班速成科。这一年，全国留日人数已达八千人次。

民国时期，甘肃留学生在条件极其艰难的情况下不断派出，甘肃政府针对甘肃具体情况也相应地颁布了一些政策。民国七年（1918），甘肃省长公署制定"甘肃官费派遣留学日本学生规程二十七条"。民

---

①　《甘肃知识界竟欢迎吴佩孚》，《陇钟言论集》，1932 年版，甘肃省图书馆西北地方文献阅览室藏。
②　干春松：《制度化儒家及其解体》，中国人民大学出版社 2003 年版，第 283—285 页。

国八年（1919）甘肃教育厅制定"甘肃选派留学日本津贴生办法八条"。民国十六年（1927）甘肃省教育厅遵照教育部颁布留学生规程。民国二十三年（1934）6月，经教育部核准颁布《甘肃省国外留学章程》规定：国外留学生分为公费、自费二种，公费留学生名额每年34名，其一切费用由省定留学经费项下供给。选派出国留学由省教育厅考试后经教育部复试决定，研习科目注重理工农医各科，留学（含实习、考察）期限2—6年，学成回国后至少须依照其留学年限在本省服务。①

实际上，由于甘肃省经济凋敝，经费短缺，每年派出留学生的人数非常少，学成回国后服务于本省的更少。就在这种政策下派出的少数留学生，回省后为甘肃社会做出了一定的贡献。

水梓（1892—1958），字寄梅，原籍甘肃榆中，其父水应财时定居兰州。长兄梓，次兄榕。他好学上进，勤奋攻读，于1914年年末以优异的成绩毕业于甘肃文高等学堂。翌年春，由甘肃省保送赴北京深造，在北京工业专门学校攻读日用化学工程。由于受进步学生思想的影响，他十分关心国家民族之兴衰。1919年投身于伟大的五四运动，为甘肃进步青年的先驱。他曾赴上海参加全国学联大会，因主张"民族自强，必须振兴民族经济"，被学联推选为中华学联《国货日货调查录》的编辑主任。为此，他奔赴青岛等地进行调查，至当年11月《调查录》编印完竣后始回北京。

1919年11月，他在北京工业专门学校毕业，未及返兰，便奉甘肃省方委派，赴东南各省及日本考察实业，1920年2月回国后，即在兰州万寿宫（现通渭路北端）创建了甘肃省立工艺学校，后改名甘肃甲种工业学校（下简称工校），担任校长。抗日战争期间，迁至兰州萃英门内，改名甘肃省立工业职业学校，仍由他继续担任校长。该校是甘肃省第一所培养中级工业专门人才的学府。水梓认为振兴民族经济，发展民族工业之本，在于培养人才。在办学方法上，他坚持理论和实践结合，实行勤工俭学，并先后编著有《日本实业考察记》

---

① 姚鹏：《近代甘肃留学生研究》，硕士学位论文，云南大学，2012年。

《制革学》《香料学》《理论实验肥皂学》等多种专著。水梐先生忠于职守，诲人不倦。他除承担工校行政和教学任务外，还在当时兰州不多的几所中学任课，执教20多年，培育了大批桃李，为甘肃新兴地方工业的发展做出了重大的贡献。为了改变甘肃文化落后状况，他还热心于发展民办教育，曾任"陇右中学"董事，积极参与办学规划。

1931年12月，甘肃政局动荡，以孙蔚如为首成立了甘肃省政府临时维持委员会，水梐被任命为教育厅委员。1932年4月，邵力子任甘肃省政府主席，"临时维持委员会"结束，水梐之兄水梓被任命为教育厅长，在水梓未莅任前，由水梐代理厅长职务。1934年6月，任工校校长的水梐与农校校长王尔黼一道，由省政府派往南昌，参加"中华职业教育社"第十四届大会及第十二届全国职业教育讨论会。水梐热爱祖国文化遗产，酷爱书法，早年习颜学柳，并融颜柳书法为一体，遒劲洒脱，自成风格，其师刘尔炘所著《拙修子》一书，即由他署签并校对印行。①

20世纪30年代初期，水梐还多方集资，创办了综合性企业新民股份有限公司，任董事长。该公司包括新民百货公司、新民书局（主要代销上海世界书局图书）、新民医院、新民乐团（放映无声电影、茶座、饮食服务等），位于兰州学院街（现武都路东段路南），对繁荣兰州经济和文化起了一定作用。水梐还投资兰州毛纺厂（现兰州第二毛纺厂）、团结实业公司（现张掖路团结公司）等。他为建立和发展兰州民族经济做出不懈的努力和贡献，1947年被选任兰州市参议员，1949年当选为兰州市商会理事。②

王天柱（1898—1920），原名毗，字天柱，又字任之，后以字行，陇西县城东巷人。其父王殿邦为清武庠生，但家道中落，王天柱发奋苦读，清光绪三十二年（1906），十六岁时便中秀才。清末，国家变法兴学，兰州成立了新学堂，王天柱进入甘肃省立文高等学

---

① 朱太岩：《实业教育家水梐》，《甘肃文史资料选辑》第43辑，甘肃人民出版社1996年版，第108—109页。

② 同上书，第111页。

第二章　固守与权变：教育场域中的地方精英　101

堂。清宣统元年（1909），王天柱选为拔贡，旋在兰州从事教育事业，任西湖学堂教习。他教学认真，方法新颖，有独创精神，学使俞明震更为赏识，调委为学务公所科员。民国成立以后，王天柱为甘肃临时参议会议员，先后又任省教育厅第三科及省长公署第三科（即教育科）科长职务，从此以振兴甘肃教育为己任。他对地方教育亦大力襄助。经时任省教育厅厅长的阎士璘和王天柱两人力争，在陇西南安书院旧址创建了甘肃省立第五师范，即今日之甘肃省陇西师范学校。①

民国八年（1919），前教育部次长袁希涛等电约各省派员赴欧美考察教育。王天柱偕同水梓参加了以袁希涛为团长的"中国欧美考察教育团"；同行有江苏派员五人，全国高等师范校长五人等。途经上海时见到了上海知名人士张謇、黄炎培、沈信卿等人。是年11月25日，考察团从上海乘轮船出国，先到日本考察，再横渡太平洋至美国，由西到东，去旧金山、芝加哥、纽约等各大城市考察。王天柱总是悉心留意，顺便又考察了留美华侨的教育。他致中华职业教育社社长黄炎培信，报告在美考察教育的情况，特别提出对华侨教育应予扶持的意见，有念念不忘于"十数万心怀祖国之侨民，因怨望而渐离心"的深虑。并详述沿途观感，慷慨陈词："此次考察，不啻入短期讲习所，聆名人之议论，观异国之习俗，受自由空气之涤荡，共和精神之浸输，觉思想上发生绝大变化……"处处深切流露出爱祖国、爱事业的热情。②

民国九年二月初五日（1920年3月24日），考察团由美国再渡浩瀚的大西洋赴欧洲考察。先考察英国伦敦及爱丁堡等地教育。四月二十五日，王天柱自爱丁堡回伦敦后自感不适，直至五月二日才入医院诊治，于五月十二日施行手术，腹腔打开后发现盲肠已化脓，肠结核菌延及肠腑，无从缝治，创口只可暂留不封，水梓暂留伦敦照料。

---

① 戴瑶：《忆五舅王天柱》，《甘肃文史资料选辑》第43辑，甘肃人民出版社1996年版，第95—97页。

② 同上。

在六月十一日又进行第二次手术,但肠结核菌蔓延聚结,病情恶化,于六月二十四日与世长辞,年仅三十一岁。民国十年(1921),王天柱灵柩由我驻英使馆专程送往上海。家中即请近亲马钰堂从上海迎至陇西,设柩于府城隍庙后院,先后在兰州、陇西举行追悼,仪式隆重,丧礼备极哀荣。生前好友撰文、挽联志哀。其中刘尔炘的《哭天柱》、王海飈的《王仕之传》、裴仰贤的《任之先生因公逝世序》可为代表。这里仅录《哭天柱》中的一二则,可见当时人们的哀痛心情:"天从劫运来时,荏苒十年,数数夺吾乡豪俊;我在夕阳影里,苍茫四顾,声声哭祖国山河。""吾乡自开辟以还,阿维从九万里大陆重洋外,为公益捐躯,忽破天荒,君之一死空前古;国学当消沉之日,唯尔在二十年同门诸子中,有救时壮志,再来人世,我以三生订后缘。"① 王天柱逝世后,生前好友牟凤鸣等人多方奔走,发起集资,于民国十三年(1924)在陇西设立天柱小学(今陇西师范附小地址)以资永久纪念。

  赵元贞(1879—1974),甘肃正宁人,清光绪二十二年(1896)考入兰州文高等学堂,毕业时以成绩优良保送北京京师大学堂学习地质专业。他不但努力学习地质各课,还常常去译学馆向蔡元培先生等著名学者请教。1911年京师大学堂改名北京大学,1913年夏,赵元贞毕业于北京大学地质系,由于学业优秀,被确定为中国公费留学生之一。赵元贞抱着"实业救国"和"教育救国"的理想,进入柯州大学(现称"科罗拉多大学")采矿系。他在这个大学里学习了六年,1919年毕业,获"采矿工程师"职称,并在矿上实习。但他不满足于已有的成绩,又进入纽约哥伦比亚大学冶金系进修深造,一年后结业,获"冶金工程师"职称。为了深入钻研,接着,他又进入匹兹堡大学研究班,经过一年的研究,写出了重要科学论文《钢铁冶炼中非金属物的观察与测定》,并在答辩会上顺利通过,导师、旁听者和质询者普遍满意,由此获得匹兹堡大学冶金学博士

---

① 戴璠:《忆五舅王天柱》,《甘肃文史资料选辑》第43辑,甘肃人民出版社1996年版,第98—99页。

学位。① 1922 年，甘肃督军陆洪涛，会同甘肃省长林锡光，从北京电邀赵元贞来兰商办矿务。赵元贞抵兰后，陆洪涛约同其政务厅长谢刚国在督署设宴洗尘。其时甘肃教育厅厅长贾缵绪，因一次将省城的六个中等学校、一个法政专门学校校长免职，引起了学潮，旧校长拒不交代，新校长有的不能到职，有的学校学生罢课。于是陆洪涛调贾缵绪为泾源道尹，任命赵元贞代理教育厅厅长平息学潮。暨学潮平息以后，赵元贞向陆洪涛表示意见筹划矿务。赵元贞筹办建成一个矿务专门学校，在教育厅（现城关区公安局）内修了一个能容五十人的教室和实验室、宿舍等设备，在上海选购了一套完整的无机化学药品、仪器，在阿干镇定制了"火分析"用的干锅及闷炉；在河南请了留学生石心圃、张人鉴两工程师担任采矿冶金课程教师；在兰州请了一个外国人教英文，请刘少皋教语文，王训庭、马龙光教数学，赵元贞兼任了一个时期的结晶学和分析化学课程。学校命名为矿师养成所，共招收了一班旧制中学毕业学生，定为三年毕业。后因陆洪涛因病辞职离甘，赵元贞亦被调出所，学生于毕业后无人理睬，各自流散。② 赵元贞深感建设事业无法开展，还不如办教育，便要求从建设厅调回教育厅。他先后在甘肃学院和甘肃农业学校讲授化学、物理、地质、土壤、英文等课程。1933 年他在甘肃省禁烟委员会担任常委，1939 年国民党行政院简派他为甘肃省临时参议会秘书长。在参议会工作期间，竟发生了秘书长印鉴被盗的事件，1943 年参议会改组，他离职专任私立志果中学校长，专心致志办理学校。③

二 女子教育的发展

甘肃教育落后，女子教育起步很晚。1902 年 8 月 15 日，管学大

---

① 穆长青：《记赵元贞博士》，《甘肃文史资料选辑》第 17 辑，甘肃人民出版社 1984 年版，第 89—90 页。

② 赵元贞：《一九二二年甘肃矿藏初勘经过》，《甘肃文史资料选辑》第 8 辑，甘肃人民出版社 1980 年版，第 105—107 页。

③ 穆长青：《记赵元贞博士》，《甘肃文史资料选辑》第 17 辑，甘肃人民出版社 1984 年版，第 90—91 页。

臣张百熙受命向朝廷进呈《学堂章程折》，经朝廷批准后以《钦定学堂章程》颁行，史称"壬寅学制"。1904年1月13日，由张之洞对"壬寅学制"稍作改订后，联合张百熙、荣庆再次奏呈学堂章程，史称《奏定学堂章程》，也称"癸卯学制"①。但是，在教育对象上，女子仍被排挤，得不到进学堂接受教育的权利。1907年后，女子教育有所改进，但女子仍然只能上小学和女子初师。

甘肃省于1919年，开始保送女生上大学。甘肃省教育厅第一批保送去北京女子高等师范学校的是省立第一女子师范学校的六名女学生，后来又陆续去了几个。其情况如下：

田维岚，是甘肃省立女子师范学校校长田太朴的女儿，学习出众。北京女子高等师范学校（下亦称北京女高师）毕业后，为了深造，又考入北京法政大学，与吴瑞霞所写的诗词受到于右任先生的赞许，督促她们在商务印书馆出版，并题书名《松芸诗集》。吴鸿宾在扉页上题"艺术天才"四字，署名"横宾"。毕业后，在北京晨报社工作。与昔日法政大学同学，后于黄埔军校毕业的贵州施秉县人潘某结婚，生两女。

吴瑞霞，先就学北京女高师，后上北京法政大学。当时，生活很艰苦，经常以白薯、烧饼果腹，有时做临时工挣学费，不幸患上肺结核，在法政大学时上时辍。1930年夏，应宁夏教育厅刘保锷（甘肃陇东人）之聘，去宁夏任宁夏女子师范学校的校长，1932年病逝，终身未婚。刘保锷、康屏侯是1919年护送她们去北京的人，整理了她的著作，刊印为《梦芸女士遗著》。

韩玉贞，因对婚姻不满，从武威来到兰州叔父韩子瞻家，上了甘肃省立第一女子师范学校，1919年被省教育厅保送到北京女子高等师范学校幼稚科学习。毕业后与邓春芩回兰州母校教书，1922年，共同筹建母校附设的蒙养园（幼稚园）。邓春芩离职后，她任该园主任，参加了中国共产党，后去西安参加了革命工作，与邱纪民结婚。

邓春芩，由于对婚姻不满，从循化来到兰州叔父邓宗家，上了甘

---

① 陆玉芹：《1901年—1921年中国近代教育的嬗变》，《东北史论》2011年第4期。

肃省立第一女子师范学校。1919年被省教育厅保送到北京女子高等师范学校幼稚科学习。毕业后与韩玉贞回兰州母校教书，共同筹建了母校附设的蒙养园（幼稚园），1923年约王静婉自费去北京求学，但没有考上大学，因病而死。

孟自芬，1919年被省教育厅保送到北京女子高等师范学校幼稚科学习，能歌善舞，成绩优良。毕业后留为该校附设的幼稚园教师，在北京与农业大学毕业的甘肃通渭人牛海秋结婚，生二子，因病逝于北京。

邓春兰，是甘肃教育家、省立第一女子师范学校创始人邓宗的女儿，与省政府秘书、进步青年蔡晓舟（安徽人）结婚，生子蔡心鉴，1919年，她入北京女高师补习班。邓春兰是第一个上书北大校长蔡元培，请求开放北京大学女禁，准许北大男女学生合校的女学生，当时名动京华，是甘肃女学生的骄傲。蔡元培批准了王兰、邓春兰等几名女学生入北京大学学习。她还受到美国教育家杜威博士的称赞。[①] 但是她们几人后因各种原因辍学。1924年前后，邓春兰携幼女蔡心铭离别有病的丈夫远道回到兰州，与娘家人及其儿子团聚，并在甘肃省立第一女子师范学校教书，曾和王文华等人出刊过小册子《妇女之声》几期。她常阅读《国文同报》等杂志，以后逐渐沉默。因久不去北京，蔡晓舟另得伴侣，并生女蔡心镒。邓春兰决心不再去北京了。邓宗于邓园之南，为邓春兰盖了一小院，另建新屋。中华人民共和国成立后，邓春兰任甘肃省文史馆馆员、甘肃省政协第四届委员会委员，1982年6月9日逝于兰州，终年八十四岁。

王静婉，1923年前是女师附小的主事（附小校长当时称为主事），她和邓春芹同赴北京，后考入北京法政大学。在北京时，邓春芹介绍她同自己在美国留学的堂弟订了婚，因"八字"不合，邓家虽向王家送了金如意禳解不祥，但后来还是解除了婚约。她与同班同学安徽亳县人吴某结了婚，在亳县教书，但丈夫久病，生活困难。

---

① 沈滋兰：《怀念我省早期的一批女大学生》，《甘肃文史资料选辑》第37辑，甘肃人民出版社1993年版，第76—77页。

韩树梅，是甘肃女子师范学校学习、讲演、容貌等各方面的佼佼者。与其妹同时考入北京女高师体育科，毕业后共同经兰州（约1928年）回西宁，在青海省政府当了科员。她与青海省教育厅厅长张爱松结婚，1929年，张爱松调甘肃省任教育厅厅长，她随同到兰州。

韩树兰，韩树梅之妹，身材高大健壮，与姐同赴北京，同回西宁，同任青海省政府任科员，闻曾担任西宁女子师范学校校长。

魏佩兰，先在北京补习一年。后入天津女子师范学院国文系攻读两年，又入北京师范大学国文系四年。1937年回兰州，任兰州女师的语文教员、平凉女师校长。1947年当选甘肃省女立法委员，中华人民共和国成立前夕，留二子二女在大陆，偕丈夫佟迪功和一子去台湾。

柴木兰（原名柴之澄），兰州柴家台人。因祖父及父亲在外地为官，1911年出生在外地，自幼在北京上学。性格活泼大方，为人直爽、畅朗。在北平大学女子文理学院音乐系期间，与在北平大学法学院上学的兰州人孙汝楠结婚，1934年毕业后她和丈夫回到兰州。在几所中等学校教音乐，并担任甘肃省妇女工作委员会总干事。

范毅，靖远人，是甘肃著名书画家范振绪的独生女儿。因父在外地为官，出生在外地。在北京上中学，1936年考入北平女子文理学院历史系，1940年夏于陕西城固西北联合大学历史系毕业，与该校生物系毕业的兰州人王汝绪结婚。回到兰州后任兰州女子中学教员，中华人民共和国成立后任小学教员。

纪新青，山西阳高人，1931年夏考入北平师范大学教育系。因与在南京工作的甘肃天水人何履亨结婚，取得了甘肃天水籍，并领取甘肃留学官费。毕业后在南京工作了一段时间，随丈夫回到兰州工作。曾任天水女子师范学校校长。

乔松库，山西人，在北平女子文理学院英文系上学时，与当时在北平大学工学院上学的兰州人梁勉结婚，取得了兰州籍并领取甘肃留学官费。梁勉先回兰州，她毕业后未回兰，两人离异。

马礼常，南京人（母亲是甘肃临夏人，久居兰州），兰州女子师范学校毕业后随家迁居北京。1931年考入北平中国大学政教系，毕业后在北京工作，因与抗日烈士宿戎民（洮沙人）结婚，回兰州定居被认为是兰州籍人，曾在兰州女子师范学校教书，擅长山水画。①

沈滋兰，榆中人，1930年春与魏佩兰取道北路赴宁夏。当时，魏佩兰的父亲任宁夏建设厅厅长。约居三月，后乘阎锡山运货木船，顺黄河而下至归绥，换乘平绥铁路火车到北京。补习了一年功课，后考入北平师范大学地理系，学成后长期致力于甘肃省女子教育。

上述甘肃早期的女大学生，大多出生于教育或官宦家庭，如范毅是甘肃著名书画家范振绪的独生女儿，邓春兰是甘肃教育家、省立第一女子师范学校创始人邓宗的女儿，魏佩兰的父亲任宁夏建设厅厅长。她们的家庭思想比较开明，支持她们冲破阻力，毅然求学。

20世纪20年代，甘肃省只设有兰州女子师范学校。这种以培养小学女教师为目的的女子教育，在当时已不能适应时代的潮流。时代要求进一步充分解放妇女，使她们接受与男子完全等同的教育，以达到尽同等社会义务的目的。所以，设立女子普通中学迫在眉睫。1924年，甘肃省立第一女子师范学校附设了三年制初级中学班，招收学生四十余名，但在毕业时，只剩下魏佩兰、豆香兰、张瑞英、马世英、李桂琴、沈滋兰等十七人。1937年，甘肃省立第一女子师范学校第二次附设女子初中班。学生有金馥荪等人，这个班除1940年秋停招一次外，其余各年都招收初中班学生。1936年，西安事变后，甘肃省政府主席于学忠离职前，把他在兰州颜家沟西端路北的砖砌两层楼房留赠给甘肃教育会，并指定作为筹建兰州女子中学的校址，省政府还批准了一笔筹建费，但后来又缩减了，兰州女子中学的建设迟迟没有进行。1939年沈滋兰多次向甘肃省教育厅长郑通陈述在甘肃设立女子中学的必要性和迫切性，沈滋兰主张"男女权利义务平等，要从教育平等着手，提高女子教育质量"。1939年，沈滋兰担任甘肃省临时参议会议员，多次提案要求成立女子中学。1940年8月10日教育厅委派沈滋兰为兰州初级女子职业学校校长，着手开始改组，成立兰

---

① 沈滋兰：《怀念我省早期的一批女大学生》，《甘肃文史资料选辑》第37辑，甘肃人民出版社1993年版，第78—80页。

州女子中学。招生规模为招收初中一年级1班、二年级1班（并把女职的二年级并入），保留女职的初三班；招收高中一年级1班，共4班。学生80余人。①

  1941年为扩大办学规模，在崔城南郊区找到了一处占地50余亩的地方，学校就备文呈报甘肃省政府请求拨款，征购农田，迁移有主坟墓，围筑校墙。接着成立了以省参议会议长张维为主任委员，教育厅科长孙云遐、财政厅科长蒋某某、兴陇建筑公司工程师汪祖康和沈滋兰五人为委员的兰州女子中学校舍建筑委员会，负责领导。由兴陇建筑公司承包兴建教学楼工程。教学楼是一座砖砌的两层有二十间大小相同教室的大楼（其中三间为楼梯走道，两间为物理、化学实验室，一间为教职员休息室。一间为集体办公室，一间为图书室，其余十二间为教室）。兴陇公司还修建了校门及校门内的南、北两个传达室，和西北角的后门及门房。礼堂（美龄堂）是甘肃省新生活促进会妇女工作委员会用该会变卖上西园织布工厂的钱，经省政府批准，由天成公司承包修建的。建成后，赠送给兰州女子中学作礼堂使用。因该会是直属宋美龄领导的新生活促进会妇女工作指导委员会，所以礼堂被命名为"美龄堂"。它在当时是兰州最好最新的礼堂，曾被校外许多单位借用过。生活用建筑，在北面马路对面的地方，原系基督教会金城中学的校舍。该校停办后，分租给科学教育馆（中英庚子赔款办事处，由梅贻宝、袁翰青负责）及群众使用。后被临夏马鸿逵购买，拟建马福祥（云亭）的纪念祠堂。教育厅厅长郑通和动员马家把金城中学的旧房捐给女子中学，马家负责人慨然应允，这部分拆迁重建工程，由兰州本地工匠承包，建成教学楼北面南北走向的平房（学生宿舍）三十间，西边学生宿舍北端的大食堂和灶房一处，礼堂西边的山坡上平房（教职员宿舍）十五间，坡顶凉亭一处。1944年暑假，兰州女子中学全部迁入新校舍。在修建期间，发动过一次向家长及社会募捐的活动，并油印捐款者姓名及所捐款数，分送给一些捐

---

  ① 沈滋兰：《我在兰州女子中学的九年（1940—1949）》，《甘肃文史资料选辑》第37辑，甘肃人民出版社1993年版，第63—64页。

第二章 固守与权变：教育场域中的地方精英

款人员，并在校墙外张贴公布。①

兰州女子中学有一批业务水平较高的教师。全校共有十二个教学班，在校学生四百余人。两届高中毕业生，94%考入各大学。兰州女子中学多次邀请校外人士作报告。曾请吴文藻先生（谢冰心的丈夫，燕京大学教授）作报告，他以小故事《戴戒指》等形式，给同学们讲了妇女解放问题。1946年，邓宝珊先生由女儿邓团子，教育厅秘书汝若愚陪同，到兰州女中参观，对全体学生讲了他自己的奋斗史，介绍陕北中央领导人和广大人民在抗日战争中的伟大功绩，号召学生学习法国文学家罗曼·罗兰追求进步的精神，邓宝珊先生临别时，捐了图书费。另外，还请了王永炎、谷苞、袁翰青等先生作报告。学生们在礼堂先后演出《贫穷不是从天降》《北京人》和《上海屋檐下》等话剧，特别是1946年10月，为纪念校庆，由四七届高二学生演出曹禺的名剧《雷雨》，在兰州产生了很大的影响。兰州女子中学的校歌是："兰山苍苍，校舍辉煌，良师益友，齐集一堂，头脑清，精神爽，哪怕任何艰深学问，都要钻研细讲，意志坚，体力壮，哪怕任何困难环境，也要征服开创，更愿学花木兰万里赴沙场。"②

兰州女子中学历任教务主任有：李瑞征（任期1940年秋—1941年秋），兰州人，北平师范大学教育系毕业，教算术。王土彬（任期1941年秋—1942年秋），静宁人，四川大学教育系毕业，教算术。陆润林（任期1942年秋—1944年秋），榆中人，西北联合大学（北平师范大学）数学系毕业，教数学。陈宪（任期1944年秋—1946年4月），静宁人，北平民国大学国文系毕业，教国文。李端严（任期1946年5月—1946年7月），兰州人（原籍河南），西北大学英文系毕业，教英文。陆庆林（任期1946年8月—1949年8月）榆中人，北平大学农学院毕业，教数学。

---

① 沈滋兰：《我在兰州女子中学的九年（1940—1949）》，《甘肃文史资料选辑》第37辑，甘肃人民出版社1993年版，第65—66页。

② 同上书，第66—68页。

兰州女子中学的教职员工如表2-5所示：

表2-5　　　　　　　兰州女子中学的教职员工

姓名	籍贯	任教情况	教育背景
李炳	甘肃甘谷	国文教员	
高抱诚	甘肃临洮	国文教员	
魏剑生	甘肃甘谷	国文教员	
王晓岩	河南	国文教员	清华大学国文系毕业
耿振华	河北	国文教员	
李东岳	河北	国文教员	西北师范学院国文系毕业
王近仁	河北	英文教员	
徐少英	湖南	英文教员	英国留学生，后随丈夫何心洙去台湾
张全平	上海，是教育家黄炎培的长女，丈夫张心一当时是甘肃建设厅厅长	英文教员	金陵女子大学英文系毕业
杜绍甫	河南	英文教员	西北大学英文系毕业
张方圭	河北	英文教员	西北师范学院英文系毕业
尉迟淑君		英文教员	武汉大学英文系毕业
毛友仁	湖南	物理教员	
柴誉虎	甘肃兰州	物理教员	北平辅仁大学物理系毕业
刘博特	北京	数学及物理教员	燕京大学毕业
董锡兰		数学教员	西北联大数学系毕业
赵继游	山东	数学教员	西北联大数学系毕业
郑宪祖	甘肃兰州	数学教员	西北联大数学系毕业
刘孟德		数学教员	西北师范学院毕业
张照垒	河南	数学教员	
陆法武		数学教员	
樊执敛	甘肃武都	数学教员	西北师范学院毕业
何心洙	福建	化学教员	德国留学生，后去台湾
申泮文	广东	化学教员	
邢铸径	山西	化学教员	西北大学化学系毕业，先后把女中的化学、物理实验室建立了起来

续表

姓名	籍贯	任教情况	教育背景
于湘卿	山东	生物教员	齐鲁大学生物系毕业,曾在天津女子师范学院任教
王义润		生物教员	西北联大生物系毕业
王汝绪	甘肃兰州	生物教员	西北联大(北平师范大学)生物系毕业
董文朗		地理教员	西北师范学院地理系毕业
范毅	甘肃靖远,是名书画家范振绪的独女	历史教员	西北联大(北平女子文理学院)历史系毕业
赵卓立	甘肃正宁	历史教员	西北大学历史系毕业
罗邦瑜	山西	体育主任	西北师范学院体育系毕业
尹履贞	浙江杭州	训育主任、公民教员	南开大学毕业
窦振威	甘肃榆中	生物教员	
魏宝珊	甘肃甘谷	事务主任	
陈家瑜		文书工作	兰州女中毕业,武汉大学辍学
马竹轩	甘肃兰州	语文教员,训育员	兰州女中毕业后,于西北师范学院语文系毕业
刘海珍	甘肃天水	语文教员、训育员	兰州女中毕业后考入上海复旦大学教育系
刘桂英	甘肃兰州	物理教员	兰州女中毕业后,后考入西北师范学院理化系

资料来源:沈滋兰:《我在兰州女子中学的九年(1940—1949)》,《甘肃文史资料选辑》第37辑,甘肃人民出版社1993年版,第69—71页。

从表2-5中可见,兰州女子中学教职员工中如范毅是甘肃著名书画家范振绪的独生女儿,大学毕业后一直投身于兰州女子教育。其他如陈家瑜、马竹轩、刘海珍、刘桂英等人,都是从兰州女子中学毕业,接受了大学教育,再在女中任教。同时,如张全平是教育家黄炎培的长女,丈夫张心一当时是甘肃建设厅厅长,像她这样的非甘肃籍的人士,也为兰州女子教育做出了贡献。

小　结

　　新式教育的勃兴对地方精英的冲击力不容小觑，使这一群体发生分化。那些在科场中仅获得了生员或监生科名的，更积极地接受了新式教育，学成后或致力于学务，或致力于实业，走出了有别于传统地方精英的路子。旧学思想对新一代的知识群体影响日渐式微，在年龄结构上，十几、二十岁的少年已构成了学生的主体。① 但是，我们也必须正视习惯的力量，因为很多人依然是以对待科举的心态来对待新教育的，这可以从众多的学生钟情于法政科得到证明。② 民国时期，为了维持儒学的地位，地方精英慕寿祺作《尊孔论》，他认为"夫孔子之无所不能，可谓之大道德家也，可谓之大政治家也，可谓之大哲学家也，可谓之大格致家也"③。地方人士马福祥认为："今复读其宗孔论一篇，胸次吞云，梦泽笔头涌若耶溪，文既浩瀚识亦超卓。"教育会会长牛载坤认为："其理堂堂正正，其气洒洒洋洋，其光炳炳麟麟，其文疏疏落落。"④ 但是，新教育体制仍然将以经学为基础的儒家的知识摒弃出知识系统，在新知识群体中，儒学的影响日渐式微。而新型学生会的成立和传统的士人结社有了本质的不同，学生会使学生高昂其主体意识，而面对时弊的批评，他们也更为大胆。

---

① 应星：《废科举、兴学堂与中国近代社会的转型》，《战略与管理》1997 年第 2 期。
② 干春松：《制度化儒家及其解体》，中国人民大学出版社 2003 年版，第 238 页。
③ 慕寿祺：《尊孔论》民国刻本，甘肃省图书馆西北地方文献阅览室藏。
④ 同上。

第三章　公共事务中的地方精英

晚清以来，甘肃地方精英在公共事务中一直发挥着重要的作用，民国以后，地方精英仍没有放弃在公共事务中的作为。但是，从传统社会向近代社会转型的甘肃，社会失范，灾害频仍，以政府为主导的救助系统并没有建立。在以济贫救弱为主要内容的慈善救助和医疗救助中，地方精英承担了组织和运行的工作。对治标型救助的不满，促使人们努力寻求各种治本的措施。所谓治本，实际上是在强调他助的同时，突出自助。相对于传统慈善事业侧重于养这一方面而言，民国初时人们即开始关注"工"在慈善救济活动中的积极意义。① 抗战时期的工合运动，不仅仅是开展生产自救，更侧重于其慈善事业的性质。

第一节　常态中的救助事业

民国时期的甘肃，民众普遍处于贫困状态，对于各社会弱势群体的救助十分必要，但是主政甘肃的各派势力均没有建立起慈善事业的常态机制。国民军主政甘肃时，冯玉祥于1927年曾"通令豫陕甘三省各县筹办养老院残废院"②，当时，"豫陕甘三省，因军旅亟兴，设施未遑，对于残老废疾之人，极缺煦护安养之力"③。对

---

① 汪华：《慈惠与规控：近代上海的社会保障与官民互动（1927—1937）》，上海书店出版社2013年版，第50页。
② 冯玉祥：《冯玉祥选集》（中），人民出版社1998年版，第464页。
③ 同上。

于这一群体的救助,由"各县城乡,不乏殷实住户,只在少节酬酢之资,香烛鞭炮之费,即可举拯济衰残之实。其捐输标准,应按照各户所有土地之多寡,分定等差。凡管理在五十亩以上者,令岁输养老暨残废院经费若干;百亩以上者加倍;二百亩以上者更加倍;依次累进增纳,务期于最短时间,使地方因残废失其生活能力之人,及五十岁以上衰残无养者,皆有衣有食有住,以免饿死冻死"①。冯玉祥于1928年在"豫陕甘省府电"②中再次强调创设大规模之苦儿院与大规模之养老院,"此种苦儿院,专收穷苦孩童,其确系穷困,并无家庭,或虽有家庭,而无力教养者,不论男女,一律收容。由院中妥为教养,以期造就。此种养老院,专收年老无靠,年在五十几岁以上,确系贫困无依,而自身精力已衰,不能营谋生活者,不论男女,一律收容,俾有如归之乐,而无冻馁之虞"③。而"每院每月经费,至少开支六千元至一万元。选择勤奋热心,干练廉洁之人,董理其事,认真筹办。最紧要者,办理该院之人,必须用全副精神,努力督饬,万不可存虚应故事之心,稍涉敷衍,以致耗费正疑,毫无实际。事关紧要,应即筹款派员严定赏罚,厘定规则,杜绝冒滥,无或迟延,是为至要"④。但由于种种条件的限制,由官方主导的大规模养老院与孤儿院在甘肃省均未开办,而救助社会弱势群体的慈善事业主要在地方精英以及其他社会团体主导下开展。

一 地方精英主导的慈善事业

为了扶贫济困以及开展其他慈善事业,以刘尔炘为首的地方精英,或创办或继承已有的机构。其经济来源,为地方公产和取之于民的捐献,购置为固定资产或发商生息,而又以其收入用之于民,其基本情况如下。

---

① 冯玉祥:《冯玉祥选集》(中),人民出版社1998年版,第464页。
② 同上书,第487页。
③ 同上。
④ 同上。

1. 陇右乐善书局

清光绪三十一年（1905）由刘尔炘发起捐款，至宣统三年（1911）共得捐款及息金10000两，创办乐善书局。原计划局址在侯府街（今张掖路兰州市政协所在地），由于当时为正本书社所租用，遂设贡元巷。刘尔炘曾以"耐烦"二字向书局同人勖勉，并题句云："遇事一烦，心头火灼，言既招尤，事亦差错；耐之一字，万金良药，任彼纷来，吾神自若；和气怡言，人喜我乐，些些工夫，百事可作。"① 陇右乐善书局"以广印书籍饷遗学子"为宗旨。自筹办以来"因交通不便又值世变纷纭，迁延十余载，培壅基金而外，别无规画，殊绝疚心兹。自己未年起挪用本局常年所入租息，为全陇希社暂办国文讲习所，以立人才教育之基。俟全陇希社有的欸时拨还挪用本局之欸。本局基金无多，自愧不能扩张大业，将来世运承平，交通便利，应如何经营发达以符本局创办之初意，是则后起贤豪之责耳"②。局长要在具有如下资格的人中推荐："曾在学界任事过六年以上有学识经验者，办地方教育有成绩者。"③ 民国十七年（1928），由杨显泽任主管，张维任名誉检查，施周丞、陈泽世、孙炳元、牛厚泽、谈凤鸣、张月华、李兴伯为义务赞襄。民国二十五年（1936）由董健宇任主管直至1949年。④

2. 陇右实业待行社

民国二年（1913），刘尔炘为振兴甘肃实业，曾以统筹甘肃实业办法及章程事致函张季直先生请教，并派人至大生纱厂学习。⑤ 民国四年（1915），创立陇右实业待行社。为何如此命名，刘尔炘表示"振食众生寡之国实业固急务，何以待？为限以地限以时，则不得不

---

① 朱太岩：《兰州"八社"》，《甘肃文史资料选辑》第37辑，甘肃人民出版社1993年版，第92页。
② 刘尔炘：《陇右乐善书局新章》，《社章汇编》，陇右乐善书局1920年刻本，甘肃省图书馆西北地方文献阅览室藏。
③ 同上。
④ 朱太岩：《兰州"八社"》，《甘肃文史资料选辑》第37辑，甘肃人民出版社1993年版，第92页。
⑤ 同上。

待，既待矣将遂无所事事乎？曰否，吾将有事于此以待彼夫"①。其决定先办义仓，"培壅基金以为他日兴办实业之预备"。陇右实业待行社"建社而筑仓其中，计廒二座大小房屋八十九楹，建筑费共七千九百余金。是举也，实导源于宣统己酉办赈之羡金。历年孳息积累而成者也"②。陇右实业待行社"在兰州求古书院即省城试院作为办公场所"③。社中任事名额如下："名誉社长一、社长一、经理员一、社员无定额；书记一、社役一、门夫一、茶房一。"社中任事期限如下："名誉社长六年、社长六年、经理员三年。"名誉社长有"考查账项，商酌要件之责，社长有事故不能任事时得代行其职权"。社长有"用人办事一切之全权"。经理员"专司出入银钱账项及庶务等事"。社员"惟公举社长及有特别要事时得发言"。社长要从有如下资格的人中推荐："曾任荐任以上之职有资望者；前知县以上均属相当资格；在各界任科长科员校长教员过六年以上有学识经验者。"社中仓粮"出入照市升市价公平交易，不得有丝毫弊端，如在事之人犯有实弊，经人指出者由社长认真惩罚"。社中"存储仓粮为数无几，如遇歉收之年只减价粜面以济穷黎，其粜面章程临时定之"。"凡遇平粜时酌夺情形请官厅保护，凡收粮出粮时办事员役由社长酌量酬赠，凡社粮所获之利或随时添建廒舍或置买产业由社长规画之。"社中开支如下："经理员一，月支薪水银十一两；书记一，月支口食银六两；社役一，月支口食银五两；门夫一，月支口食银五两；茶房一，月支口食银五两；茶水，月支银一两。"④ 民国十七年（1928）陇右实业待行社由牛厚泽任主管，魏绍武任名誉检查，王祥符、水梓、李兴伯、陆阶平为义务赞襄。⑤ 民国十九年（1930）水梓多方奔波，筹措开办火柴厂

---

① 刘尔炘：《陇右实业待行社记》，《果斋续集》，《中国西北文献丛书》第173册，兰州古籍书店1990年影印本。
② 同上。
③ 刘尔炘：《陇右实业待行社章程》，《社章汇编》，陇右乐善书局1920年刻本，甘肃省图书馆西北地方文献阅览室藏。
④ 同上。
⑤ 朱太岩：《兰州"八社"》，《甘肃文史资料选辑》第37辑，甘肃人民出版社1993年版，第92页。

事宜，并邀请不少教育界人士入股，于民国二十年（1931）召开首届股东会议，定名"同生火柴股份有限公司"，由水梓任董事长，随即在小西湖陶公祠设厂生产，年产日光牌阳火与月光牌阴火约七百至八百大箱（每箱约7200盒），行销甘肃、青海，深受用户欢迎。该公司为了解决木材来源，在榆中县麻家寺一带建立林场，植树3万余株。同时，采取农副业养林办法，产粮制粉，兼养猪鸭，还横向投资，合作经营烟场、骡脚店等。民国二十二年（1933）陇右实业待行社由水梓任主管直至中华人民共和国成立，并删去"待行"二字，更名陇右实业社。水梓创办了陇右化学实业社，从事制皂、制革、造纸，所产"新新条皂""新新药皂"质地优良，深受兰州人民欢迎。①

3. 五泉图书馆

"清嘉庆二十四年（1819），甘肃布政使屠之申建立五泉书院（今贤后街东口）。民国十一年（1922）刘尔炘于五泉山文昌宫建五泉图书馆。民国十四年（1925）国民军入甘后，迁贤后街五泉书院旧扯。民国十七年（1928）由杨巨川任主管，水梓任名誉检查，廖渭笙、张维、杨显泽、谢仲义、水梓、卢子昭、张绍庭、陈泽世、陆阶平、王致堂、邓隆、施周丞等为义务赞襄。"②

4. 丰黎义仓

"民国九年（1920），甘肃大地震，刘尔炘以地方总绅身份，膺震灾筹赈处之责，办理赈务，除为三十余县发放赈款，为通渭、海原等县修葺城垣外，并在兰州黄河北、东稍门、雷坛开办施粥厂三处，以拯灾民，直至民国十二年（1923）四月赈务始竣。因鉴于此，便在民国十五年（1926）创办了丰黎社仓，并接受陇右实业待行社义仓业务，更名丰黎义仓。民国十七年（1928）由水梓、士烜、李兴伯任主管，杨思任名誉检查，张维、罗子衡、魏绍武、慕寿祺、田成于、王廷翰、赵正卿、秦望莲、车子权、史嘉言、祁樾门、王训庭、

---

① 朱太岩：《实业教育家水梓》，《甘肃文史资料选辑》第43辑，甘肃人民出版社1996年版，第110页。
② 朱太岩：《兰州"八社"》，《甘肃文史资料选辑》第37辑，甘肃人民出版社1993年版，第93页。

王少沂、郑哲侯、邓绍元、谢子明、阎隽卿等为义务赞襄。1929年，甘肃大旱，曾平粜仓粮并开办施粥厂数处，拯救饥民。1931年由王烜、张维、杨沛霖三人任主管直至解放。"①

5. 皋兰同仁局

"一九二七年，由兴文社拨出部分财产，设立同仁施医馆（今兰州城关区医院西侧），为贫寒无告者施医送药，次年更名同仁局，迁延寿巷西口，为贫困无依者施舍医药、棺木。一九二八年由蔺象祖任主管，王烜任名誉检查，彭敬甫、颜鹭亭、李静岑、王松岩、王兰亭、杨沛霖为义务赞襄直至解放。蔺象祖医术精湛，医德高尚，任主管时期一直为人施诊。"②

6. 兰州修学社

"清康熙时成立，归府儒学管辖，保管明肃藩所刻淳化阁帖石刻，后出资拓印，交乐善书局代销。民国成立后，刘尔炘与地方人士倡改'尊孔社'，负责修理孔庙、保管祭器，并置备桌凳、灯彩，整顿礼器、乐器，以供祭祀。后以该社久无活动，财产由乐善书局代管。一九二八年，果斋先生移交社团时，亦未再交专人接管，遂逐渐为人遗忘。"③

为了更好地管理各社事务，订立了《各社通用章程》，社长的推选是"由旧社长提出数人由社员公推，每届期满社中调查合格之社员编成名簿召集到社公推社长"。"旧社长仍能连任，不愿连任者升为名誉社长，其先之名誉社长退。""公推社长时任满之名誉社长有首先被举之资格。"社长举定后"由社员具请书署名书押致之社长，社长乃到社任事举，名誉社长亦然"。名誉社长"有事故远出如为日过久，须另选补充不得悬缺"。经理各员"期满或去或留或另用人或未及期满有事故更换者皆由社长"。进退书记、社役"社长与经理各员商酌定之"。社中任事人"除名誉社长随便调查账项有要事奉请商议

---

① 朱太岩：《兰州"八社"》，《甘肃文史资料选辑》第37辑，甘肃人民出版社1993年版，第93页。
② 同上书，第94页。
③ 同上。

外，自社长以下皆须常到社，经理各员尤须专一勤谨不得兼各界职务，亦不得携带社中账项在家办理"。对于社中各职务的权责规定如下："社中须长年有住宿之人"，"凡收账是社役专责，书记只按籍指催不得假手，有错惟社役是问"。"凡记账是书记专责，经理员只逐日稽核盖戳不得假手，有错惟书记是问。""凡银钱出入是经理专责，社员只随时查考，不得假手，有错惟经理员是问。"①

为了对各社产业进行有效的管理，将不动产"分别列表各立贞石"，并编印成册，"宇宙间化化之机与生生之力常相抵。石有时而烂海有时而枯余尚斤斤焉。以此区区者谓之为不动产可为能达观者乎？虽然未烂而防其烂，未枯而防其枯，是吾儒中庸之道也表之册之广布之"②，以起到公开透明、共同监督的效果。其具体情况可见附录四。

对于账目的管理，"凡收入之款除每月开支外，赢余足五十两之数，由经理员封包于合缝处盖用图章凭折交社长存储，社长不得开封，经理员凭折来取时以原封付之"。"凡账项每年置流水簿一，逐日出入随时登记，每月一总。""凡账项每年置底账簿（俗名老账）一将租户账户及一切出入、分名、分类详细开列，随时逐名逐类从流水簿中一一过入，年终逐名、逐类一一核总。""每年终照底账簿核总之条，按旧管新收开除实在，列为四柱清折，登于本年流水账后是为年总。"对于经费的使用，"凡储存之款逾数百金即置买产业，若一时无产业置买不妨发给殷实商人（仍须以房产红契抵押），此外无论何人即有红契亦不许滥发"。"凡社中公产，如有田地每年所得之品，随时由经理员按市价出售入流水账。"对于社中的各员还有奖惩制度，社长光荣金"随款产本金增减，每增基本金千两增光荣金五两，基本金亏损过五百两以上，即减光荣金十两"。"凡捐款过四两以上者镌名于碑，以表彰之。各社皆有捐款一览表刻入卧碑表后皆有

---

① 刘尔炘：《各社通用章程》，《社章汇编》，陇右乐善书局1920年刻本，甘肃省图书馆西北地方文献阅览室藏。
② 《兴文各社产业一览表》，皋兰兴文社1927年编，甘肃省图书馆西北地方文献阅览室藏。

余地随有随镌。""凡捐款过七十两以上者,除镌碑外另由社呈请官厅按民国章程给奖,不愿邀奖者听。"而对于"侵吞或私挪公款者;不守定章徇私滥放致亏本金者;非意外之变亏损基金过五百两以上者;产业不及时修理之坍塌者;私受租户账户馈送者;社事废弛不能整理者",如果社长犯其中之一,社员得另举代替之;经理员犯左以下,社长得更换之。对于侵吞或私挪公款者,"除另举更换外,议以相当之处罚并追还其侵吞私挪之款"①。

7. 保节堂

对寡妇的救助在传统社会中具有整饬风俗的重要意义,清末"兰州省城曹家巷,有所谓保节堂者,建于清光绪年间,为饶公应祺所创。饶公时官兰州道,故堂之事皆隶道署。其旨则恤嫠也"②。民国建立以后,保节堂日益衰败,"国变以来,省公署主之。历年既久,基金亏蚀,屋宇亦倾败不可居。甲子春铜山陆将军洪涛,兼摄省符,按牍悉其状,悯焉,筹款万元助之。以旧居之不易修复,货而谋其易者"③。当时公推刘尔炘为主管,但刘尔炘以年老不愿承,推荐王烜,"烜不敏,然又不敢告劳,爰为觅地,得一宅于山字石,有屋二十七楹,适如旧堂数,而价仅一千三百二十金,乃购而重葺之。辟堂后隙地,东西增舍宇六,南北增行廊二,洞其中堂,以通出入,界其中庭,以别内外,起其门闾,以壮观瞻。复室颓檐,危阶破壁,凡宜整饬者,无不整饬之。共用白镪一千二百数十两,而规模略备焉。夫兹堂之建,月廪孀妇,若其子女不过三四十人,其于慈善也,亦微焉耳。然使末流薄俗,犹知节义之可钦,于世风不为无关也。用书颠末,以告来兹,冀勿坏"④。堂中妇女是否出堂,也是很人性化的,当时堂中某节妇老家来人要接她回去另行成亲,

---

① 刘尔炘:《各社通用章程》,《社章汇编》,陇右乐善书局1920年刻本,甘肃省图书馆西北地方文献阅览室藏。
② 王烜著,邓明校点:《兰州保节堂改建记》,《存庐文录》卷2,《王烜诗文集》(内部使用),甘肃省人大办公厅印刷厂1997年印刷。
③ 同上。
④ 同上。

立即出堂。约在 1943 年,有一姓宋节妇,其子已十七八岁了,有了工作,一个女儿也出嫁了,生活有了依靠,就要求出堂。当时,这家人没有住房,保节堂就将堂内靠老城墙的夹道中的三间破房子暂借给他们住。并从东墙上另开一个门,将原通向堂内的门封闭,以便与堂分开。①

二 其他社会团体所主持的慈善事业

1. 救世新教会

救世新教会原称悟善社,全国许多地方都有,但是互无关系,当时北京悟善社也不是总社。北京社的领导人主要有北洋政府的要员钱能训、陆宋舆、江朝宗等。民国十五年(1926)北京悟善社改称救世新教会,接着许多地方相继改了名称并以北京的教会为总会。改名后总会负责人是江朝宗,称"教统"。成立分会的除甘肃之外,还有天津和云南。甘肃的称"救世新教会甘肃分会"。抗日时期,北京沦陷,甘肃分会遂与总会关系断绝,于是改称"甘肃救世新教会"。县城立支会的只有成县和陇西两地。早先加入甘肃悟善社的多系政界人士,如洪延祺、张文泉、白酌三、恩湛亭、邓隆等人。当时洪延祺任社长,白酌三、恩湛亭任副社长。改名后,领导人对外称理事长,对内称"督教"。初任督教的是洪延祺,副督教是陈能治和邓隆。未几,洪延祺去世,陈能治离甘,邓隆继任为督教,贺笑尘为副督教。1927 年,邓隆去职,郭玉成(山东人)继任。1940 年贺笑尘继任为督教,吴锦堂为副督教并兼事部部长,一直到 1947 年,才由张义敷继任督教。

甘肃分会的会员在国民军时期为最多,共有三百多人。其中国民军军政人员加入不少。国民军离甘以后,会员则以商界人占大多数。会员每人每年缴纳会费五角到一元,并在每年春秋二季全体会员聚会两次。一次祭吕祖诞辰(农历四月十四日),一次是吕祖成道日子(农历九月九日)。在会上祭吕祖聚餐时随意捐献。以这些捐献作为

---

① 王潜源:《我的父亲王烜》,内部发行,2001 年印刷,第 3 页。

日常事务和办慈善事业的开支，不对外募捐。①

办理慈善事业是救世新教会的一项重要活动，当然它讲慈善是从迷信的动机出发，认为作善可以降祥，但是在某些方面也起了一定的救济灾民的作用。甘肃分会经常举办的慈善活动是为贫民施舍寒衣、棺材、医药（曾用一千元的资金开了一个药房）等。1929年西北大旱，灾民遍野，兰州街头，哀鸿嗷嗷，饿莩载道，饿死的人无法葬埋，抛在万人坑里，分会在这一年曾办过粥厂，救济灾民。当时贺笑尘任西北银行营业主任，因为银行营业情况好，贺笑尘每年能分几千元，就提取了一部分款，由分会在南关设了仁济永面铺，专给安定门内外的军服厂女工平价供应面粉。以后情况越来越紧张，粮价不断上涨，但是当时粮店存粮还很多，贺笑尘买了五十石麦子，河州发生了马仲英事变，粮价飞涨，面铺几乎没有存粮了。贺笑尘又请西北银行姬行长向建设厅厅长杨慕时请求，希望允许分会直接从青海买些麦子，继续维持面铺。杨慕时请示省主席刘郁芬后，刘郁芬致电给青海省主席孙连仲，请允许分会从青海买粮，分会买的粮与军粮事同一体。孙连仲答应了以后，贺同"太元涌"的经理谢厚斋商量，将"太元涌"的茶、布运到青海贩卖作为粮款。粮运到之后，分会就在兰州南关、庙滩子、东关三处卖面，每处每天卖两千斤，只卖给贫民。当时灾情越趋严重，灾民怕自己的孩子饿死，在富户门外弃子，以便别人收养，更有绝望的灾民将孩子往黄河里抛，分会发现这种情况后，就派人沿河守望劝阻。抛在住户门口无人收养的孩子，分会派人前后收养了一百二十多个，设了一个育婴院。经抚育后成活了八十多个。灾荒过后，通知其家属领去，或者派人送去。公家设的粥厂停后，有些灾民还是无法生活，分会买了三百个水桶，发给灾民挑水卖，水钱归己维持生活，但灾民还是蜂拥入城，街上还经常发现饿死的人。分会查悉，夏田未收以前，有两千多灾民还是不能回乡。但距夏收还有两个多月，于是分会决定在金天观舍两月的饭，以救饥民。

---

① 贺笑尘：《救世新教会甘肃分会纪略》，《甘肃文史资料选辑》第13辑，甘肃人民出版社1982年版，第33—34页。

这两千多人中又陆续死了六百多人，分会又前后给死者三百副棺材。

1929年春季，大雨后，贺笑尘到城外闲游，一个老农望天叹息，贺笑尘问他，"雨下好了吧？"他说："下好了又怎样，没有种籽。"因为要帮助农民解决种子问题，贺拿出五千元，又向有关商号借款，共凑了五万元，借给农民买种子抢墒播种。秋收后收款时，少了三千元，由贺一人负担了。1949年以后，救世新教会分会还存在，由张华亭任理事长，李克生任副理事长。后因会员星散，会务无形停顿。①

2. 同善社

同善社于1917年在北京正式成立组织，由姚济苍出面，向北洋政府申请立案，当时提出的宗旨是"讲求身心性命之学，提高道德，端正人心"，经北洋政府批准立案，但还不是总社。1920年，汉口成立了同善总社，取名"合一会"，计划将各省的同善社合起来。后来姚济苍将北京的同善社改称总社，北方各省的同善社遂公认北京的组织为总社，无形中与汉口的合一会脱离关系。

兰州有同善社的组织是在1920年，湖南人卢敏慎到兰州，计划成立甘肃同善社。他向当时的甘肃督军兼省长陆洪涛提出后，陆洪涛积极支持，并带头入社，就在兰州南关一家盐店里设了佛堂，成立了组织，正式挂出了"甘肃同善社"的牌子。一些趋炎附势的官僚政客，为了接近"陆大帅"作为进身之阶，都争先恐后地入了道。各县县知事为了讨好陆洪涛，纷纷成立了各县分社。因此，当陆洪涛在甘肃当权的这个时期，甘肃同善社盛极一时，在兰州的道徒不下数百人。岷县、河州（临夏）、狄道（临洮）、徽县、成县、礼县等约二十几县里都有分社。陆洪涛离甘后，1925年国民军冯玉祥部入甘，形势遂起了变化。国民军军官多信仰基督教，而有些国民军人员又曾加入悟善社，所以同善社虽没有被正式取缔，但国民军对之不免抱着敌视的态度，盛极一时的同善社渐趋于消沉，活动逐渐停止了。南关的佛堂关闭了，佛像、家具用品都寄存在道友唐吉武（湖南人，当时

---

① 贺笑尘：《救世新教会甘肃分会纪略》，《甘肃文史资料选辑》第13辑，甘肃人民出版社1982年版，第36—38页。

任中等学校的音乐教员）家中。国民军离甘之后，该社又趋活跃。1933年，以前清监生出身、曾在甘肃当过县长和省政府秘书长的广西人廖元佶为首，加上榆中张绍庭（曾任五泉图书馆主管），靖远王介夫，湖南唐吉武，徽县王希古等共同提倡，正式恢复了同善社的组织，并公推廖元佶、王希古二人到北京，在帅子胡同四号同善社总社谒见了负责人姚济苍，由姚进升廖元佶为"顶航"，王希古为"保恩"。从此甘肃同善社和北京总社又挂上了钩。但是这一次恢复之后，声势远不及初成立时，经常在兰州的道友不过几十人。当时在兰州官升巷（今大众巷）借用了道友的一所房子，设了"积善针灸馆"，将佛堂也从廖元佶家里移到此处。外县的分社也恢复了几处，不过没有初起多。1944年，廖元佶去世之后，由马仁山（宁夏吴忠堡商人，有"马善人"之称）代为负责。那时候与北京消息隔绝，马没有什么名望。1949年后，甘肃同善社即停止活动，而针灸馆一直到1958年才停办。①

3. 红卍字会

红卍字会在清光绪末年发源于山东滨县，后迁济南，并创建道院，逐年扩充，规模渐大。其初系军政界退休者和各界研究佛学人士，捐资建修道院，聚集各方信徒，佑佛诵经，主张"道以行慈，慈以卫道"。其意是办道必先行慈，非慈无以卫道。因此始有卍字会之设立。兰州红卍字会创办于1939年，成立时在兰州口袋巷，随后三迁地址，先柏道路法云寺（即现在柏道路小学），后广武路车姓院（现石油工业办事处），最后迁到井儿街重新寺。②

兰州红卍字会会章以促进世界和平、救济灾患为宗旨，纯为办理慈善事业团体，无政治背景。会为理事制，设理事长、副理事长各一人，监事二至三人，常务理事三至四人，理事数十人。下设总务、储计、防灾、救济、慈业、交际六股，每股设主任、副主任各一人，干

---

① 高涵九：《甘肃同善社始末》，《甘肃文史资料选辑》第8辑，甘肃人民出版社1980年版，第255页。

② 魏绍武：《兰州红卍字会》，《甘肃文史资料选辑》第13辑，甘肃人民出版社1982年版，第27页。

事各若干人。会员须品行端正，平日无劣迹及其他不良嗜好，经本会三人以上之介绍，方许入会。月纳会金一元至二元，遇有灾情开会筹集救济金时，可自愿、量力捐助。① 兹将兰州红卍字会经办之事列下：

(1) 慈育小学

为救济兰州市贫民失学子弟，于1943年秋创办了慈育小学，桌凳等用品由会员捐助。开学初魏绍武暂兼任校长，教员除会员赵玉衡、蒲克仁外，从会外又聘到二三人，收学生八十余名。慈育小学不收学费，课本、笔墨、纸张均由学校发给。至1945年因学生增多将迁校址于重新寺，至1946年学生又增，将四年级以上学生分为第一部，迁于广武路车姓院，一、二、三年级为第二部，仍留重新寺，两部学生渐次增加到二百余名。九年中前后任校长的有：刘弁生、郑元济、马守义、门兰庭、蒋文丞、于崇英六人。任教员的有十八人，教育局不时派员来校视察，认为办理合格，曾传令嘉奖。为筹募学校经费曾函请省内外著名书画家贡献墨宝，举办书画展览，曾邀请豫剧团来兰义演一次，秦腔剧团义演两次。1947年冬，魏绍武还赴省外募捐一次，至1948年无法筹措，请汽车公会理事长郑益民协助维持了一段时间。

(2) 战时难民收容所

1938年至1939年，由河南等地逃难来兰州的共四五百人，流浪郊外、街头，兰州红卍字会急电红卍字会总会筹议办法，由盐务局局长陈纪铨协助，成立了战时难民收容所。人事方面，由红卍字会负责，救济金由盐务局义务慈善捐项下拨付，指定由魏绍武兼任收容所所长，盐务局佟泽光兼副所长，郎风山任会计员，议定由盐局每月拨付金两千七百元。陆续收入难民计四百八九十人，分住于法云寺及柏道楼庙院，分为东、西两院。还住不下的难民，在中山林开辟窑洞数处（即现在自由路车站附近）一一安插，对难民计口授食，其初大口每人每日发面一斤半，小口一斤。由1939年起供应到1942年下半

---

① 魏绍武：《兰州红卍字会》，《甘肃文史资料选辑》第13辑，甘肃人民出版社1982年版，第28页。

年止。在此四年期间，因国民党法币贬值，供应难民的粮食陆续减少。又在柏道楼南院设立了难民习艺工厂，选年轻精壮者在厂习艺，其他难民逐渐自谋生活，不少人去拉人力车。①

(3) 难民习艺工厂

为使难民习艺维生，因设工厂，由盐务局再拨开办费三千元，作修建工棚、购置设备与原材料之用，又在原拨两千七百元内，提出四百元作厂内经常开支，即在柏道楼南院以东建修工棚九间。厂内共设四科，即栽毡科、纺织科、毛编科、制鞋科。随后以厂中产品所得利金将工棚重予扩建，并在该院南修建职员办公室及宿舍十余间，又为难民修住房十余间，后因柏道楼北院国民党八战区通讯排失火，厂房、工具、原料大受损失。1945年，盐务局停止拨款，难民亦陆续自谋生活，工厂遂停办。木器等移存重新寺者，被学生利用，余因无人管理，均散失。②

(4) 救济队

红卍字会救济队按会章规定系临时组织，其队长队员为义务职，事前必须填具志愿书，誓为救护伤亡服务，遇有不幸，与会无涉，在1941年及1942年日本飞机大举轰炸兰州时，兰州红卍字会及时组织了救济队，推定队长、副队长，队员二十人，担架十副，并置备医疗药品器具等。1941年10月，兰州东关、南关及官驿后、中山林一带被敌机轰炸最烈时，救济队即全部出动，为抗日救国出力。某夜在中山林有山西卢氏被炸伤极重，初尚有气息，经救济队用担架抬至安全处，准备俟天明即抬送他家，但历时不久即气绝，手腕尚有金镯一只，李队长收好于抬送尸体时，同时将金镯交其家属照收，并取收据交会。在当时若非救济队，则东西定被坏人劫去。救济队还调查被炸毁房屋或贫寒缺衣少食者，亦尽力予以救济。③

---

① 魏绍武:《兰州红卍字会》,《甘肃文史资料选辑》第13辑,甘肃人民出版社1982年版,第29页。

② 同上。

③ 同上书,第30页。

(5) 施舍棺木与掩埋露骨

兰州红卍字会自成立至1951年结束，施舍棺木约在一百具以上。至于掩埋露骨，则派员四出调查随时办理。又在本市河北盐场堡西山麓，置义地一段，以备无坟地贫民之需。

(6) 施放赈济

1944年陇东海原、华亭两县，因遭自然灾害，农田歉收，兰州红卍字会曾捐筹赈款一万余元，派李文阁携款赴灾区赈济。①

4. 兰州慈幼院

兰州慈幼院，是一所社会福利单位，设在桥门外西侧的一座破庙里。庙宇有前、后两院，房屋数十间，它背靠城墙，面临黄河，离铁桥南端不及百米，颇为幽雅清静。1939年秋，郑州失守，日寇进逼洛阳，国民党为了不使将要沦陷地区的学龄儿童落入日寇之手，遂将偃师、洛阳一带的小学生西迁。兰州慈幼院的院长叫石清，因无固定经费来源，靠募捐办院，所以生活非常艰苦，衣被都是学生自己带来的，睡的是地铺，在神台上铺些麦草，两人搭伙盖一条被子。慈幼院虽然名义上是收容难童，但实际上是所完整的小学校，每日按时作息，出操、上课。②

第二节　医疗卫生领域的作为

民国时期，甘肃灾害频发，伤寒、霍乱、天花、麻疹等各种传染病连年流行，造成了大量人民死亡。教会的医疗传教和南京国民政府在甘肃确立的一系列现代医疗系统，受到了地方精英的欢迎。在中医面对西医的冲击时，地方精英也多有赞襄，甘肃中医界空前联合。而甘肃的医师群体尤其是中医与地方精英联系紧密，在地方医疗救助中发挥了重要的作用。

---

① 魏绍武：《兰州红卍字会》，《甘肃文史资料选辑》第13辑，甘肃人民出版社1982年版，第31页。
② 逯志超：《简记解放前的兰州慈幼院》，《甘肃文史资料选辑》第37辑，甘肃人民出版社1993年版，第95页。

一 对西医的接受

近代中国，随着东西文化交流，现代西方卫生防疫观念逐渐为国人所接受，其中最明显的信号就是1905年清政府于巡警部警保司内设卫生科，"卫生"一词第一次出现在我国政府机关的名称里。[①] 国民军主政甘肃时，冯玉祥于1928年1月19日曾"通令豫陕甘各在省城筹设平民医院"[②]，其时甘肃"民生凋敝，致对民众卫生，素鲜讲求。是以恶疫流行，无法制止；人民死亡，日见其多"[③]。因此令"省政府，迅即先就省城，筹办平民医院一所，遴选贤员，限期筹备成立。每月经费，暂定三千元。务要延致良医，购备良药，俾患病者，医药便利，得遂其生。其贫苦者，并得免费就医，以符国家设官为民之至意，是为至要"[④]。此后，冯玉祥于1928年3月9日再次"令豫陕甘省府电"[⑤]，对于妇女卫生"查育生送死之道，关系人口滋减及公共卫生，至为重大。我国于育生送死，素不讲求。妇女生育，因不谙接生看护之术，每致母子俱亡"[⑥]。对于此种情况，"关于接生事，可先在开封、西安、兰州三处，从速聘请专门产医生，设立大规模之接生传习所，由各县选送贫寒妇女三名，入所学习，以三月为期。继续办理，周而复始"[⑦]。但由于种种条件的限制，平民医院和接生传习所在甘肃省均未开办。甘肃根本谈不上有政府主办的医疗卫生事业，西医方面首先由教会开展。

1. 教会医院概况

内地会在甘肃的传教活动开始于1876年，主要是旅行布道，并没有建立永久的传教中心。开启甘肃医疗传教事业的是内地会，兰州

[①] 张泰山：《民国时期的传染病与社会：以传染病防治与公共卫生建设为中心》，社会科学文献出版社2008年版，第158页。
[②] 冯玉祥：《冯玉祥选集》（中），人民出版社1998年版，第478页。
[③] 同上。
[④] 同上。
[⑤] 同上书，第507页。
[⑥] 同上。
[⑦] 同上。

被视为医疗布道工作的战略中心,从 1904 年以来,开办一个诊所,由于主持的外籍医生回国,1911 年以后诊所不得不关闭。1914 年内地会金品三医生于 7 月 1 日重开了诊所。诊所病人当中,还有一名有名望的穆斯林官员的儿子,金品三将这个孩子从鬼门关救回来,这件事情让穆斯林对他有了好感。

1914 年年初,内地会计划在兰州建立一所医院以纪念博德恩,1914 年年底医院的地址被确定,建设医院的工作随之展开。医院的基础建设主要在 1915 年至 1917 年进行。到 1918 年 4 月,医院基建全面完成。

在 1918 年 4 月 9 日这个博德恩逝世五周年的日子,博德恩纪念医院举行了正式开张典礼。当时甘肃省的头面人物如督军张广建、将军、警察局局长、教育厅厅长以及兰州城内各清真寺的代表等前来参加,督军张广建和将军分别赠送了"活活泼泼"和"荣归真主"的匾额。医院坐落在黄河北岸,故当地又称河北福音医院。

为了兰州城内人们医疗方便(因博德恩纪念医院在兰州城北门郊外,路途较远,为此医生们经常组织医学生轮流前往五泉山等地做医疗布道工作),他们用甘肃督军和商人捐献的金钱在兰州城内建立一个诊疗所。为了对麻风病人特别是藏族和回族麻风病人开展特殊治疗(肉体和灵魂两方面),他们在麻风会的支持下在兰州建立了麻风病医院(或称麻风病人之家),在博德恩纪念医院旁边单独建了麻风病房和诊所;并在河州地方官员答应提供一块土地后,计划在麻风会的支持下在河州为成百上千的麻风病人建立"麻风病人村"。

到 1928 年甘肃分为甘宁青三省之后,博德恩纪念医院并不因此而将自己的服务范围缩小,仍兼顾着宁夏、青海的医疗布道工作,并在青海建立了圣光医院。①

近代甘肃天灾人祸不断,博德恩纪念医院与当地政府或者赈灾组

---

① 刘继华:《中国内地会在甘肃医疗传教事业的兴起——兰州博德恩纪念医院的建立与发展研究》,王希隆主编《历史文化探研——兰州大学历史文化学院专门史论文集》,甘肃民族出版社 2009 年版,第 524 页。

织合作，在这些灾难中提供了医疗等赈济服务。1916年甘肃临潭爆发了肺炎瘟疫。巴乐德医生与医院三名医学生在甘肃督军张广建支持下，与当地政府和宣道会合作，成立抗灾必需品办事处，封锁各个路口以免灾情扩大，将临潭分成数个区域以专人负责专区来掌握灾情，同时派人掩埋尸体、救治病人，并消除传教士挖眼掏心的谣言，将这场瘟疫迅速控制并扑灭。1920年12月16日甘肃发生大地震，巴乐德医生接到地方官的邀请，经过七天路程，到静宁拯救受伤灾民。1927年至1930年，地震、战争、灾荒、伤寒传染病等灾难在甘肃发生，博德恩纪念医院的医生们都全身心地投入救灾当中，泰勒仁应邀加入红十字会拯救伤兵；安乐欢及医院其他人员一起给灾民分发食品，治理伤寒传染病，安乐欢因染上伤寒而去世；李瑞思和高金城则协助中国国际救济委员会委员安献今开展赈灾活动。①

对于麻风病这一传染病，博德恩纪念医院则专设病房，收容麻风病人，进行长期医治。为了治疗患者，博德恩纪念医院争取到麻风会的资金支持，成为西北唯一一所接受和治疗麻风病人的医院。博德恩纪念医院对于这些弱势群体的关注虽然带有强烈的传教目的，但毕竟给这些无助的病人带来实际利益，为他们减轻疾病之苦，重新恢复健康提供了机会。博德恩纪念医院每年住院的麻风病人约有五十名，少的时候为三十多名，多的时候有七十多名。到1937年，博德恩纪念医院在过去二十年左右的时间里一共收容了大约二百五十名麻风病人。②

对于鸦片烟毒，博德恩纪念医院设立了专门的鸦片病房，为鸦片瘾君子提供两周的医疗服务，帮助他们戒除毒瘾。福陇医院为了"服务社会解除吸烟同胞之困苦起见，特设戒烟部"，"乃由上海专聘名医杨其鑫来兰，并附带戒烟药品，遂在本院内附设戒烟部，业已筹备就绪"。"凡有志来院戒烟者须有相当负责之介绍人，须先由医师检验许可方准入院。"戒烟医药住院费计分三等，"一等大洋伍拾元、

---

① 刘继华：《中国内地会在甘肃医疗传教事业的兴起——兰州博德恩纪念医院的建立与发展研究》，王希隆主编《历史文化探研——兰州大学历史文化学院专门史论文集》，甘肃民族出版社2009年版，第526页。
② 同上书，第525页。

二等大洋叁拾五元。三等大洋贰拾五元","其缴纳等次须按戒烟人烟瘾之大小与年份之深浅临时酌定"。住院者之饭食每日三餐"由本院供给日缴大洋五角,如愿自备者听便"。"戒烟药丸系采用中西药料,由科学化验方法配制而成,毫无掺杂毒质在内,其服药量数及时间须遵从医师之指导不得任意参差增减。"为了保证治疗效果,"住院戒烟者每日由医师检查三次,如或觉有他项药品须按以报告医师随时予以调理。住院戒烟者除吞服药丸外或须另用注射等项药品须按规定规定药资另外计算"。对于凡有友人介绍来院戒烟确系赤贫无力者,"得免药资仍须酌收住院费"。凡住院戒烟者需要遵守医院的规定,"非经药师许可不得自由出入","倘有中途私行出外或购服他项代替品及有不正当行为者,一经查出,立刻交由原介绍人带领出院已缴各费概不退还"。"本院规定每晨七时起床晚十时熄灯安睡,凡住院人须一律遵守。""凡住院戒烟人有亲友看视,须由门丁报告医师检查许可方准领人。""住院戒烟人购买物品须经医师检查后方准送入",住院戒烟者经医师确认为完全戒断"得由本院出给证明书由医师签名盖章交付收执俾资证明"①。

兰州天主教堂是民国初年成立的,地址在畅家巷东头(现东方红广场西侧),并于1929年在天主堂院内办起了一所"公教医院"。这个医院由于地方的局限,起初规模不大。民国十八年(1929),在教友的捐助下,小沟头大教堂动工兴建,1932年竣工,兰州天主教堂全部搬迁新址,原教堂则移交慈爱会办公教医院,业务才有了发展。医护人员由原来的一二十人,扩大到二十人左右,设有内科、外科等科室,有化验室、药房、X光室、手术室、住院部等;设有病床一百张左右。三四十年代,兰州地区医药卫生落后,医院很少,群众无处诊治,当时医院门诊真可谓应接不暇,业务繁忙,住院部也是如此。②

---

① 《甘肃省民政厅档案》,甘肃省档案馆藏,全宗号:15,目录号:16,案卷号:147。
② 张本笃:《兰州公教医院情况点滴》,《兰州文史资料选辑》第1辑,中国人民政治协商会议甘肃省兰州市委员会文史资料研究委员会编内部发行,第178—179页。

兰州天主教内的组织"圣家会",于抗战时期在双城门(即现在的中山路)什字西南端办了一个诊疗所,所长是中国修女牛玛丽,共有医护人员四五人,做一般的门诊治疗。另外,天主教"圣神会"的修女,于民国初年创办"公教医院"的同时在兰州道升巷办了一所诊疗所,第一个负责人是德国人尚修女,她在兰州时间较长,直至中华人民共和国成立仍在兰州。诊所的规模和双城门基本一样,也有医护人员五六人,从事一般的门诊业务。[①]

西北卫生疗养院,地址在五泉西路兰州二十七中学对面(现兰州市妇幼保健院)。1931年上海中华基督复临安息日会总会派美国籍牧师艾培来兰州成立兰州分会,1933年总会调来沈阳卫生疗养院院长、丹麦籍人文慕天大夫来兰筹建卫生疗养院,翌年成立该院,院长为文慕天。经费由总会拨给一半,一半由当地分会向社会人士募捐。有门诊、住院处,设有内、外科及化验、调剂、手术、供应、X光室等部门。每日门诊百人次,住院病床三十多张,分三等收费,二元、一元、七角,并提供饮食。医生及司药多为外国人,抗日战争胜利前,少数外国人回国。中国大夫有王志昌、李树华、杨廷芳、贾维辅、陈光华、郝次天等,先后由王志昌、莫克尧、朱鸿仪、李树华任院长。[②]

福陇医院,地址在兰州水北门齐鲁会馆内(现永昌路北段),成立于1932年,创办人是开封医学堂毕业的河南省襄城县人高金城医师。他是一名基督徒,为了造福陇原,解除病人痛苦而筹建该院并任院长,只设门诊。至1937年年初,国民党地方政府,以"高金城散布对时局不满言论"为名,借口其未登记注册,关闭医院。1937年8月高金城又去张掖县开设福音医院。当时高的夫人牟玉光为助产士,曾在仓门巷(现武都路中段)开设助产事务所。高在张掖执业时,受八路军驻兰办事处的委托,利用自己的社会地位和人事关

[①] 张本笃:《兰州公教医院情况点滴》,《兰州文史资料选辑》第1辑,中国人民政治协商会议甘肃省兰州市委员会文史资料研究委员会编内部发行,第180页。

[②] 王致廉:《建国前兰州中西医药概况》,《兰州文史资料选辑》第13辑,兰州大学出版社1992年版,第115页。

系，为营救红军西路军失散和被俘将士做了大量工作，为此被马家军阀暗杀。①

1924年天水天主教公教医院建立，"开创了天水西药治病的先声"。法来善主教先后从德国聘来医学博士杜回春、奥地利医学博士邓玉池、震旦大学医学博士徐袠和、东北籍留日医学博士刘云青、奥地利籍医师彭钟英、德意志籍医师蒲肋纳等，一时人才济济，实力雄厚。该医院有当时比较先进的医疗设备，各种常规器械、普通手术器械齐全。②

传教士医院的先进组织模式以及为了患者不惜牺牲自我的医疗理念，使得人们对西医逐渐有了认同感。1934年6月5日，甘肃省立第一中学学生王仁贤，因患喉癌，前往兰州天主堂医院诊治，但救治无效身亡。对此有人提出这样的观点："该生是否由打针而死，本系何病？病已至何种程度，所打者何种药水？一经考究，便可水落石出，可不必先事研究。但是兰州市上，必有益加怀疑西医究不妥当的论调发生，期影响所及，必有许多中医无办法，而西医能治的病，也不给西医诊治，间接的又将坑死若干人。其实这是这一个`洋医生个人学术问题，或竟是病已不起的事实，决不可因此抹煞一切。天热了，时疫的权威又要高涨了，疾病是谁都免不了的，请大家辨明这一点。"王仁贤的死是由于医生诊疗，还是由于本身病情严重，具体原因很难分析。但不能因此而排斥西医，这一观点代表了当时一部分人的态度。③

博德恩纪念医院的传教活动，受到了甘肃省会警察局的监督。其英籍传教士白约翰携眷前往青海传道的事宜，便由第六分局局长马兆梁呈甘肃省政府民政厅厅长及甘肃省会警察局局长马志超。④

---

① 王致廉：《建国前兰州中西医药概况》，《兰州文史资料选辑》第13辑，兰州大学出版社1992年版，第115页。

② 尚季芳：《亦有仁义：近代西方来华传教士与西北地区的医疗卫生事业》，《西北师大学报》（社会科学版）2011年第3期。

③ 同上。

④ 《甘肃省会警察局档案》，甘肃省档案馆藏，全宗号：10，目录号：1，案卷号：134。

2. 公共卫生事业的发展

首先，建立了统一的医疗卫生行政管理机构。"卫生建设事业，关系民族健康，至深且钜。际此复兴民族之会，尤应积极建设公共卫生事业，增进民族健康，树立强国之基，斯乃全国上下一致公认为刻不容缓之要务。"[1]"惟是公共卫生建设事业，需费颇巨，在本省财政状况之下，力有未逮。"[2]"全国经济委员会当开发西北之始，即将卫生建设事业，列为要政之一，特设西北卫生组于西安，以为统筹西北四省卫生事业之中枢。1934年6月，西北卫生组主任姚寻源率一部分工作人员来甘，着手筹备。"[3]

1934年6月，甘肃省卫生实验处在全国经济委员会协助下成立，直隶于甘肃省政府，掌管全省卫生事务。该处主要任务为：筹建各县卫生院；招聘各级医务人员和培训初级卫生人员；推行防疫工作，预防本省危害严重的传染病和地方病；推行各种保健工作，如妇女卫生、学校卫生等；筹建卫生器材厂等项业务。

在筹建各县卫生院方面：1939年8月至1944年5月，在甘肃省各主要县和传染病流行严重的地区，以及少数民族地区，先后成立了县卫生院，计有皋兰、天水、临洮、武威、张掖、酒泉、敦煌、夏河、黑错（合作）、靖远、庆阳、岷县，武都、秦安、陇西、成县、徽县、民乐、民勤、固原、永登等县卫生院。此外，平凉、定西由原公路局卫生站兼县卫生院工作。其中天水、临洮县卫生院，于1940年由卫生署和省卫生处拨款建成，并设病床十到二十张，接收住院病人。各县卫生院的建立，对烈性传染病，开始有了防治措施，对地方病也有了治疗对策，使省内各县区严重缺医少药的局面有了某些改变。1939年起，在没有卫生院的各县，曾推广白喉、天花预防接种；在岷县等地推行食盐加碘措施，以防甲状腺肿大等症。

其次，是建立和扩充公立医疗机构。1930年，甘肃省府投资

---

[1] 《甘肃省卫生实验处第一期总报告》，甘肃省卫生实验处1936年编印，甘肃省图书馆西北地方文献室阅览室藏。

[2] 同上。

[3] 同上。

1500元，聘请谢刚杰创办了中山医院，各种人事安排、设备和治疗预防工作都开展得不错，受到社会各界赞扬。但1932年孙蔚如军进驻兰州，将其军医处设在该医院内，从而扰乱了该院的正常秩序，且该军医处撤走时将医院设备劫掠一空。

1936年甘肃省立医院成立，直属于甘肃省卫生实验处，政府要人和地方精英十分关注，纷纷题词。于学忠题"医国医民"；朱绍良题"西北曙光"；戴愧生题"术师元化、民健国强"；诚允敬题"宏开大厦、济世热肠、术精欧美、福造雍凉；仁心仁政、民寿民康、征骖献颂、载誉无疆"；马鹤天题"西北福音"；邓宝珊题"保健康宁"；汪震题"甘肃民众健康的保障者"；凌子惟题"健康有赖"；翁燕翼题"民族福星"；甘肃省政府委员兼民政厅厅长刘广沛题"解除疾苦"；田炯锦题"春到陇头"；许显时题"解除疾苦"；路邦道题"良医良相"；水梓题"同登寿域"；裴建准题"挽弱为强"；黄正山题"除民疾苦"；蔡仲题"造福社会"；曾友豪、曹文焕题"健康民族"；省禁烟委员会题"共登春台"；顾祖德题"仁术回春"。

再次，医学教育得到了发展。1933年由于连年战乱，民生凋零，各种流行疾病蔓延，缺医少药已到十分严重的程度。宋子安向当时任甘肃学院院长的邓春膏建议，在该院增设医学专修科以造就医学人才。该提议得到了邓春膏和邓宝珊的赞同，由邓宝珊函诸国民党中央委员张继帮助，国民党中央拨发开办费两万元，从此开始了甘肃医学教育的雏形。学院任命宋子安为医科主任，他向北平大学校长兼医科大学校长的徐诵明先生呼吁，请他代拟各科设备、仪器购置计划，徐诵明以宋子安为该校毕业生中首办医学教育者，故慨然应允。宋子安又召集各科主任会议，反复讨论，以少花钱、多购仪器为原则，仪器由各科轮流应用。当时有个不成文的规定，即对订货人可付20%的回扣，他们又反复利用回扣，最后竟用两万元购买了两万五千元的仪器。又派学院事务长朱铭心，去南京教育部请免了关税；交通部免了由上海到河南陕州的运费，至于由陕州到兰州运费则在中山医院经费中支付，为医科的建立节省了一大笔经费。

在教授聘请方面，先由北平大学校长徐诵明介绍了王景槐、刘蔚森，以后又陆续请了王兰亭、李兴祯、陈克兴、杨作华、张在寿、王增堂、刘奋昌、袁志毅、袁绍仪、洪百岑等人任教。还有一部分专门课程请由享受教育部补助的教授张查理、于光元等人担任，或由中山医院的医师和西北卫生专员杨永年、西北防疫处的袁绍钦等人临时代课。当时在校外聘请代课教授，每小时按五元付酬。宋子安作为医科主任，每月仅有津贴六十元。就这样在艰难困苦的条件下创立了医科，并促进了其进一步发展。[①]

1931年以前，甘肃的西医私人诊疗所不多，抗日战争时期逐渐增加，截至中华人民共和国成立前夕，有五十多所。为了团结同人，交流医疗技术，组织学术活动，并为了谋求共同利益，1942年组织成立了同业公会，所有开业西医和三个教会医院医师均成为该会为会员。公会每年举行会员大会一次，选举理事会成员，处理会务。理事中推选理事长一人，主持日常事务。该会成立至1949年的九年中，赵献文、储晋芳、刘毅民三人先后被选为理事长，其中赵献文任过七届。会址设在理事长诊疗所。[②]

二 坚守中医的阵地

南京国民政府成立后，整顿医疗行业再一次提到政府的日程上。在第一届中央卫生委员会会议上，医师的登记问题成为讨论热点。经过讨论，会议最后通过了关于中西医限制登记的决议。此决议实际上是限制中医并促进西医的加速发展，对于中医界来说，这一议案无异于吹响废止中医的号角。在西医数量相当有限，广大民众的医疗主要依靠中医的情况下限制或废止中医，显然是不合情理的，国民政府内不少政要也明确表示不赞同这一决议。地方精英牛载坤一向热心中医事业，眼看甘肃中医界在与西医争夺医疗卫生领域话语权时备受冲

---

① 宋子安：《对甘肃最早从事西医人员的回顾》，《兰州文史资料选辑》总13辑，兰州大学出版社1992年版，第93—94页。

② 王致廉：《建国前兰州中西医药概况》，《兰州文史资料选辑》总13辑，兰州大学出版社1992年版，第116页。

击,于是他挺身而出,带领甘肃省中医界人士一起推动了中医药界的空前联合。

1. 中医药界的联合

牛载坤一向热心中医事业,他结识了名中医施今墨先生,相谈甚欢。牛载坤欣赏"不为良相,必为良医"的古训,拜施今墨为师,抽暇学医,并让其大侄牛孝威从施学医,并学有所成。除中医外,牛载坤对制造疫苗、种牛痘、兽医种种,都感兴趣,认为在西北地方大有用处,曾亲自去参观学习解剖、研究病理。① 1930 年国民政府颁布了《中央国医馆组织条例》,称中医为国医。1931 年 3 月 17 日,中央国医馆在南京成立。牛载坤与中央国医馆馆长焦易堂相识,焦易堂想在甘肃成立国医分馆,嘱托牛载坤筹备。同年下半年,牛载坤多方奔走,成立了"中央国医馆甘肃省分馆",地址在兰州市东大街天齐庙内。该馆设馆长、副馆长负责总管。下设中医研究室、药物研究室,附设门诊部,并设有药房、医师、药工、职工十三人。经费在省财政项下拨给。牛载坤任第一任馆长,柯与参任副馆长兼秘书,牛孝威任药研室主任。1935 年 7 月,牛载坤去职,柯与参任馆长,牛孝威、王仲英任副馆长。②

甘肃省国医分馆成立后,为了争取官方阵地,试图在卫生行政管理中取得一席之地,馆长柯与参于 1936 年 8 月 11 日向甘肃省政府呈文,呈文中称:"查本省国药商号及执行业务之中医,向以管理不良,误人性命者,所在皆是。本年元月二十二日中医条例,虽经国府公布,但本省情形特殊,政令所及,每难彻底遵行。当兹复兴民族,建设农村之时,举国上下,咸注目于民众健康,于关系民命之医药,倘不力谋改良,则不惟于政府之功令有违,抑且于保障人类之原则不符。本馆有见及此,谨缮拟管理国药商及中医暂行条例各一份,中医考试委员会规则一份,一并具文呈请赏钧府电鉴俯准

---

① 牛宏:《牛厚泽先生事略》,《甘肃文史资料选辑》第 27 辑,甘肃人民出版社 1987 年版,第 92 页。

② 周勋青:《解放前后兰州中医概况》,《甘肃文史资料选辑》第 27 辑,甘肃人民出版社 1987 年版,第 198 页。

公布，以便办理。实为公便！"① 在《甘肃省国医分馆管理中医暂行条例》中，阐明"本馆为保障人民健康，促进学术发达，激励研究兴趣，取缔不良医生起见，特定管理条例"。"在中央未颁布中医医师法规前，所有关于中医之一切事务得依据条例管理之。"② 其管理职责为："本馆为全省中医管理之总管机关，办理全省中医事项，各国医支馆或各县县政府，为分主管机关，秉承本馆命令，办理各该县中医事项。"③ 在中医行医方面，也有具体的规定："中医之诊金规定之后，不得任意抬高或减低及无故拒绝应诊，其处拟之药方，应缮写于已规定之处方笺上，所有字迹药量，须用毛笔正楷，不得潦草，致生差误。"④ 在中医资格的认定上，该馆拟定了《甘肃省国医分馆中医考试委员会规则》，在权责上规定："在考试中医期间，省设甘肃省中医考试委员会，受本馆之指导监督，办理全省中医考试事宜，各县及县中医考试委员会，受省中医考试委员会及各分主管机关（县政府或国医支馆）之指挥监督，主持各该县中医考试事宜。"⑤ 在中医考试委员会组织上规定"馆长及医学主任为当然委员，并以馆长为委员长；省政府主管科长一人；省会公安局主管科长一人；领有行医执照三年以上及富有中医学识经验之医师三人"⑥。在管理国药商方面，该馆拟定《甘肃省国医分馆管理国药商暂行条例》，在其总则中规定："凡以国产药物营业者，为国药商，除遵守当地主管官署（公安局所或卫生机关）规定之普通各项营业规程外，均依本条例之规定办理之。本条例专指国产各药之批发门售及制药或调剂而言，若小本贩卖或设摊零售者，不在此限，其规

---

① 《甘肃省国医分馆呈甘肃省政府事字第82号》，甘肃省档案馆藏，全宗号：5，目录号：5，案卷号：302。
② 《甘肃省国医分馆管理中医暂行条例》，甘肃省档案馆藏，全宗号：5，目录号：5，案卷号：302。
③ 同上。
④ 同上。
⑤ 《甘肃省国医分馆中医考试委员会规则》，甘肃省档案馆藏，全宗号：5，目录号：5，案卷号：302。
⑥ 同上。

则另定之。本馆为全省国药商管理之总主管机关，各县县政府或国医支馆为主管机关，其对外行文，均以本馆名义行之。凡营国产药物之商号，其药品之性状品质制法，须适合于新旧本草纲目之规定，如系外国所产而为本草纲目所无者，其制法性味，均以外国药典为依据，不得变更。凡营各种国药之药商，不得兼售西药，但其药虽产自外国而向系供国药之用者，不在此限。"① 凡发售成药之广告单及附加于容器包装纸之记载也有规定，不得有"涉及猥亵或壮阳、种子之文字及图画；暗示避孕或堕胎等之语句；虚伪夸张及以他人名义保证效能，使人易生误解之记载；暗示医疗之无效，或含有讥谤医者之词意；用量不当之指示"②。省政府在收到呈文后，省政府法制室主任曲培书于1936年8月18日回复认为甘肃省国医分馆"宗旨以采用科学方式整理国医国药，改良疗病及制药方法为范围，其期权仅限于研究医术，改进国医，以辅助本省卫生行政之推行，至关于中医暨国药商管理，及中医考试，均属行政职权，应由中央及地方行政机关办理，现行中医条例业有明文规定，且本省中医营业之取缔，业经甘肃省会公安局制定中医营业暂行规则，于二十三年七月二十日呈准本府核准施行在案，切实施行，对于取缔庸医，保护康健，亦可奏效，若更由学术团体越权代谋，法律事实均感不便，是否有当？"③ 最后由甘肃省政府于民国二十五年八月二十五日指令甘肃省国医分馆其权限在于研究学术，不得开展卫生行政工作。④ 尽管如此，甘肃省国医分馆的成立在疾病防治、保护人民健康和继承发扬祖国医学遗产等方面，做出了一定成绩。当时馆内医师还有权爱棠、何恒山、陈范卿、甘惠廷、杨芩轩等参加门诊，只收挂号费，免收诊费。贫苦患者施舍药剂。定期开展中医学术讨论、

---

① 《甘肃省国医分馆管理国药商暂行条例》，甘肃省档案馆藏，全宗号：5，目录号：5，案卷号：302。

② 同上。

③ 《甘肃省政府法制室签呈法字第二十五号》，甘肃省档案馆藏，全宗号：5，目录号：5，案卷号：302。

④ 《甘肃省政府指令甘肃省国医分馆指令民三未字第3237号》，甘肃省档案馆藏，全宗号：5，目录号：5，案卷号：302。

疑难病症研究等活动。①

甘肃省国医分馆为了更好地研究学术，附设国医研究会，该会设于兰州东大街甘肃国医分馆内，其宗旨为以科学方法研究国医药学术，其目的在养成科学化之国医药专门人才。"具有国医药学根底者；行医三年以上著有成绩者；具文学科学之根底而于国医药学术有兴趣者；西医欲研究国医药学术者"②，且有会员二人之介绍填具愿书及履历经审查合格者可为会员。国医研究会主要讨论医药问题。据1933年11月12日甘肃国医分馆附设国医研究会第二次研究会议记录记载，柯与参、裴芷山、牛孝威、金少涵、叶熏南、罗希陶、寥谷方、蒋觉生、李震初、丁炯辰、赵灵山、张培楧、秦景伊、张子合、高凤翰、黎科仁、孙雨丞、黄希平、赵文煜参与了讨论。"叶会员动议醉经临证见有对太阳症用桂枝引起赤痢病者，究系何故？金会员解答：太阳与阴明相近，痢疾属阳明症，桂枝治太阳病不愈传于阳明，故成热痢。主席解答：患此病者必素有胃肠疾患，桂枝为增进剂并富刺激性，肠壁微血管因受刺激而发炎而破裂，故有赤痢现象。"③ 会议安排的学术讲演是由裴芷山讲人体生理学。

从前兰州的中药店有一传统陋习，抓药不配生姜（生姜是重要药引），生姜归杂货菜铺出售。开药店如果半夜有人打门抓药，是义不容辞地要给开门抓药。而杂货菜铺则办不到，民众很感不便，牛载坤深知此一陋习，有次开了药方，去药店抓药，问伙计说："给不给抓生姜？"伙计说"我们不卖生姜，自古以来，都是如此！"牛载坤对该药店经理说："生姜是中药，《本草纲目》上有，你们如果坚持陋规不改，国医馆将申请取缔你们营业。"这样，硬是把药店不卖生姜的习惯革除了。④

---

① 周勋青：《解放前后兰州中医概况》，《甘肃文史资料选辑》第27辑，甘肃人民出版社1987年版，第198页。

② 《甘肃省国医分馆附设国医研究会章程》，《国医月刊》第1期，甘肃国民印刷局1933年版，甘肃省图书馆藏。

③ 同上。

④ 牛宏：《牛厚泽先生事略》，《甘肃文史资料选辑》第27辑，甘肃人民出版社1987年版，第94页。

第三章　公共事务中的地方精英　141

　　为了增强中医的团结，交流学术经验，不断提高诊疗技术水平，1937年5月，由王仲英医师等发起，组成了"兰州市中医师公会"。地址设在原东大街火神庙内，该会系学术性的同业群众组织，在兰州执行中医师业务的，均可入会为会员。经费由会员会费收支。每年召开会员大会一次，改选理事会，互相会晤，广泛交流学术经验。①

　　期刊是重要的舆论工具，甘肃中医界也用这一现代手段来扩大影响。《国医月刊》于1933年1月正式发刊，名中医柯与参在《发刊词》中写道："饮食、衣着、医药、居住，为人生四供养，疾居其一。盖苦莫过于罹病，哀莫大于夭亡。"②他指出中西医其实各有所长，中西医也多存有门户之见，"故同一西医，而有德、日、英、美之分，同一中医，而有经方、时方、南派、北派之异。其中各派，又多分歧，或主补脾，或主滋阴，举一废百，各行其是，壁垒森严，凛不可犯"③。而中医在治疗方面确有其效，"民国初年，上海流行白喉，服养阴清肺汤多死，恽铁樵视之，高热无汗恶寒，以为合于《伤寒论》之太阳证，又以烦渴喘咳，乃主用麻杏甘石汤，试之于其襁褓中之令爱而愈，继试于外人求诊者亦愈，乃倡言白喉当表。此外，陆仲安以黄芪治糖尿，庞性存以苍耳膏治麻风，天厨味精厂因化验山药，知其有减少尿蛋白之功效"④。而中医针灸术操作简便，"无论治若干人，不需一文药费，且具施治直捷、祛疾神速之效，实有非药物所可比拟者。盖针刺所以刺激神经，兴奋神经，促进血液之循环，增强内脏之功能，排除神经之障碍，从而恢复其常态"⑤。而中西医因为其发展历史不同，其对病理看法各异，但也有互通之处，中医"因医著述，汗牛充栋，即才智优异之士，犹毕生不能尽其学，且其内容，极为庞杂，名词术语，类多抽象，脏腑含义，亦多与近世生理学

---

①　周勋青：《解放前后兰州中医概况》，《甘肃文史资料选辑》第27辑，甘肃人民出版社1987年版，第199页。
②　柯与参：《发刊词》，《国医月刊》第1期，甘肃国民印刷局1933年版，甘肃省图书馆藏。
③　同上。
④　同上。
⑤　同上。

不同，学者苟无师承，欲专凭自力，泛览其中，犹如即沙觅金，入雾寻人，求有所得，难乎其难。方今科学发达，词尚系统，病以类分，急宜从事，如旧说外感内伤诸证，翻可以生理之消化、呼吸、循环、神经、淋巴诸系统，生殖、内分泌诸器官归纳之"①。柯与参强调《国医月刊》的出版宗旨是："愿与全国医界同志，共策进行，并望举国上下，多方赞助，使吾国心物一元之医术，普及全球，则万国人民，生得尽其天年，殁亦无所遗憾，非独我国家日臻富强，群众同登仁寿者也。"②

2. 中医教育的发展

民国时期的甘肃，没有公立的中医学校来培养中医人才。中医的来源，由老中医收带徒弟，传授医术，或医者父教子学，有志者业余函授自学，学成报考。经国民政府考试院委托省教育厅（后由省考铨处执掌）组织考试，将考试及格者转请考试院发给中医师及格证书，并由本人检具及格证书申请中央内政部换发中医师证书。再向当地省政府申请颁给中医师开业执照，方能获准执行中医业务。中医师获准应诊后，有的临街设立诊所；有的在中药铺坐堂诊病；有的在家接待病人；也有巡回下乡医病和联合开诊所的，这些都是私人医疗的一些情况。③

中医学的继承和发扬，如仅靠老中医个人带徒传授，毕竟势单力薄。柯与参指出："国医学术不振，固由在上者不加提倡，而业医人士，自私其术，亦最大原因。此辈或遇传授，或工揣摩，偶有所得，辄自秘藏，家人父子，尚不相告，出而公世，尤属难能。"④而与之对比，西方医学"发展则甚速，固由政府之鼓励培养，实亦研究者能不小私，其有心得者，必发于著述，版权可以裕生活，效方可以得令

---

① 柯与参：《发刊词》，《国医月刊》第1期，甘肃国民印刷局1933年版，甘肃省图书馆藏。
② 同上。
③ 周勋青：《解放前后兰州中医概况》，《甘肃文史资料选辑》第27辑，甘肃人民出版社1987年版，第198页。
④ 柯与参：《发刊词》，《国医月刊》第1期，甘肃国民印刷局1933年版，甘肃省图书馆藏。

闻，自利利他，范围极广，寝馈斯道，何乐不为"①。王仲英医师等有鉴于此，为了多培养些中医人才，于1946年7月自筹经费，发起创办了甘肃当时唯一的一所培养中医的学校，定名为"兰山中医夜校"，王仲英任校长，李子质任教务主任。校址在上东关白衣寺内（现庆阳路小学），招收有志于中医者参加学习，期限定为一年，每晚上课两小时，课程有"中医基础""中药"及诊断等，先后两期，毕业学员七十人。1949年改为全日制学校，命名为"兰山中医学校"，招收学生四十名，凡具有初中以上文化程度，有志于中医工作者，均可报考，学制三年。课程有中医科、伤寒论、内经、中药、诊断、内科、外科、妇科、儿科等。西医课有：生理解剖、病理学、细菌学、诊断、内科、眼科、药物等。中医教师有王仲英、尚坦之（1949年后任省新医药研究室副主任医师）、于有五（原光华国医学社社长）、刘兴元、李子质（兰州中医学校主任医师）等人。西医教师有马馥庭、邹本宝、曾传之（兰州医学院教授）等人。经费自筹募捐。②

王仲英于1938年春在兰州市东大街会馆巷（现张掖路东段）因陋就简，创办了"兰州国医院"，邀约于有五、李子质、苏抱诚、王星五等中医师参加应诊。并组织同道进行中医学术研究。虽限于条件未设住院部，但对患者也起到有效医治的作用。③

20世纪40年代中期，为了解决中医后继乏人问题，兰州一些热心中医事业人士先后创办了一些国医学社及针灸馆。

光华国医学社附设西北国医专科学校（函授）。1942年年冬，中医师干有五、姜集云等人在兰州市水北门（现永昌路北端）创办光华国医学社附设西北国医专科函授学校，一面应诊，一面招收学生办

---

① 柯与参：《发刊词》，《国医月刊》第1期，甘肃国民印刷局1933年版，甘肃省图书馆藏。

② 周勋青：《解放前后兰州中医概况》，《甘肃文史资料选辑》第27辑，甘肃人民出版社1987年版，第200页。

③ 王致廉：《兰州中医选介》，《甘肃文史资料选辑》第27辑，甘肃人民出版社1987年版，第222页。

理函授教学，以后迁至南府街（现金塔巷）。

1947年年冬，中医师马凤图、王致廉等人创办了兰州健民国医研究学社，设在兰州市白云观内，一面设立诊所应诊，一面招生，推荐中医中药书刊，介绍学习方法，并函授指导学习。

1940年高涵九、罗彦若合办了积善针灸馆，设在官升巷内（现大众巷），一面应诊，同时收带徒弟，传授技术，先后出师并由卫生厅考试及格执业的计有周勋青、曾寿臣、田凤珍等多人。甘肃最早的共产党人张一悟曾在该馆的掩护下做党的地下工作。[①]

三 民国甘肃的医师群体

民国时期甘肃随着医疗卫生事业的发展出现了医师群体，其群体包含有中医和西医。西医多半具有医学院背景，是具有专业化知识的新群体。中医由于历史的渊源和地方精英在知识背景上更为相似，相互之间的交往也更多。在由地方精英所主导的医疗救助中，中医和西医都发挥着重要的作用。

1. 西医群体的来源

甘肃的西医大多有医学院的背景，民国时期的甘肃在经济文化上仍处于落后的地位。民国初期，甘肃本省没有理工科、医科大学，学生只能去外省求学，由于学生学业程度普遍较差，考上大学的比例不高。

甘肃较早从事西医工作的如宋子安，甘谷县人，于1922年考入北京医学专科学校学医。

赵生荣，又名春圃，固原县人。因在地方反对贪官污吏遭追捕，于1918年逃离家乡，考入北京医科专门学校。1923年毕业后，曾在北京天坛中央防疫处进修血清处理一年。1925年，应绥远都统马福祥之聘，在归绥（现包头市）创办了陆军医院。马调职后他也回到了家乡，在固原办县立医院，为甘肃县设医院的创始人。他曾将个人

---

① 周勋青：《解放前后兰州中医概况》，《甘肃文史资料选辑》第27辑，甘肃人民出版社1987年版，第201页。

的显微镜捐赠给医院。其在卫生事业上的作为受到省卫生处和地方各界的称赞。

董云济，又名季高，天水人。与赵生荣同班毕业。毕业后应甘肃省督军兼省长陆洪涛的参谋长魏鸿发之聘，在兰州东教场创办陆军医院，并附设军医教练所。冯玉祥五原誓师后因扩充队伍急需医药人才，电令将教练所学制四年制改作一年肄业，将董云济调北京办理中原医院。

李世祯，又名克生，是国立医科大学的第一班毕业生。1937年曾任甘肃学院医科生理学教授。后因参加了民盟组织，受到特务监视，在兰州民众教育馆内开设诊所用以掩护。

李世栋，是李世祯的胞弟，毕业后在兰州中央医院专攻外科。

宋雅，又名仲容，甘谷县人。1937年由江苏省南通医科大学毕业，创办成县卫生院。以后调任临洮县卫生院院长、兰州助产学校校长等职。

宋云瑜，甘谷县人，先在南通大学医学院学医，1941年转入西北医学院学习并毕业。

艾朴，甘谷县人。1931年考入南通大学医学院学医，1936年东渡日本继续学医。日本侵华战争开始后被遣送回国，转入西北医学院毕业。曾任临洮、靖远等县的卫生院院长和兰州市卫生事务所所长等职。

陈德博，兰州人。南京中央政治大学边疆学院卫生科毕业，1940年甘肃卫生处成立时即开始从事医务工作。

陆玉安，榆中县人。南京中央政治大学边疆学院卫生科毕业，在甘肃省卫生实验处工作，并进行地方病的调查研究和防治。

马智常，女，甘肃庄浪县人。1931年在北京协和医院所属医科第一班毕业，后又在北京助产学校继续学习并毕业，是甘肃妇女中第一个在北京学医的人员。

甄晓，又名载明，天水人。李文化，又名教五。黄居中，又名振华。三人均在董季高所办军医教练所毕业。北京的兽医学校向甘肃招收学生三名，宋子安推荐他们三人去学习，毕业后甄晓去西北种畜场任场长。后转到甘肃学院担任秘书,抗战时期又往榆林工作。

李万森,又名少泉,皋兰县人。1923年毕业于北京医学专门学校,后在中央防疫处进修细菌学一年,由于学有成效,自己在归绥行医,未回甘肃。

沈克敏,北京大学医学院毕业,先后任兰州中央医院医师、宝天铁路医院院长。

高风翰,后名苇州,临洮人。北平大学医学院毕业,曾在宝天铁路医院任医师。①

2. 中医群体

民国时期,甘肃中医界名医辈出,治绩彰显。中医的学习需要阅读大量的传统医学典籍,而由儒入医也不乏其人。因而中医大都有旧学背景,这和地方精英的文化背景类似,双方的交往较多。

王仲英(1907—1986),名士杰,甘肃兰州人。其父王海舟精于中医内、妇、儿诸科,他幼承家训,立志学医,在兰州国文专修馆(相当于高级中学)毕业后,于1933年考入北平华北国医学院深造,承蒙中医大师施今墨教诲指点,至1937年7月毕业悬壶应诊外,受聘任中央国医馆甘肃省分馆副馆长。曾任兰州市中医师公会、甘肃省中医师公会理事长,兰山中医学校校长等职。②

宁普桥(1877—1954),山西闻喜县人,清末拔贡。因家业医,遂承袭家技,研习中医学术,对中医经典著作,领会颇深。获得辨证论治的精髓和妙用,处方用药,辄中病情;诊断切脉,疗效显著。于1915年前后,来兰悬壶行医。由于用药经常出奇制胜,受医界同人推崇。③ 宁普桥学识渊博,素重医德,常以"戒贪"二字为铭,劝导后学。他说:"医者必须慈悲为怀,治病救人,扶危济倾为守则;决

---

① 宋子安:《对甘肃最早从事西医人员的回顾》,《兰州文史资料选辑》总13辑,兰州大学出版社1992年版,第96—97页。

② 王致廉:《兰州中医选介》,《甘肃文史资料选辑》第27辑,甘肃人民出版社1987年版,第222页。

③ 《建国前后兰州部分名老中医传略》,《兰州文史资料选辑》总13辑,兰州大学出版社1992年版,第66页。

不能乘人命之危急，作渔利之机会，以损医德而违背古圣医诫。"对贫困患者，施诊舍药，资助路费，从不吝惜。其座右铭为："医穷志不穷，甘心落寒名。医术本小技，道德是吾宗。"其行医做人的高风亮节，堪为后世从医为利之金鉴。①

马凤图（1886—1973），字健翊，河北省沧县孟村杨石桥人，回族。自幼就读私塾，后立志学医，跟随舅父名中医吴懋堂学习中医中药、针灸。后考入天津北洋法商专门学校，在校参加了孙中山先生领导的同盟会，任燕支部负责人。并创办地下组织"中华武士会"，亲任会长兼总教习，组织会员练武强身，参加革命。毕业后，即投身革命，1924年11月5日，参加鹿钟麟将军驱逐清朝末代皇帝（溥仪）退出故宫的壮举。后又镇守西北边防，随军西征至青海、甘肃，历任军部军法处长、行政长、观察使、县知事、民政厅长等职。1937年，辞退军、政职务，受聘于国立西北师范学院任教。之后定居兰州，悬壶行医为业。精于内、妇、儿科，临床屡起沉疴疑难病症。马凤图医德高尚，医风正派，对患者不论富贵贫贱，一视同仁，有求必应，有请必到，诊费不计。遇有贫苦患者，免费诊疗，并施舍药费。诊病不论轻重，细心诊治，一丝不苟，用药机动灵活，疗效显著，殊受患者爱戴。为了振兴中医，培养人才，曾与王致廉等大夫筹办"兰州健民国医研究学社"，亲任董事长。②

甘惠廷（1900—1977），名维哲，以字行，世居甘肃省皋兰县石洞乡蔡家河村，早年在家乡私塾就学，1925年在甘肃省立甲种工业学校毕业后，立志学医，乃随其三叔名中医甘子明学，后又拜名中医关子廉为师。并进一步攻读《内经》《难经》《伤寒论》《金匮要略》《神农本草经》，旁及成无忌、李东垣、叶天士、徐灵胎、陈修园、黄元御、喻喜言、王清任等医家著作，并随师临证侍诊抄方，尽得其传，学业大进。经中医师考试及格，在兰州行医获得卓著声誉。曾任

---

① 《建国前后兰州部分名老中医传略》，《兰州文史资料选辑》总13辑，兰州大学出版社1992年版，第67页。

② 同上。

中央国医馆甘肃省分馆中医研究室主任、副馆长。① 甘惠廷以为中医和西医，由于各自所处的历史条件和自然社会环境的不同，形成了两种理论体系，但都是研究防治疾病的科学，服务目的和对象是一致的，而且二者都治愈了不少疾病。在中医辨病、辨证的基础上，学习西医辨病之长。他常与西医大夫会诊，进行学术讨论，从而治愈了一些疑难病症。②

苗天辅（1908—1983），河北省魏县人。嗣承家学，致力于中医学术研究。在其家悬壶业医的言传身教、耳濡目染的实践下，对中医学、药物学、医理研究和临床诊断，颇有造诣，成就卓著。1937年抗日战争全面爆发后，家乡不宁，他生活困难，遂以行医为生，辗转山西、西安、宝鸡。并参加西安中医学会。1947年，多遭坎坷，来到兰州，仍以行医为生。③

裴慎（1917—1989），字慎之，甘肃省武山县洛门镇裴家庄人。父绍俭氏，县之名儒，亦名医也。裴慎幼承庭训，勤奋好学，仅数年之间，医名鹊起。1937年春，裴慎专程赴南京拜江南名医欧阳予重为师，侍诊学习。复拜江苏射水余无言为师，专攻伤寒。旋因抗日烽火遍及江南，不得不辍学西归，先后在西安、天水、平凉等地行医。④

裴慎深受余无言中西医结合学术观点影响。曾谓"任何一种民族医学，如果不及时吸收同时代先进之精华为我所用，它就不能得到长足发展甚至被时代淘汰"。裴慎认为：中医对疾病的宏观认识达到了西医难以比拟的程度，但是中医对疾病内在细微变化却认识不足，这正是中医自身存在的重要缺陷，也正是中医应该吸收西医精华的前提。基于这一观点，中西医结合正可相互取长补短，从而使中医得到

---

① 王致廉：《兰州中医选介》，《甘肃文史资料选辑》第27辑，甘肃人民出版社1987年版，第213页。
② 《建国前后兰州部分名老中医传略》，《兰州文史资料选辑》总13辑，兰州大学出版社1992年版，第76页。
③ 同上书，第88页。
④ 黄庆诚：《一代名医裴慎之》，《甘肃文史资料选辑》第43辑，甘肃人民出版社1996年版，第224页。

发展。在中医教育方面，裴慎认为现行中医院校的教学内容应增加现代科学部分。① 在近代医家中，裴慎最推崇唐宗海、王清任、张锡纯、余无言四人，每谓此四人"师古而不泥古，勇于革新，大胆创见，终成一代名医"②。

刘模，其父刘曰宽平素好文究医，于1911年筹资与刘模在敦煌创"万寿堂"药店（现沙州饭店附近）悬壶于市，为民疗疾。刘模秉承庭训、刻苦攻读，长于内伤、杂病。1938年同鲁杰赴酒泉参加中医考试，获准医师资格。③

鲁维汉，湖北荆州人，清末来敦煌创办牛痘局，赈济贫民。他善治时疫，于民国初年任医官，推进了地方中医药事业之发展。其子鲁杰，深得父传，长于妇科、儿科。1922年其父年老，医药界公推鲁杰接任医官。④

张明义，字健潭，祖籍武威，祖父张生瑞，字肇祥，来敦煌行医，名噪乡里，曾获"功侔良相"匾额。父名不详，师承父业，青出于蓝，乡民又赠"医士无双"之匾，赞两位名医。传至张明义堪称医宗三代，不愧诗礼门弟。张明义创"益寿堂"于张爷庙东侧（现博物馆），长于外科、儿科，受诊者络绎不绝。于外科则内外兼治，薰洗并重，疗效颇重，乡人以"三世医宗"匾联赠悬。教子传徒，不遗余力。唯一传弟子吴相荣，独得其秘，学有师承，熟读《伤寒心法要诀》，精研炼丹之术，善治杨梅大疮、翻花疮（即今之皮肤癌）、瘰疬鼠疮、久不收口（类似结核瘘管骨髓）等症，名噪一时，惜因保守失传。张明义子继祖承父业，恪守岐黄之术。⑤

张启兴，敦煌人，坐堂于德兴隆药店，对外感时疫之诊治，得心

---

① 黄庆诚：《一代名医裴慎之》，《甘肃文史资料选辑》第43辑，甘肃人民出版社1996年版，第225—226页。
② 同上书，第227页。
③ 何畏：《解放前敦煌的医药概况》，《甘肃文史资料选辑》第44辑，甘肃人民出版社1996年版，第245页。
④ 同上。
⑤ 同上书，第245—246页。

应手，人称"张伤寒"。其子张明山随父习医，而立之年即小有名气。①

甘肃中医中有不少旧学基础深厚的，如关文清（1871—1949），字子廉，永登县野泉村人。1890 年成秀才，1893 年廪生。关文清甘以良医为己志，少年时受教于兰州名举人、名医学家、经学家牟继先书馆，从事经学、医学专著学习，以天资聪颖、勤学好问为牟先生所器重。牟曾以联语"三才天地人"问之于关，文清则答以"六脉寸关尺"相对，对仗贴切。牟赞之曰："孺子功名前程尚难预料，今后必以名医问世无疑也。"遂嘱其专读医学而勉之，讲授《本草纲目》《伤寒论》《金匮要略》《内经》及金元四大家著作，并增以李士材三书、陆九芝《世补斋医书》、陈修园七十二种、李东垣《脾胃论》等书。关文清复于同科秀才、皋兰县名医甘子明拜师深造。在甘子明担任甘肃省医药局长时，关文清应聘为副局长，相互切磋，为研讨讲解医学、治病救人做了大量工作和有益的贡献。②

关文清常以"治愈病人为行医天职，若怀私念，不是为医的行动准则"为座右铭，先以中医外科问世，潜心研究外科疑难杂症，继攻内科、妇科。甘肃督军陆洪涛母亲有病，经多方医治，未能奏效，关文清以妇人以血为本，血赖气行，气血调和，则五脏安和的原理，以疏肝、健脾气，经脉疏通法数次诊治，立起沉疴。陆洪涛感激之余，委关文清出仕县令，被婉言谢辞，为人所敬佩。邓宝珊将军夫人崔锦琴得病，经关文清治愈。关文清所培育的人才有甘惠廷及其子甘文源，家传有子关奇平，侄子关鹤天，侄外孙杨正瀛等。③

柯与参（1903—1978），甘肃省宁县九岘岳木川姜家台人。自幼聪明好学，十七岁时，考入甘肃省立第一师范学校，因学业成绩优异，校长杨汉公以女许之。夫妻恩爱情深，结婚二年其妻病逝。痛心

---

① 何畏：《解放前敦煌的医药概况》，《甘肃文史资料选辑》第 44 辑，甘肃人民出版社 1996 年版，第 246 页。
② 《建国前后兰州部分名老中医传略》，《兰州文史资料选辑》总 13 辑，兰州大学出版社 1992 年版，第 64 页。
③ 同上书，第 65—66 页。

之余，弃儒学医，努力攻读研究《内经》《伤寒论》《金匮要略》《温病条辨》《神农本草经》等中医学术经典，并赴南京、苏州、上海、杭州、北平等地求教于名中医恽铁樵、施今墨诸人，获益甚丰。1930年，开始在兰州行医，1933年任中央国医馆甘肃分馆馆长。柯与参医术不存门户之见，善与西医合作，熔各家学说于一炉。他本着"万卷虽多必择要，一方有效即穷源"的宗旨，擅长治疗妇科、儿科和消化道疾病。兰州地区著名儿科良药"健儿素"，即其处方配制而成。①

吕郁哉（1891—1985），名法文，以字行，甘肃兰州市人。幼承家训，早年上私塾读四书五经，后入甘肃陆军小学堂、甘肃高等巡警学堂读书。毕业后，先后在甘肃两湖小学堂、甘肃回教小学堂任教员，兼任《甘肃新陇月报》编辑，《甘肃民国日报》副刊《自由之花》记者，经常与《兰州市志稿》编者李孔昭等人写稿倡议自由、民主，宣传科学知识。后去南京、上海，投师名中医陆渊雷、余云岫门下学习医学，经名师心传口授和个人刻苦钻研，学成返兰，悬壶业医。嗣后又去武威、酒泉等地，应聘在武威中学、酒泉中学、肃州师范担任教员兼校医，课余还施诊。②

牛孝威（1904—1960），名敦，字孝威，甘肃省康乐县八松庄人，早年在县城私塾、小学读书，后来兰州在省立一中上学，毕业后，考中南京晓庄学院医学部攻读中医，其间曾拜名中医施今墨、陆渊雷为师。毕业后来兰悬壶医诊。曾任中央国医馆甘肃分馆中医研究室主任、副馆长、馆长，考试院高考中医师兰州考区委员等职。

牛孝威曾与名西医师赵献文相互切磋学问，研讨中西医学术。他对施今墨提出的"统一病名表"很赞同。他认为疾病的概念，由于中、西医是两个理论体系，所以是截然不同的。西医所称的病，是取决于物理和实验诊断等；而中医的病名，是在以望、闻、问、切四诊

---

① 《建国前后兰州部分名老中医传略》，《兰州文史资料选辑》总13辑，兰州大学出版社1992年版，第82—83页。

② 王致廉：《兰州中医选介》，《甘肃文史资料选辑》第27辑，甘肃人民出版社1987年版，第228页。

所获得的资料上诊断的，也就是根据疾病反映的宏观症候进行辨病，两者似相矛盾，实则相辅相成。正因为两者对疾病的认识和分类方法不同，所以中医与西医在辨病的基础上统一起来，才会找到一条结合的新途径：疾病的内部微观变化，一定会通过宏观方面的现象反映出来，即所谓"有诸内必形于外"。因此，一种疾病，不但可以借助现代科学仪器去认识其微观方面的特性，也可运用中医学的理论和方法去总结它所反映的宏观方面的症候特点。基于这种认识，他在运用中医辨病、辨证论治的同时，多次借鉴西医的理论和检查，以期更准确地诊断和治疗，从而收到了很好的疗效。①

董静庵（1901—1973），甘肃省广河县人。在临洮县新添铺开设中药铺为业，遂借机学习中医。后以经营不善，药铺亏空倒闭，遂赴武威谋生，但对中医学的研究终不间断，后又辗转兰州行医。②

金云峰（1900—1977），北京人。刻苦自学《内经》《难经》《伤寒论》《金匮要略》和《神农本草经》等经典著作。1936年在兰州考取中医合格证书后，即开诊行医。在应诊中，深受中医外科名医姜集云的影响，在中医外科理论、技术及外科药物炼制等方面进步很快。③

高涵九（1901—1964），祖籍甘肃省榆中县。少年时期在家乡私塾读书，在省立一中毕业后，考入宁夏银川同善社创办的针灸传习所学习，学成来兰，于1940年在兰州官升巷（现为大众巷）借用同善社道友一所房子开设了"积善针灸馆"，从事中医针灸。他认为行医以治病救人为天职，因此将诊所取名为"积善针灸馆"。他对来诊者一视同仁，对贫苦患者一律免收诊费。他在针灸医学上，造诣很深，对循经络定位、取穴、配穴、运针、艾灸诸法，均有独到之处。他的针术熟练到可以用双手同时进针，直、斜、横、旁、倒刺，运用自

---

① 王致廉：《兰州中医选介》，《甘肃文史资料选辑》第27辑，甘肃人民出版社1987年版，第219页。

② 《建国前后兰州部分名老中医传略》，《兰州文史资料选辑》总13辑，兰州大学出版社1992年版，第79页。

③ 同上书，第77页。

如，针灸技术达到了炉火纯青的地步。他在大量临床实践中体会到，针灸方法简便，疗效显著，治病广泛，乐为广大患者所接受，尤其是在一些慢性痼疾，如退行性病变和功能性病变的治疗中，更加显示出强大的作用。①

高维仑（1879—1941），字海峰，甘肃省永定县人。他熟读经书，对《黄帝内经》爱不释手，遂立济世活人之志。在永登县城最大的药店太和堂当"相公"（即伙计）。后闭门苦读医书，研究医理。三十岁时，高维仑筹资在县城北街开了一家中药店，取名"仁寿堂"。他一边学习本草学，一边在实践中识别药品、熟悉药性，学业大进。经过长期的艰苦自修，他在病理药性、方剂等方面打下了坚实的基础，于是才坐堂行医。四十岁以后，医术日精，闻名于永登城乡，求医者络绎不绝。在治疗上，高维仑很推崇明代医学家王肯堂的《六科证治准绳》。他在继承古代治疗方法上，主张师古而不泥古，他对小儿惊症、痫症、麻症、痘症、疳症等重症的诊治，尤能结合西北地区的具体环境，活用钱乙的儿科学说。

王瑞，敦煌人，清末秀才，废科举后攻读《医宗金鉴》。该书是乾隆七年（1742）清政府编纂的一部医学教材，内容翔实，切言实用。王瑞医理通达，在德兴隆药店坐堂行医。②

邓秀峰，兰州人，20世纪30年代初，随县长杨灿来敦煌，在国民党政府供职，1935年后辞去公务，以读书写字居闲。他曾读《内经》《本草经》，对《本草纲目》颇多研究。有求医者诊疗不拒，诊金自酌，多少不嫌，重养生之道，常谓："大黄十药，荡涤脏腑，推陈致新，六腑以通为用，以泻为补，脾胃调则五脏生顺。"每于清晨，仝服人黄五分以代参茸，谓"药补不如食补"。又常以闽姜（福建产，质优）为急救之用，谓闽姜一味可御百邪，跋山涉水，含之可避疫疠瘴气；于补肾则常服自制"度世丹"。邓秀峰对中医古籍之谬

---

① 王致廉：《兰州中医选介》，《甘肃文史资料选辑》第27辑，甘肃人民出版社1987年版，第217页。
② 何畏：《解放前敦煌的医药概况》，《甘肃文史资料选辑》第44辑，甘肃人民出版社1996年版，第246页。

误,亦多批注,撰《医海披沙》一稿。因辗转搬迁而佚。①

白文卿,酒泉人,曾在酒泉执教多年,任过小学校长,1935年来敦煌,他饱学古文,博览经史,善治妇科杂症。尝云:"妇科首重调肝,因女子以肝为天故也。"1945年与桑万新、李华荣合资创建"济世心"药店,行医售药,受诊者多得其惠。②

郭昶,于1947年后改政从医。其时喉症流行,郭昶针药并施,以大蒜合谷穴发泡灸法,取效尤捷,名噪一时。③

新时期一部分中医接受了医学院教育,他们是:

李子质(1907—?)名和义,以字行,甘肃省宁县人。华北国医学院毕业。1949年前,曾任兰州国医院医师,酒泉、兰州师范学校校医兼卫生课教师,兰州兰山中医学校教务主任兼教师等职。④

于有五(1895—1951),山东省牟平县人,北平华北国医学院毕业。尤擅伤寒病治疗,名望乡里。抗日战争爆发后,负笈来兰,悬壶行医。后又应聘在兰州国医院应诊。1942年秋,与中医师姜集云创办"光华国医学社",并附设"西北国医专科(函授)学校",对学员一面函授,一面面授,并开设诊所,先后共办两班。又举办国医学习班并附设诊疗所。1948年,又与王仲英大夫等创办"兰山中医夜校"(后改为兰山中医学校),亲任教务主任。于有五医德高尚,医术精湛,对患者不论富贵贫贱,一视同仁。他常说:"医者仁术,应有济世活人之心,不能有图财败德之事,穷人一滴眼泪,胜于富人一筐金。"故此,诊费不计多寡,对贫苦患者,不但不收诊费,而且解囊舍施药费。⑤

3. 甘肃医师群体与地方社会

民国甘肃医师群体积极地投入医疗救助活动中。刘尔炘创办的同

---

① 何畏:《解放前敦煌的医药概况》,《甘肃文史资料选辑》第44辑,甘肃人民出版社1996年版,第247页。

② 同上。

③ 同上书,第247—248页。

④ 《建国前后兰州部分名老中医传略》,《兰州文史资料选辑》总13辑,兰州大学出版社1992年版,第83页。

⑤ 同上书,第72页。

仁局聘请关文清先生任主治医师，为贫苦群众施医施药。1929年甘肃大旱，永登县灾情很严重，饿殍满野，疫病流行。高维仑所设仁寿堂自配药方熬制消疫汤，每天供应一大锅供人饮用，此举颇受人们称许。1932年夏初，平凉、泾川一带的疫病，经西兰公路传来。其传染之速，简直令人难以置信。五月中旬，报纸上看到有一则新闻，标题是："虎已过潼关。"半月之后，平凉便出现了"虎烈拉"，不几天，全城陷入一片死亡的恐惧之中，街上行人稀少，叫卖绝迹。① 七月下旬至八月初虎烈拉传至灵台县，以中台镇的回民聚居区下河村发病人数最多，边远地区较少流行。地方群众筹款从陕西购来"西制功德水"及十滴水等药品发散救治，并组设防疫会，分布各乡、区、镇，查禁生冷食物，"不洁污秽"，同时刊印介绍新的预防和临床治疗处方进行防治，九月上旬方止。这次霍乱流行两个多月，据当局调查统计，城关及各区镇患病1000多户，死亡6700余人。② 面对严重的疫情，如何发挥医药的作用，日益受到时人的关注。文县虎烈拉的疫情"由东南乡传染城中渐烈，日死数人。虽照前奉防范药方调治，似难效应，刻下县属人民荒惧万状，现在延请西医冯先生，商同地方医士，研究调治"③。甘肃省民政厅指令"设法购买血清、药水、广为注射，以资救济"④。

兰州红卍会根据会章规定设立第一施诊所，设有中医诊断开方，医生除会内会员外，还聘请兰州市名医多人义务应诊。叶筱泉、牛孝威、甘惠廷等均曾尽义务参与医务诊治，挂号费、诊费一概不收。能来所诊病者在所诊治，其因年高或公忙者，执红卍会诊所号单赴医生寓所诊断。该所成立七八年来，病号每日经常有二三十人，最多时达

---

① 张任之：《1932年发生在平凉的时疫病"虎烈拉"》，《甘肃文史资料选辑》第44辑，甘肃人民出版社1996年版，第269页。
② 傅新一：《民国时期灵台疫病的流行》，《甘肃文史资料选辑》第44辑，甘肃人民出版社1996年版，第271页。
③ 《民国二十一年九月二十日》，甘肃省档案馆藏，全宗号：15，目录号：5，案卷号：373。
④ 《快邮代电·二二五五号》，甘肃省档案馆藏，全宗号：15，目录号：5，案卷号：373。

七八十人。设置地点，随会址变动，初在口袋巷，继在法云寺，后迁于广武路。①

作为医师，除了医疗本身，他们还关心地方事务。王仲英热心地方教育，1942年他捐资为兰州市正德小学修建教室，1943年他捐法币两万元给皋兰县中学，同年又自筹资金创办了"私立兰山中学"，亲任校长。1948年与兰州市总工会协力创办了兰州市总工会劳工子弟学校，担任该校校长，义务任教。又西北师范学院迁兰后，感到图书资料不足，曾向社会人士征集，他慨然将家藏和新购图书五百部捐赠。此外，他还资助无力上大学的贫寒学生学费和路费，如获得他资助考入北平师大等校的有任贯、吴国桢、杨炳泉、金葛英、王锡太、蒋朝华等十余人，毕业于中学的有刘振江、周学义、杨重义、罗学清等人。②每年冬、夏两季，为了防治群众的感冒咳嗽和痢疾，他自费购药配制大量保肺丸和痢疾丸，分送群众分文不收。王仲英提倡中西医结合，因此，他强调要在学好中医学的基础上，积极学习西医学，做到精通中医，又通晓西医，用以辨病、辨证，以求诊断更准确有效。③

在社会交往中，由于具有较为接近的学术背景，中医与地方精英有广泛的交往。高维仑不仅以医术闻名，且对古代文史哲典籍亦有一定修养，因此一些学者常与他来往，过从甚密。如刘尔炘、著名诗人冷厂、才子陈宗藩（曾任甘肃省省长公署咨议）等，春秋佳日，他们或在庄浪河畔，或在兰州五泉山中雅集，以文会友，切磋学问。有一年他们来永登聚会时，曾送给高维仑一副泥金大楹联，上写：我有青囊能济世，愧无黄金赠故人。上联是称颂他的医术医德，下联则是对他为人品格的写照。④陈宗藩有文章回忆高维仑说："海峰先生以

---

① 魏绍武：《兰州红卍字会》，《甘肃文史资料选辑》第13辑，甘肃人民出版社1982年版，第31页。
② 王致廉：《兰州中医选介》，《甘肃文史资料选辑》第27辑，甘肃人民出版社1987年版，第223页。
③ 同上书，第224页。
④ 高晨野：《"我有青囊能济世"——忆祖父高维仑》，《甘肃文史资料选辑》第43辑，甘肃人民出版社1996年版，第33—37页。

国手名重一时，就医者应接不暇……先生不独医理邃深，而于圣经贤传，博览宏富，皆有心德，可谓儒医兼通理术矣，钦佩非一朝夕。"①

第三节　积极的社会救助：工合运动

卢沟桥事变后，沿海重镇先后失守。1937年11月上海沦陷，沪上各界爱国人士发起组成了一个抗战救国社团——"星一聚餐晚会"。在一次有国际友人斯诺和他的夫人海伦·福斯特·斯诺参加的扩大聚餐会上，大家谈到在全国范围内发动流离失所的生产工人及当地小手工业者组成生产合作社，于是当即计议组成"中国工业合作协会"来领导这一工作，随即推选新西兰人路易·艾黎为起草章程的召集人，并派人携带章程、计划、草案到汉口去见国民党行政院长孔祥熙。1938年8月，中国工业合作协会（下简称"中国工合"）在汉口初步建立，但除孔祥熙为理事长，路易·艾黎为顾问外，其他主要领导成员很长时期定不下来，直到1938年12月在重庆才正式成立，开始工作。"中国工合"在全国各地分划成西北、东南、西南、川康几个区，各区设办事处。川康西北区办事处设在陕西宝鸡。以后随着抗日战争形势的变化和工作上的需要，又在洛阳、昆明、兰溪等地增设晋豫、浙皖、湘桂、滇黔、东北各地区办事处。② 抗战时期工合运动在西北地区的业务展开，远远超越了工业合作化本身，包括更为广泛的慈善性内容，其在安辑流亡、慈善教育、医疗工作等方面都做出了突出成绩。相对之前的慈善事业而言，工合运动不仅扩展了慈善的领域，在目标的追求上，也意味着从简单的具体的治标慈善，转向为积极的彻底的治本慈善。③

---

① 高晨野：《"我有青囊能济世"——忆祖父高维仑》，《甘肃文史资料选辑》第43辑，甘肃人民出版社1996年版，第33页。

② 焉寿先、靳东岳：《"中国工合"在兰州兴办的几种工业及对抗战的支援》，《甘肃文史资料选辑》第45辑，甘肃人民出版社1996年版，第88—89页。

③ 杨红伟、米龙：《工合运动与抗战时期中国西北慈善事业》，《周口师范学院学报》2012年第4期。

一　工业合作的成就

兰州"工合"事务所创始于1939年3月，初设在兰州市东稍门下东关街路北（即现在的庆阳路东段）。事务所设主任一人，第一任主任是薛觉民。1941年由张官廉接替。1946年张官廉同爱人王贤琳去美国访问期间由郭松懋代理。郭离开后由马昌海接任。兰州事务所在不同的时期内设有合作、宣传、技术、妇女、总务、会计等股。①

工业合作社的社员，在其他省市城镇地区多是来自沦陷区的难民和流离失所的失业工人、小手工业者以及小商小贩等。兰州地处偏远，交通不便，抗战中流亡来兰州的人较少，兰州"工合"社多是就地组织成立，以本市闲散人口为多。他们绝大多数是听了宣传，对合作事业的优越性有所认识的失业工人和不能维持生活的小手工业者。

分布在兰州市西郊的工业合作社有费家营、孔家崖、刘家堡，黄河以北的有穆柯寨、赵家庄、盐场堡，东郊有宁卧庄、岸门街、张家滩，市区内的有颜家沟、中街子、中山路、西城巷、横街子、东稍门、下东关。在榆中县的有金家崖、条城。合作社有充分自由，组成和解散听其自便。②

合作社的资金来源，以自筹为主，口号是"我为人人，人人为我"③。股金是合作社员自行筹集发展业务的基金，股金有数，责任无限。社员因为关心自己所投入资金的安全，也就更加关心业务的好坏盈亏。但是由于国民党政府法币贬值，物价飞涨，到了抗战后期，社员认交的股金远远满足不了发展业务的需要。合作社开展业务完全靠向国家银行、商业银行或工合金库贷款以维持周转。一般来说，贷款只是权宜之计，因为付出利息多就加大了生产成本，

---

① 焉寿先、靳东岳：《"中国工合"在兰州兴办的几种工业及对抗战的支援》，《甘肃文史资料选辑》第45辑，甘肃人民出版社1996年版，第90页。
② 同上书，第98页。
③ 路易·艾黎研究室：《艾黎自传》，甘肃人民出版社1987年版，第98页。

对业务经营不利。但在当时经济紊乱的情况下，水涨船高，货币不断贬值，物价不断上涨，往往贷款越多，获利越厚。合作社在年终决算有盈余时，先提付股息和固定资产折旧基金（平均认股的社有的不付股息），再按社章提取公积金和公益金，作为扩大再生产和社员福利基金。其余按社员提供的劳务分配。分配方案经社务会讨论后报事务所核准执行。① 此外，兰州"工合"得到了来自海内外的捐款，兰州事务所主任张官廉亦曾为争取国际援助访问过美国。②

当时，中国合作事业协会接受国民党军需总署的订货，交由"工合"纺织军用毛毯。1939年8月第一次承织军毯四十万条时，即由西北"工合"办事处承织三十万条，主要由兰州、天水、平凉三地进行生产。因为甘肃出产羊毛，兰州是羊毛的集散地，故西北区"工合"办事处将大批军毯任务交给兰州"工合"。军用毛毯是棉经毛纬的交织品，纬线原料是羊毛，可以就地取材。经线用的棉纱根据实际需要量由国民党军需总署按定额拨给。③ 纺毛线技术比较简单，劳动强度不大，技术要求不高，一般老弱妇女稍加训练，即可在家纺制。所以除组织毛纺社外，还由妇女股负责广泛发动兰州市区及郊区的家庭妇女，利用操持家务的剩余时间从事纺毛线劳动，按照参加妇女的居住地区适当设点设站进行宣传及管理工作。兰州市区及郊区有八百多名家庭妇女参加了纺毛线工作。她们所纺毛线的过秤、发毛、收线、记账、发工资，都由妇女股办理。每条军用毛毯的加工费大约五元法币，其中30%—40%作为工资交付给了纺毛线工人。这就给大批的城市及郊区的家庭妇女增加了收入，同时也降低了军用毛毯和其他羊毛纺织品的成本。④

工合运动特别重视工人的福利，"百年以前人类的一切生活必需

---

① 焉寿先、靳东岳：《"中国工合"在兰州兴办的几种工业及对抗战的支援》，《甘肃文史资料选辑》第45辑，甘肃人民出版社1996年版，第99页。
② 同上书，第101页。
③ 同上书，第93页。
④ 同上书，第94页。

品,都是用手工做成的,既费光阴,成就又少,而生活水准也是非常之低,至机械问世之后,生产数额骤然增多,但是工人的待遇仍未改善,此后一年一年地过去,工人的地位也就随着进化而改变了,如今在工业发达的国家中,工人的工资逐渐提高,工作的时间也缩短了不少,住所要比往日舒适,也有受教育的机会,但是利权多半是操纵在少数人手里"[①]。而在工合运动中,工人是自己参与管理,强调了工人的能动性。

在社务的推进过程中,工合运动的负责人对各社进行了认真的考察,并提出了意见。如指出横街子栽绒社,间接工作人员太多,社员对合作意义不了解。栽绒社负责人对社员教育工作不太重视,建议该社会计主持工合夜校,推进社员教育工作。栽绒社社员工作情绪及合作精神,都不太好,主要是因为该社负责人领导不力,应该对该社负责人鼓励与加大督导。栽绒社各种会议召开次数太少,认购已缴社股过少,应于最近期间大量增股。栽绒社员工待遇悬殊太大,应即纠正。指出上官园纺织社,对社员教育福利工作应积极进行,工合夜校应责成该社会计负责主持推进。提高社员福利,设立健身或娱乐设施(如篮球、排球或象棋、笛、箫、胡琴等)。指出张家滩纺织社,甘肃本地社员较少,今后应设法吸收本地社员,社员不稳定,人员变化大,影响业务发展,今后社员的选择与退社手续均应注意。指出一只船砖瓦社,数年来社员人数,不但没有增加,反而日渐减少,今后对吸收新社员及保持现有社员人数应该注意。指出南城根纺织社,对社员教育福利工作,过于忽视,该社社务日渐败落,该社理事会应该负责策划推进此事。[②]

以妇女为主要成员的缝纫社、纺编社在运作了一段时间以后,出现了资金紧张的情况,造成这种状况的原因有社员"畏惧责任不愿增加社股;逐月开支漫无计划,毫无依据;坐吃一种业务,再不自力更

---

① 梁魁三:《对工业合作应有的认识》,《工合社友》第36—40期,兰州市工业生产合作社联合社编,民国三十三年出版,甘肃省图书馆西北期刊非流通部藏。
② 靳杰:《各社社务改进之意见》,《工合社友》第36—40期,兰州市工业生产合作社联合社编,民国三十三年出版,甘肃省图书馆西北期刊非流通部藏。

生另开途径"①。解决的方法有,加强社员教育,使其认识到合作社是自有自营自享的组织,愿意增加社股宽筹自有资金。说明登记账簿的意义及其重要性,使其财务状况按月有明确的记载。注意副业,实施多角度经营,缝纫纺编之外更可兼营刺绣、制作儿童玩具等业务。②

天水地区也展开了工合运动,也十分强调对参与合作社的个人的教育。"合作社是人的组织,在合作社组成之后,只是赋有了形式,教育才是灵魂。假使我们真能够把这种精神发扬光大,身体力行,使人类生活的每一部分都能够受到合作化的洗礼,我们简直没有方法估计人类的幸福,将增加至几千万倍。但合作社并不是纯粹的学校,社员教育水准,亦不齐一,因而实施的教育方式也要因材施教,因地制宜。太差的社员,要施以个别训练,人数多的要分组训练,一般性的要有集体训练,同时还要有种种特殊训练之辅助。可是训练方式尽管不同,但最终之目的,是要在如何使社员对合作有共同之认识,坚定其信仰,发挥互助合作的伟大力量。本所会集中训练了各社主席经理,现又分至各社实行以社为单位的集体练训,每次发给的教材,都是切中当前社员的需要,务要在各指导人员领导之下,努力学习。"③

1945年9月抗战胜利的消息传来,人心振奋。不少工商界人士被这种盛况冲昏头脑,盲目地认为抗战胜利之后,一切问题都解决了,一切物资都齐备了,纷纷抛售物资,物价急剧下降。银行见物价暴落,唯恐贷款不安全,又极力向债务人催收欠款,因而迫使物价一跌再跌。工合合作社自有资金很少,所以流动资金多靠向银行和"工合"金库借款来解决,在经济上遇到严重困难。同时,外来日用工业品增多,"工合"生产品市场受到排挤,生产业务不如以往。此外,"工合"合作社社员有一部分来自河北、河南、山西、山东等沦陷

---

① 玉娥:《对妇女社的几点建议》,《工合社友》第36—40期,兰州市工业生产合作社联合社编,民国三十三年出版,甘肃省图书馆西北期刊非流通部藏。

② 同上。

③ 王作田:《合作教育与记账之重要》,《陇南工合》第2期,中国工业合作协会西北区天水事务所编,民国二十八年出版,甘肃省图书馆西北期刊非流通部藏。

区，抗战胜利以后，归心似箭，纷纷回乡，社员流动性较大。社员生产热情一落千丈，大多数"工合"合作社处于停顿或观望状态。解放战争时期，经过"工合"事务所派员指导、整顿、扶持，并在经济方面给予大力支援，工合运动才得以重整旗鼓，再次逐步走上正轨。这一时期在业务经营上虽不如抗战胜利前得心应手，但还可以维持正常稳定的状态。①

二 工合教育的情况

工合运动的组织者艾黎对教育的目的也有个实践认识的过程，认为应当进行创造性教育，在教学方法上，要做到理论联系实际，手脑并用，要学生学会分析，具有创造性。他说："新的时代开始了，孩子们不应当继续变成他们的前一个时代的那种青年人，应当培养教育，使他们具有创造性的品格，既有实践经验，又有理论，两者融会贯通。现在的问题是，他们所接受的教育，已经失去在体力劳动中可以得到的快慰。当然，可以改正过来，但过程却并不那么容易。因为，年幼时的教育引导，比较容易。现在，他们长期接受了那种脱离劳动的教育，如果你给他一把铁铣要他劳动，他会扔掉铁铣，他觉得和同伴聊天更快活些。在他们看来，手持铁铣劳动，是下等人的事情。实际上，一个从劳动中成长起来的孩子对这种人是轻视的。娇生惯养的孩子，饱食终日，懒馋贪睡，穿着厚厚的衣服，一到艰苦环境，他就感到厌烦，会采取'听天由命'的态度。他还会逐渐产生一种徘徊不安的可怜的绝望心情，从一个职业转到另一个职业，幻想追求自己实际上得不到的东西。不幸的是，旧的教育者把劳动只作为抽象的概念，认为它是卑贱的东西。他们行的孔夫子的教义——智者不劳动，劳心者治人，劳力者治于人。现在，有些人还守着几千年前的孔孟哲学，只会背诵前人的书本，只会告诉别人应该怎么做，而实际上自己一窍不通。新社会革除了这种旧思想，但这种旧思想已经根

---

① 焉寿先、靳东岳：《"中国工合"在兰州兴办的几种工业及对抗战的支援》，《甘肃文史资料选辑》第45辑，甘肃人民出版社1996年版，第103页。

深蒂固，成为习惯势力。今天的世界，这种旧的传统观念甚至在一些劳动人民中仍然蔓延着。在山丹，在课堂教堂中得到的经验是：青年学生不仅要学习文化知识，这是最基本的，而且要花费很大精力去学习一些简单的机械理论和实践知识。整个学习过程，要占用很长的时间和很大的精力。因为不通过生产实践，考试以后，学过的知识就忘记了，更谈不上用理论指导实践了。在办学中得到一条重要的经验是，成长着的青年，不应当离开农村生产，他们不应该宣扬农业生产是低贱的，只有城市生活才是青年上进的目标。在我们的学校，人们把从事农业生产看成一件愉快的事。占世界四分之一人口的中国，生产教育的作用，毫无疑问将会具有重大意义。正像许多农村那样，当农村着手培训他们自己的技术人才时，农村便会迅速地发展前进。"[①]

兰州培黎学校位于兰州黄河北岸穆柯寨，全名是"中国工业合作协会兰州培黎工艺学校"，社会上都叫它工合培黎学校。学校占用原工合皮毛加工合作社的旧址，南临黄河，中间是一大片果树林和以种植蔬菜为主的用水车引水灌溉的农田，北连以种植瓜类和粮食作物为主的沙石地（卵石地）和旱地。校内有二十多间土木结构的简陋平房，四周是干打垒界墙，院内一簇簇野草，一摊摊污泥浊水，一堆堆垃圾碎屑。为了彻底改变校园面貌与卫生状况，艾黎带领全校师生，亲自动手，除草铲垢。经过一段时间的集中劳动，校园面貌焕然一新。1944年年初，学校经济来源增多，办学条件有所改善，但仍保持艰苦奋斗精神，把学生参加体力劳动作为一种制度，经常化和固定化。在以后扩大校园面积，新建教室、实习车间、学生宿舍、实验室和大礼堂的过程中，学生都一如既往地参加劳动。[②]

兰州培黎学校最初只有学生二十多名，以后逐渐增至六十多名，多来自各地农村的穷苦子弟，文化程度、年龄大小、个人经历、思想基础和进校目的差异较大。艾黎认为，培黎学校的首要任务在于教育

---

① ［新西兰］路易·艾黎：《农民的希望——探索创造性教育纪实》，甘肃教育出版社1992年版，第55—56页。
② 王万盛：《回忆兰州穆柯寨培黎学校》，《甘肃文史资料选辑》第35辑，甘肃人民出版社1992年版，第180页。

人，通过理论知识与生产劳动相结合的教育方式，使学生不仅获得文化科学知识，而且掌握生产技能，培养勇于创造的精神。根据他的这一主导思想，学校制定了半工半读的实施办法。首先在课程设置上，开设了数学、物理、化学、国文、英语、纺织、机械、制图、经济地理、科学常识、合作、会计等课程。其次，建立实习、实验场所。纺织专业有织布机、织毯机、纺毛线车、裁绒等设备；机械专业有车床、柴油动力机、钳工房、锻工房、翻砂间（当时无电力），以及化学实验室。再次，上午上课、下午实习。每天上午学生集中在各自班级进行课堂理论学习，下午到所学专业的车间实习，相隔一定时间，调换工种。学生实习时的一些产品，如毛巾、白布、肥皂、裁绒垫等，可供学校所需。最后，学制定为四年。最初因学生人数少，组成一个混合班。学生增多后，按文化程度分编为四个班（年级），各班人数不少。①

1944年，培黎学校迁至山丹后，以发塔寺为基地，经过四年建设，开创了二十个学科，学生人数发展到近四百人，不仅建成一座专业繁多的工农业技术学校，而且成为一个有上万亩土地的农场、数百只改良羊种的牧场、一座竖井采掘煤矿和十几座小型加工厂的工、农、牧联合体。

学校的机构很多，但专职管理人员很少，多由教工兼办和学生自治。监事会由艾黎和郭玉含、熊正廉、张玉珩老师及监事会主席（学生）、自治会主席（学生）组成。监事会的主要任务是研究处理全校重大事务。

学生自治会，是在双石铺时期就有的组织。到山丹后，许多厂、矿基层单位分散在城郊各地，把全体学生召集到一起开大会已不再适应，便改由各基层单位选出代表参加每周六的自治会代表会议。自治会是咨议性的组织，同时负有一般普通学校专职职员业务职能。学生自治会下属十个职能小组，分工管理有关事务。纪律组由纪律好的五

---

① 王万盛：《回忆兰州穆柯寨培黎学校》，《甘肃文史资料选辑》第35辑，甘肃人民出版社1992年版，第181页。

十名学生组成,每天派五人轮流值班,检查督促学生遵守校规,监督学生上课、出勤和作息。

人事组,属于总务部门的工作范围。由高建弟、樊国强两位同学业余经管。当时在校学生,籍贯遍及全国十八个省份,以甘肃籍为最多,大部分是山丹本地人,其次是河南及陕西。学校建立了学生档案册,记录着每个学生的情况,学习成绩、技术培训、业务工作以及外出协作的表现,都记录在案,对每个学生的全面情况都能及时了解。①

山丹蕴藏着发展乡村工业必不可少的多种矿产,为摸清当地资源,学校迁山丹后,艾黎即聘请成都华西大学地质系教授英国人韩博能和西北地质调查所郭宗山进行勘察,并成立了地质测量组,承担寻找资源任务。韩博能于1945年夏、1946年春两次到山丹,完成山丹县境内的调查工作。郭宗山于1945年、1946年也两次到山丹,进行地质普查。地质测量组只有3名学生,人员少但分工明确,张海良任组长,经管组内计划和勘测安排;高国勇任会计,掌管勘测组队的财务;周起秀任保管,管理各种勘测仪器和运输、露营器材等。

为了适应当时的政治环境,兰州培黎学校邀请知名人士水梓、裴建准等组成了校董会,以争取社会赞助。当时的学校虽然简陋,但新型的办校方式却深得国内外有识之士的赞赏和支持。

国内外不少名流到兰州,都要去工合培黎学校看看。1944年,美国副总统华莱士来兰州,指名要参观"工合"。他参观了几个生产合作社和宁卧庄工合制毯厂后,时间来不及去培黎学校了,临时指派他的政治顾问拉铁摩尔专程到培黎学校。② 学校还请各方面的知名人士到校作专题报告,如甘肃省建设厅厅长张心一作的"甘肃资源与开发",老"工合"工作者英国人戴乐仁作的"中国工业合作事业的发

---

① 高国荣:《山丹培黎学校机构构成情况简述》,《甘肃文史资料选辑》第35辑,甘肃人民出版社1992年版,第64—65页。
② 靳东岳:《甘肃是路易·艾黎的第二故乡》,《甘肃文史资料选辑》第35辑,甘肃人民出版社1992年版,第26页。

展"，英国剑桥大学著名科学家李约瑟博士作的"中国古代科技发展与成就"等报告。

张治中和邓宝珊也都不止一次地到兰州培黎学校。张治中在给艾黎的信中表示"想将我的第二个儿子张一纯送到培黎学校来学习"，张一纯"特别对于电机有兴趣，常常自己搞些材料就能做成一个简单的收音机，居然也能收听到广播，他会开汽车，机械部门的常识也很不错"。张治中认为兰州培黎学校"在学上做，在做上学，不限学历年限，学成为止，没有一般学校的种种限制——这是你们新的创作——我认为对我这个孩子的造就是最合适不过的"①。后来张一纯就读于兰州培黎学校，但他不久便请假回兰州，张治中特意致信艾黎，表示"他是我最小的男孩子，他的母亲很溺爱他，这次中途辍学，我也不好勉强他。这件事很辜负您的好意，心里感到非常不安，特别向您道歉"②。

省建设厅厅长张心一热心支持培黎学校，他认为这样半工半读的形式可以使穷人的孩子有受教育的机会，使学生受到生产技术的劳动锻炼，可以改变为做官而求学的传统观念。所以他到兰州以后，就把自己七岁的儿子张孔来送去兰州的培黎学校读书，表示支持。1944年，随着战事的发展和政治形势的变化，双石铺培黎学校的学生受到被抽走当"青年军"的威胁，日寇也接连向西侵进，艾黎等想把学校迁往甘肃天水县，他们就来和张心一商量。张心一以为在抗战时候，西迁的单位比较多，天水的地方不好找，他因有次去山丹军马场的时候，路过山丹县城，住在那里，看到那里有许多庙宇空房，并了解到山丹有些小煤矿，建议艾黎把学校迁到山丹，可以利用这些空房和当地资源。并且指出山丹驻军是马步青的部队，不是蒋介石嫡系，可少受特务干扰，艾黎去看了之后，便决定把学校迁到山丹。后来，张心一还把自己妹妹的两个孩子杨金中和杨德春

---

① 《张治中先生给路易·艾黎的信》（一），《甘肃文史资料选辑》第35辑，甘肃人民出版社1992年版，第207页。
② 《张治中先生给路易·艾黎的信》（二），《甘肃文史资料选辑》第35辑，甘肃人民出版社1992年版，第209页。

送到山丹培黎学校上学。①

一些英美人士来华访问,也特意去山丹培黎学校。1945年,英国从事合作事业的工党议员胡特访问了山丹培黎学校。1947年,英国驻华大使张伯伦也从南京飞抵山丹访问。对这些人士的访问,一些新闻媒介纷纷作了报道,使山丹培黎学校在国际上的影响扩大。山丹培黎学校在国际上名声甚显,在美、英、新西兰等国,人们在谈论中,或者在英文出版物上,总是以山丹培黎学校作为山丹的代名词。1948年夏,英国钢铁业中心菲尔德市中英发展协会分会为山丹培黎学校举办募捐活动时,就在海报和文艺节目单上印上了醒目的由英文拼写的SHANTANC(山丹)。海报和节目单上还介绍说:"中国西北戈壁沙漠中有一个贫穷而荒凉的古老小城山丹,在那里有一位新西兰去的路易·艾黎,是他利用国际捐款,结合中国农村实际,进行他的新教育实验和艰苦卓绝的探索,让我们都来援助他的具有深远意义的创举。望有识之士,尽其所能,为山丹助一臂之力,为'洋骆驼'送'草'送'料'。"1948年,一家英国发行量很大的日报上,登载了一篇通讯,标题就叫作《山丹的"洋骆驼"》。标题下方还匠心独具地印有一幅艾黎的头部素描像,头上厚厚的皮毛帽檐下垂,脸上皱纹粗深,目光炯炯,仰头远望,很像一位"牵驼者",以此表现他任重道远的骆驼精神。1949年秋,英国援华总会主席克利浦斯夫人和总干事穆尔夫人专程飞到山丹视察培黎学校,带来了一批捐款和药品。②

培黎学校的办学与约三十位来自八个国家的外籍教师的协助是分不开的。公谊服务会先后派恩迪·布雷德、罗伯特·纽威尔、新西兰会计师考特尼·阿切尔(艾启赫)、美国人沃尔特·史密斯来协助,美国协助中国工业合作委员派来加拿大电气技师严立地和毛纺专家雷

---

① 张思温:《记农学家张心一》,《甘肃文史资料选辑》第47辑,甘肃人民出版社1997年版,第22页。

② 王万盛:《艾老谋求国际支援的几件往事》,《甘肃文史资料选辑》第35辑,甘肃人民出版社1992年版,第175—176页。

娃·埃塞（叶丽华）①任教师。1947年秋，联合国善后救济总署——一个由四十四国组成，专为遭战争破坏的国家提供紧急援助的组织——也给了山丹培黎学校很多资金、技术、设备和运输工具等方面的援助。②抗战结束后，来自美国和其他方面的援助减少了，新西兰的捐款几乎占整个学校预算的40%，很多教学和工作人员，如罗伯特·司宾赛和巴巴拉·司宾赛，都来自新西兰。③

三　工合开展的医疗

兰州"工合"医务所，是为兰州"工合"全体职工及家属服务而设立的，地址在今兰州庆阳路中段。先是由兰州事务所直接领导，后改为兰州"工合"联合社所属单位。主治医师先后有刘慰农、吴孝感等人。医务所是事业单位，收入上交联合社，开支由联合社负担。医务所医务人员不多，医疗设施不够完善，仅有的医疗器械和药品都是国际"工合"友人捐赠的，有些贵重药品当时在国内还买不到。兰州医疗卫生事业比较落后，"工合"医务所成立后，不仅承担了"工合"内部的医疗卫生保健任务，在社会上也做了些救死扶伤工作，得到附近居民的好评。④

山丹培黎学校建成以后，医疗条件十分简陋，只有一个校医。由于无药医治，破伤风夺去了何克校长的生命。当时，国民党从四川征来的军人，带来伤寒、菌毒性痢疾等传染病，宝鸡的难民也带来许多其他疫疾，每逢秋冬，就发生流行性感冒等。当时，山丹诊疗所只有两间房子。药品主要是当地的中药，以煮冻梨加生姜和蜂蜜治疗感冒，土膏药治疗扭伤。以后，从双石铺陆续运来些药品，治疗条件有了改进，学校指定两三个学生学习医疗技术，上点碘酒、点点眼药、包扎小伤和治疗咳嗽等一些小病。随着学校的发展，又开始筹建一所

---

① 路易·艾黎研究室：《艾黎自传》，甘肃人民出版社1987年版，第193页。
② 同上书，第193—194页。
③ 同上书，第195页。
④ 焉寿先、靳东岳：《"中国工合"在兰州兴办的几种工业及对抗战的支援》，《甘肃文史资料选辑》第45辑，甘肃人民出版社1996年版，第95页。

校办医院，设了几个床位，有一些进口西药。友谊服务会介绍来一位葡萄牙化验师马奎斯，他发现每人肚子里都有蛔虫，便用药消灭了寄生虫。① 1948年，学校得到新西兰海外救济总署的帮助，迎来了出色的外科医生斯宾赛和他的夫人——巴布拉·斯宾赛——一位受过专门教育具有丰富经验的护士。他俩携带着足够一个手术室用的全套医疗手术器械，来到了山丹。

斯宾赛一到学校，就从全校各组挑选培训对象。如陶瓷组的学生刘保忠，斯宾赛观察到他做陶模，手很灵巧，认为将来一定可以培养成一个出色的外科医生；杨德春，张心一先生的外甥，他也看中了。一位同学后来还被派到北平协和医院去学X光拍片技术。

斯宾赛带领学生，很快盖起一间采光好的手术室和一间X光室。手术室安装了陶瓷管道，用汽油发电机发电供手术室应用。手术室有两个大柜子，摆满了医疗器械，其中还有膀胱镜、直肠镜等，透视室有五十毫安的X光机。接着建起了化验室、药房、综合诊断室、外科换药室等。按院子里各房屋的大小，共设置了十五张到二十张病床。医院有两台一千五百倍的生物显微镜，还有牙科的脚踏牙钻等。药品大部分是第二次世界大战的剩余物资，还有宋庆龄从儿童福利会调拨给他们的磺酸类药品、青霉素、链霉素、六〇六（抗梅毒药）、九一四（抗梅毒药）、血浆、抢救药品等。门诊病人每天高达七十多人，除学校人员看病外，张掖、武威邻近的老乡，有的徒步，有的骑毛驴，有的用门板抬着，有的坐牛车，前来就医。该医院的医疗条件，在河西地区是独一无二的。②

斯宾赛结合临床实践，给同学们讲生理学、病理学、解剖学。并根据同学们的水平和需要，斯宾赛亲自编写生理解剖、护理知识、医学基础、病理诊断、内科、外科、细菌、药理等课程的讲义，尽力做到浅显易懂。为了便于更好地学习，他领着学生一同制作教具。比如

---

① ［新西兰］路易·艾黎：《农民的希望——探索创造性教育纪实》，甘肃教育出版社1992年版，第109—110页。

② 同上书，第111页。

讲解剖学，为了讲骨骼系统，他向老乡打听多年无主的老坟，并组织同学一起挖出人体骨骼，经过消毒，把零散骨头一点一点连接在一起作为标本，讲课时，收到了很好的效果。① 斯宾赛把同学们编成几个组，让他们在手术室、化验室、透视室、药房等依次轮流学习三个月。白天，他在门诊治疗病人时也注意教学生了解病人病因、症状、诊断、治疗和护理知识，把医学原理和操作应用联系起来。除此之外，还特别要求学生以严谨的态度，认真操作，一丝不苟地对待病人。斯宾赛不会汉语，他坚持自学，用汉语加英语讲课，并借助医学英汉字典琢磨怎么样才能更好地表达。开始，斯宾赛诊病时，只会问病人"这儿痛不痛"，随着时间的推移，他的汉语水平提高很快。②

运输组来自民乐的张育英同学开吉普车送国民党一个军官去武威，发生车祸，军官丧命，张育英伤势严重，骨盆、下肢已成粉碎性骨折，且由于出血过多，昏迷不醒。斯宾赛夫妇简要讨论后，巴布拉将400毫升的血液，输给了张育英。斯宾赛亲自给张育英做牵引架、小夹板。从这次抢救中，医院的同学既学习了骨折方面的医疗技术，又从救死扶伤的全过程领略到作为一个医生，应当具有斯宾赛夫妇的那种献身精神，那种一丝不苟的工作作风。③

斯宾赛在山丹医院，主要做腹外、妇产外科手术，还做过胆道、胆囊、胃肠、脾脏等相关手术。当时，河西走廊的群众由于生活困难，妇女普遍缺钙，盆腔萎缩变形造成难产，发病率很高。斯宾赛夫妇和医院的同学一起，救治了不少产妇和婴儿。有一年正月十五正闹元宵，有一个产妇难产，老乡来找斯宾赛。他立刻出诊，做了剖腹产。老乡的小孩没奶吃，巴布拉多次把自己从新西兰带来的奶粉拌好，装在自己孩子用的奶瓶里带去给老乡喂小孩。老乡后来给这个小孩起了个名儿叫边永芳，就是在边远地区永远流芳的意思。④

---

① ［新西兰］路易·艾黎：《农民的希望——探索创造性教育纪实》，甘肃教育出版社1992年版，第111页。
② 同上书，第112页。
③ 同上书，第115页。
④ 同上书，第118页。

阿拉善旗有个王爷，儿子眼睛快要失明。王爷请人算卦，算卦先生说，要治病得往南面方向走，那儿会遇到圣人，可以治好他儿子的病。向南正好来到山丹。经斯宾赛大夫诊断其子得的是严重的沙眼，很快治好了他的病。王爷非常感动，派人专程给医院送来七只羊作为报酬。斯宾赛的美名传到了蒙古牧区，前来看病的牧民越来越多。①

斯宾赛出诊不避烈日风寒，随叫随去，一去十来里，数十里。刘保忠说，有一次，他陪斯大夫出诊，急切地赶到病人家里，却见主人殷勤地端上香茶和做好的饭菜。斯大夫不解地问："这是干什么？"刘保忠解释说："是因您远路而来，先请吃饭。"斯大夫又问："我们是来吃饭的吗？我们是来看病人的，不是来吃饭的。要是为吃饭，我们就可以回去了。"刘保忠不好再解释下去，就给老乡说明了斯大夫的习惯和脾气。斯大夫马上到炕前给病人做了详细检查，讨论了治疗意见，决定把病人带回医院治疗。在回来的路上，斯大夫意味深长地说："我们既然选择了医生这个职业，就要时刻想着病人，其他事都要放在处理完病人以后安排。"在以后的医生道路上，刘保忠常常以斯大夫的谆谆教诲勉励自己，鞭策自我。②

小 结

近代甘肃生产力低下，而灾害频仍，对社会底层造成的冲击更大，但是终民国之世由政府主导的行之有效的慈善救助机制始终没有建立，地方精英在实际运作中充当了领导者和执行者的角色。为了行之有效的管理，地方精英制定了相关的制度，如将不动产登记在册并公示，接受公众的监督。在公共卫生体系的建设中，虽然地方精英不得不让位于外来专业人士，但他们仍然在保存中医的运动中发挥着积

---

① ［新西兰］路易·艾黎：《农民的希望——探索创造性教育纪实》，甘肃教育出版社1992年版，第117页。
② 同上书，第119页。

极的作用。中医群体由于与地方精英在文化源流上的同质化,和地方精英的交往更为密切。西医群体的出现,表明在近代甘肃,专业技能的学习吸引了年轻一代。在工合运动中,非甘肃籍的人士承担了主要的工作,但张心一等人仍积极地襄助。

第四章　务实济世：以王烜交游为中心的考察

　　王烜（1878—1959），字著名，一字竹民，书斋名存庐，兰州人。年少时，由其长兄启蒙。1891年受业于庠生滕尚儒、举人佘德楷。1897年考中皋兰县学廪生，考列第一。先后入求古、兰山、五泉、皋兰四书院，研读达六年之久。1903年乡试考中第十八名举人。1904年会试，中式第八十一名，又赴北京殿试，中三甲第四十二名进士，朝考第八十一名，钦点主事，签分户部。但到户部任职才一年，祖母在京病逝，王烜未能奉朝廷派遣赴日本留学，于1907年年初扶榇归里葬祖母，并丁忧在家至1909年春。宣统元年时，又起复赴京，仍任度支部主事。辛亥革命爆发，推翻了清朝政府。至1912年国民政府成立后离京返兰。王烜返兰后，在甘肃布政使署任预决算委员和甘肃省财政司科员。当年冬，又被选为参议院候补议员，1913年夏，王烜署理静宁县知事，后又出任灵台县知事。在1921年至1925年，历任省署科长、秘书长、代理政务厅长、省长顾问等职，1927年任兰州市政筹备处会办、代理总办。1928年至1933年间专职赈灾，卸职隐居不出。① 王烜著述颇丰，主要著作有《皋兰明儒遗文集》《存庐诗文集》《陇音》《陇右文献录》《皋兰县志新稿》《刘尔炘年谱》等二十多种。1949年后，被聘为甘肃文史馆馆员。王烜的生活时代由晚清至民国，他一生交游广泛，结成了广泛的社交网络，尤其在朋友层面的交游，对其长期致力于公益事业颇有助益。

---

① 王潜源：《我的父亲王烜》，内部发行，2001年印刷，第15—17页。

第一节　王烜的交游状况

王烜长期致力于地方公益事业，在甘肃地方具有一定的影响力。从他的诗集中挑拣出唱和、酬谢之作中提到的约有七十人，具体情况可见附录3中的王烜交游表。表中详列了诸人的字号、教育背景、籍贯、主要经历、相交类型等。下面就他的交游状况进行简单的分类，大体分为师长、同年、同里、兰州千龄诗社、社会各界人士以及亲友。

一　师长

在王烜诗集中提到的与他有师生关系的有三人，分别是从青少年时代即执弟子礼的刘尔炘，以及在科举中的座主马积生，以师视之的潘龄皋。晚清时期，甘肃科举考试的录取率在陕甘分闱以后有了很大的提高，但是考官对于考生的赏识与否对录取仍起着关键的作用，因此对于座主的提携之情，作为考生是十分感激的。王烜于光绪二十九年（1903）中癸卯科举人，光绪三十年（1904）中甲辰科进士，因为清廷于次年废除了科举，甲辰科进士便成为中国历史上最后一科进士。

刘尔炘（1865—1931），字晓岚，号果斋，晚号五泉山人。兰州盐场堡人。光绪十五年（1889）进士，改庶吉士，授翰林院编修。刘尔炘主讲五泉书院时王烜为其学生，刘尔炘于光绪二十九年（1903）任甘肃文高等学堂总教习，热心公益，先后创办陇右实业待行社、丰黎义仓、乐善书局等。王烜与刘尔炘的唱和之作颇多，步其原韵、和其原韵之作不在少数。用对方成韵是对其人其作的尊重，亦能引起情感的共鸣，在王烜诗集中有《和刘晓岚师慰移花原韵》①等作。

---

① 王烜著，邓明校点：《击柝集》卷上，《王烜诗文集》（内部使用），甘肃省人大办公厅印刷厂1997年印刷。

民国四年（1915）刘尔炘五十岁生日，王烜在《奉和刘晓岚师五十初度有感原韵》①中写道：

其一
难得骚坛老斫轮，苍生此日望斯人。
草间偷活英雄泪，林下由来自在身。
北地文章群拜李，西山学业尚思真。
维桑已赖支撑力，服政于邦亦为民。
其二
河山大好莽风尘，吾与同胞亦为民。
几度征书难遁世，数年学易不知春。
浮生富贵风飘瓦，从古殷忧火厝薪。
沧海横流原此始，箪瓢何处得安贫？

"草间偷活英雄泪，林下由来自在身"指刘尔炘在民国以后退居在家，"北地文章群拜李，西山学业尚思真"指其将精力用于教育事业。

在《和刘晓岚师祷雨诗》②中写道刘尔炘为民祷雨：

喧喧社鼓震灵湫，都为田苗祝有秋。
朝起望云暮望雨，与民同乐应同忧。
馨香到处苦相求，神力也穷佛也愁。
安得桑林十日雨，大家欢舞谢天庥。

层碧山庄于民国十年（1921）由刘尔炘建造，有房五楹，名悠然堂。1933年由兴文各社将其改为刘尔炘祠。后立刘尔炘铜像，1966

---

① 王烜著，邓明校点：《击柝集》卷上，《王烜诗文集》（内部使用），甘肃省人大办公厅印刷厂1997年印刷。
② 同上。

年毁。

王烜有《兴文各社以五泉层碧山庄,改建刘果斋先生专祠,参观立木口占二绝》① 两首:

其一
处处琳宫手造成,当时大匠是先生。
而今辟地崇祠宇,好傍高山赋景行。五泉自大佛殿迤西各庙,皆经先生所建修,层碧山庄亦在内。

其二
桃李阴阴数仞墙,宫开一亩绕回廊。
我来亦复参规矩,趋步前尘奉瓣香。

马积生,字吉樟,河南安阳县人。光绪六年进士,翰林院侍讲,历任湖北布政使。王烜在《绵阳征收局长谢筱舲君与余同出马积生师门,一见如旧,邀游东门外李杜祠,致足幽胜,赋此谢之》② 中提到了他。

潘龄皋(1876—1954),字锡九,河北安新县人。清翰林,清末任甘肃省皋兰县知县,民国时任甘肃省省长。王烜以师视之,有《谢潘锡九师惠书二件》③:

廿年前事大堪思,文字渊源早受知。
桃林春风花满县,锡师曾为吾兰县令桑榆晚景草临池。
永兴戈法墨华妙,大令薪传笔阵奇。
琐院金莲长忆昔,人师从古是经师。

---

① 王烜著,邓明校点:《击柝集》卷下,《王烜诗文集》(内部使用),甘肃省人大办公厅印刷厂1997年印刷。
② 同上。
③ 王烜著,邓明校点:《击柝集》卷中,《王烜诗文集》(内部使用),甘肃省人大办公厅印刷厂1997年印刷。

旧治婴怀重仔肩，开藩建节数临边。锡师以翰林为甘县令，荐为省长。

　　最难契合矜奇遇，锡师长甘时，余方杜门里居，独为拔用。可惜流言误大贤。时有龃龉之者，锡师乃辞去。

　　异日风云柯有斧，闲时岁月笔如椽。

　　蛮笺十幅琳琅满，坐对虚堂喜欲颠。

"永兴戈法墨华妙，大令薪传笔阵奇"赞扬潘龄皋书法精妙，"最难契合矜奇遇"对其举荐任用，王烜也是心存感激。

二　同年

王烜于光绪二十九年（1903）中癸卯科举人，光绪三十年（1904）中甲辰科进士。在同一次考试中被录取的举人或进士称为"同年"，他们往往会结成特殊的利益集团，彼此之间也会相互关照。

阎士璘（1879—1934），字简斋，陇西人，清光绪三十年（1904）中甲辰科进士。清光绪三十二年（1906）留学日本，入东京法政大学，归国后授翰林院编修。"居京师未久，值辛亥国变，回里，适其母患腹胀疾，士璘为之按摩，每自宵达旦，必腹平胀消而后已。初任陇西县议会议长，突有兵变，急集民团，严出入，昼夜巡城，皆躬亲之。岁甲寅，白朗犯甘，陇西城陷，士璘时在省，闻变遂谒当道，陈御侮善后事宜，领运军火，星夜旋里，策防守，桑梓获保。嗣被选为省议会议长，遇事力持大体，所言皆关民生国计，以兴利除弊为归，而不争意见，不计近功，尤能推荐士类，为地方惜人才。"[①] 王烜在《阎简斋同年自日本寄来却寄》[②] 中写道：

---

①　王烜著，邓明校点：《阎简斋传略》，《存庐文录》卷8，《王烜诗文集》（内部使用），甘肃省人大办公厅印刷厂1997年印刷。

②　王烜著，邓明校点：《击柝集》卷上，《王烜诗文集》（内部使用），甘肃省人大办公厅印刷厂1997年印刷。

八月都门忆送君，壮游我独叹离群。去年秋同人均赴东洋留学，余以侍慈疾未去。

归来陇坂千山雪，望断海天万里云。

但有经纶匡国步，莫将忧愤坠斯文。

鱼书读罢神长往，学说中西试解纷。

阎士璘既有科举背景，又是甘肃最早的留学生之一，"壮游我独叹离群"指王烜因为母亲生病，没有前往日本。

祁阴杰（1882—1945），字少昙，号漓云，甘肃陇西县人。清光绪三十年（1904）进士，授礼部主事。辛亥革命后，他选择了隐退，不再复出。相比王烜的积极入世，祁阴杰的选择并没有影响两人的交往。王烜在《和祁少昙同年槛鹤原韵》①中写道：

野性萧疎惯任夫，此生自分老林泉。

亭前肯放嬴苏子，林下相延伴逋仙。

不信牢笼能我致，何曾轩盖受人怜。

云霄万古真毛羽，一去音尘不计年。

王烜对其选择独善其身，表达了嘉许之意。

王烜与祁阴杰游处颇多，还可见于《祁少昙约观盘丝洞剧口占以赠》②：

禅关魔障解难开，万朵飞花落舞台。

赖有心猿收得住，蛛丝断尽见如来。

邓隆（1884—1938），字德舆，号玉堂，别号睫巢居士。甘肃临

---

① 王烜著，邓明校点：《击柝集》卷上，《王烜诗文集》（内部使用），甘肃省人大办公厅印刷厂1997年印刷。

② 同上。

第四章 务实济世：以王烜交游为中心的考察

夏人。光绪二十九年（1903）举人，官四川南充知县等职。民国初年任甘肃造币厂监督等职。"枹罕邓德舆，余乡、会两榜同年也，又尝先后宦蜀。归里后，卜筑兰城南郭外围拙园，时相遇从，唱和颇多。曾刊《拙园诗草》，其未刊行者尚多。余所存有《闫欢雅集》及《五泉避暑》及《拉卜楞寺》诸作。"①

两人意气相投，颇多游处，其细节可见于《和邓德舆游魏园韵》②等诗。两人还召集在兰州的同年聚会，"科举旧例，以八月十六日放场。今秋，邓德舆同年监督造币厂，厂为举院旧址，德舆以是日约集在兰科甲同人，作鹿鸣私宴"。在《鹿鸣私宴引》③中记载如下：

> 金风动丛桂，十里闻天香。皓月无今古，秋来吐异光。秋风秋月自年年，往事重寻廿载前。墨卷糊名珍拱璧，三条烛继灿红莲。龙门万丈文涛阔，投签阶石声锵然。如何锁院沉沉闭，沧桑几度门户别。寸晷风檐事已非，青霜忽下紫电掣。而今乱离尚未已，钜典谁能续绵蕝？岳岳邓子同年生，鼙鼓声中鼓瑟笙。众仙庚作霓裳谱，还向棘闱证旧盟。丹桂华秋秋欲老，羽觞醉月月方明。回首清槐忙里天，蕊榜名题数先后。献赋鸿毛顺风遇，几人曾此共华筵？天桥萦绕白衣紫，一时人望如神仙。吁嗟乎！嘉宾盛宴更何日？太平之世崇儒术。会会看偃武再修文，今日之日天开一。

"还向棘闱证旧盟"，虽然科举已经废除，但同年这种特殊的关系，在王烜等人心目中仍具有重要的地位。

---

① 王烜著，邓明校点：《存庐诗话》，《王烜诗文集》（内部使用），甘肃省人大办公厅印刷厂1997年印刷，第303页。
② 王烜著，邓明校点：《击柝集》卷上，《王烜诗文集》（内部使用），甘肃省人大办公厅印刷厂1997年印刷。
③ 王烜著，邓明校点：《击柝集》卷下，《王烜诗文集》（内部使用），甘肃省人大办公厅印刷厂1997年印刷。

王国香，字兰亭，甘肃兰州人。清光绪二十九年（1903）举人，民国初年参与编《甘肃文献录》，20世纪30年代任《甘肃通志稿》编校。王烜与他的游处可见《和王兰亭同年过六盘山原韵》①等诗。

许承尧（1874—1946），字际唐，别署疑庵，安徽歙县人。光绪三十年（1904）进士，授翰林院庶吉士。民国初年张广建督甘时，任督署秘书长、甘凉道尹、甘肃政务厅厅长。王烜与他的游处可见《和许际唐同年清明节小西湖雨中种树原韵》②等诗。

慕寿祺（1875—1948），字子介，甘肃镇原人，光绪二十九年（1903）举人，任甘肃文高等学堂教习，民国初年任甘肃临时议会副议长，著有《甘宁青史略》等。王烜与他的交游可见于《慕少堂同年以余权政务来诗见贺，步原韵答之》③等诗。

程天赐（1869—1951），字晋三，甘肃文县人。光绪三十年（1904）进士，授云南禄丰知县，民国时任教兰州师范等学校。有诗作《和程晋三同年己巳周甲初度自赠原韵》④：

> 少年捷南宫，同榜人三百。诗豪程夫子，咄咄欲人逼。君出宰炎灾，嗟余滞京国。飘零二十年，何处万古宅？揭来共文苑，晤对常喜色。朝抽石渠书，夕咄西园墨。往往读君诗，快心手加额。抗怀希古人，长吟每抱膝。今君花甲周，光阴真过客。老去诗律细，骚坛名赫赫。忧道不忧贫，咬菜还饭麦。德劭年弥高，流光乃厚积。况君有才子，继武良眉白。

"诗豪程夫子，咄咄欲人逼"，"况君有才子，继武良眉白"指的

---

① 王烜著，邓明校点：《击柝集》卷中，《王烜诗文集》（内部使用），甘肃省人大办公厅印刷厂1997年印刷。
② 同上。
③ 王烜著，邓明校点：《击柝集》卷下，《王烜诗文集》（内部使用），甘肃省人大办公厅印刷厂1997年印刷。
④ 同上。

是程晋三之子程步瀛。程步瀛（1908—1949），字海寰，少承家学，能诗文，毕业于甘肃第一师范学校，在临夏等专署工作，抗战胜利后组织前进同盟，事泄，不幸被国民党杀害。

杨巨川（1873—1954），字济舟，一字楫舟，甘肃榆中县青城人。光绪三十年（1904）进士，授刑部主事。光绪三十一年（1905）赴日本考察法政，归国后任湖南麻阳县知县，民国时历任敦煌县县长、五泉图书馆馆长、甘肃学院教授。在《和杨济舟同年六十四自寿原韵》① 中，王烜写道：

何日君家举寿觞？华筵未得与烹羊。
诗赓天保九如颂，暇祝佛尊无量光。
衍备义经还揲策，添来鹤算到扶桑。
况逢闰岁重开宴，补阙容登大雅堂。

秦望濂，字幼溪，甘肃会宁县人，乡试副榜。民国后，历任甘肃省署咨议、省印花税处处长、省税务局局长。王烜与他的游处可见《秦幼溪同年于其颐园作夏六闰欢小集，为赋〈夏云奇峰篇〉并质同集诸公》② 等诗。

徐谦（1881—1941），字益珊，甘肃临夏县人。光绪二十九年（1903）举人，民国初年任新疆内务司司长、财政厅厅长等。王烜与他的游处可见《和徐益珊同年即事四首原韵》③ 等诗。

范振绪（1872—1960），字禹卿，号东雪，甘肃省靖远县人。清光绪癸卯科（1903）进士，1906年东渡日本攻读法政。1934年被聘为甘肃省政府顾问，兼禁烟委员会委员。范振绪是著名书画家，1941年与张大千同往敦煌，张大千曾写过一首《戏赠范禹老》诗："我爱诗人范禹老，西来吊古锁阳城。颓垣坏塔成惆怅，一日三回捉草蟥。"

---

① 王烜著，邓明校点：《击柝集》卷下，《王烜诗文集》（内部使用），甘肃省人大办公厅印刷厂1997年印刷。
② 同上。
③ 同上。

范振绪也曾题跋张大千所作《戏拟榆林唐人壁画》图有云："予与大千游榆林窟后，见窟后唐画，随意背临，神情与壁画颇肖，足证早入唐贤三昧，近世无其匹矣！"张大千曾将千佛洞的部分洞编号，这一艰巨工作也是和范振绪的全力协助分不开的。平时张大千对范振绪事以师礼，并誉之为："我国山水画之南派大师。"张大千以范母楼太夫人教育幼年范氏兄弟的情况为题材，绘成了《欧荻岳训图卷》画，后题词云："巍巍怀清台，高节垂彤史。百世播流风，惟母良足企。范公幽介士，清华知所以。欧阳泷冈文，千秋嗟并美。昔其先师李与曾，暮年挟笔动觚逡。黄尘海水清庙屋，公为生民谢不能，小子年来须亦白，李公曾公墓木拱。西来叩谒登堂上，容颊稚心健成蹲。人前每颂白华诗，树静风摇泣罔极。永忆高堂寸草心，百年留照丹青色。肃穆拜公命，载笔为斯图。明贤惟有母，在昔慰醇倍。"由这幅画卷和题跋中，可以想见范振绪幼年承受母教之严，有如孟母、欧母。①王烜在《范禹卿画赠〈重游泮水图〉，并题七古一章，依韵赋谢》②中写道：

> 落落平生自忖余，前朝盛典纪崇儒。
> 丁年冠剑伴书卷，春日载阳红吾庐。
> 杏雨飘香花及第，子衿青青德不孤。
> 白驹过隙周花甲，只赢五老犹观园。书中，游泮者五人。
> 忆昔榜名传都市，由来铁网多珊瑚。
> 无何燕山逢范叔，未央壮丽瞻奥区。
> 我时委吏学会计，君自筹策工虞谟。
> 闲中适意诗书画，为期三绝乘三余。
> 迩来兰山话风雨，犹是高阳旧酒徒。
> 淋漓泼墨诗中画，青袍故我步云衢。

---

① 张尚瀛：《甘肃著名书画家范振绪生平》，《甘肃文史资料选辑》第47辑，甘肃人民出版社1997年版，第162页。

② 王烜著，邓明校点：《击柝集·续集》，《王烜诗文集》（内部使用），甘肃省人大办公厅印刷厂1997年印刷。

居然一池春水皱，满池藻芹绿不除。

三 同里

王烜与甘肃籍的人士由于地缘关系，更为亲近。尤其当他们离开家乡做官、游历或求学，也会互通声气，互济互助。

陆恩泰，字阶平，甘肃榆中县人。清末附生，民国初期历官甘肃陇西、安西、敦煌县知事。1907年王烜在《送陆阶平同学之官太原》①中写道：

> 茫茫别绪怅绮筵，意气如君幸夙缘。
> 壮志独游万里外，好书共读十年前。
> 云山杳霭瞻三晋，烟雨溟濛话五泉。
> 勉此功名争第一，文官不爱半文钱。

在陆恩泰去太原为官之际，王烜以"文官不爱半文钱"为勉。

陈克清，字膺禄，兰州人。工书法，善仿唐琏书法。王烜与他的游处可见于《与金星阶、王旭东、于映五、陈克清诸同学游曹家园》②等诗。

金森乾，字松乔，兰州人。汉中知府金义同的长子。清光绪廪生。

刘绳武，字韶庭，兰州人，清宣统时以优贡朝考为七品小京官。民国初年在青海、新疆做官，晚归兰州，行医。王烜与他们的游处可见于《夏夜与金松乔、刘韶庭诸友同宿五泉》③：

> 日暮云归鸟倦还，留人明月正衔山。
> 林阴古寺钟声妙，麓下田家灯影闲。

---

① 王烜著，邓明校点：《击柝集》卷上，《王烜诗文集》（内部使用），甘肃省人大办公厅印刷厂1997年印刷。
② 同上。
③ 同上。

> 潺潺泉流通曲径，茫茫野色叩禅门。
> 楼头夜半茶香歇，尔我忘形万虑删。

王树中（1868—1916），字建侯，号百川，又号梦梅生，甘肃皋兰县长川人，光绪二十年（1894）进士，官太和知县，署颍州知府。民国初年任甘肃省农会会长、甘肃省教育会会长。王烜与王树中交好，在北京时和王树中约同乡六人一同合影，可见于《和王建侯约同拍影题句原韵》[①]：

> 同向天涯踏紫尘，如兰臭味契前因。
> 明朝莫洒别离泪，南北东西眼底人。
> 宦海萍踪几度春？依依形影帝乡尘。
> 须眉毕竟仍今我，肝胆还须照后人。

其中"宦海萍踪几度春？依依形影帝乡尘"，表达了同样游宦京师的同乡之谊。

张世英（1843—1915），字育生，甘肃天水人。清光绪六年（1880）进士，选翰林院庶吉士，历官甘泉知县等。辛亥革命后，参加甘肃临时军政府，任正总务长。王烜在《寄张育生》[②]中写道：

> 经年事业已千秋，盐铁论成百虑周。
> 海市蜃楼今日始，一秤黑白混神州。

张世英其时在兰州担任国税厅坐办。

金泰乾，字星阶，兰州禄家巷人，汉中知府金文同等侄子。清光绪廪生，任甘肃省立一中仪器图书管理员。王烜与之游处颇多，

---

① 王烜著，邓明校点：《击柝集》卷上，《王烜诗文集》（内部使用），甘肃省人大办公厅印刷厂1997年印刷。

② 同上。

在《同金星阶诸友游后五泉》①中描写了诸友同游兰州名胜后五泉的情景。后五泉在兰州市阿干河谷皋兰山南麓深谷内，岩下泉水滴落不绝如雨声。谷内水木清华，佛寺幽僻，其北为五泉山，故称后五泉。

乘兴穷幽游，同来后五泉。
岩深常滴雨，径曲别开天。
久坐尘心洗，忘言佛意参。
小桥流水外，人望若神仙。

王世相（1871—1925），字说岩，兰州金沟乡人。光绪二十四年（1898）进士，陕西候补道。民国初年任甘肃省议会议长、安肃（今酒泉地区）道尹。王烜在《重九日北山登高，欢宴王建侯王说岩两观察，即席步刘晓岚师原韵》②中写道：

铁桥北上北上高，歌唱扶风土气豪。
塔影当空凌绝顶，萍踪欢合赋同袍。
黄花又醉重阳节，白浪如观八月涛。
回首十年前故事，染衣柳枝枣蒸糕。

高炳辰（1863—1924），字献廷，号晓塘，榆中人。光绪二十三年（1897）举人，官陕西直隶州，署陕西长武知县。

白鉴真，字宝千，号石头主人，兰州人。光绪十四年（1888）举人。

祁荫甲（1866—1946），字樾门，号梦蘅，甘肃陇西县人。清末官浙江青田知县，民国时任甘肃财政厅秘书主任。

---

① 王烜著，邓明校点：《击柝集》卷上，《王烜诗文集》（内部使用），甘肃省人大办公厅印刷厂1997年印刷。

② 同上。

时值同人作消寒会,主持者为刘尔炘,成员有王树中、邓隆、王烜、高炳辰、王兆辰、白鉴真、祁荫甲七人,王世相为客,合九九之数,逢九集会,分韵为诗。有《消寒六首》①。

其一
暖炉小会破清寥,赢得寒消意也消。
谁肯赠袍怜范叔,漫将投笔话班超。
欲衣冻死浑闲事,献曝余生忆旧僚。在都时,曾与吴秉丞诸友作消寒会。
又值日长添线候,从头九九是今朝。

王兆辰(1857—?),字紫垣,晚号问芳老人,兰州人。光绪八年(1882)举人,任平番县(今永登县)教谕,主讲皋兰书院、五泉书院。《和问芳老人六六闰欢原韵》②中写道:

重楼金碧出林峦,倚到斜阳十二栏。
北马南船余旧恨,东施西施说新欢。老人无以侧室,曾有"不计东施西施"之说。
不妨有酒称名士,何必多钱是好官。
今日听泉还看瀑,为君佳句费吟安。

阎毓善(1872—1933),字庆皆,甘肃酒泉县人。清光绪二十年(1894)举人,宣统年间入黑龙江巡抚周绍朴幕。民国初任参议院议员。民国七年(1918)阎毓善任新疆实业厅长,王烜有《送阎庆皆之任新疆实业厅长》③多首:

---

① 王烜著,邓明校点:《击柝集》卷上,《王烜诗文集》(内部使用),甘肃省人大办公厅印刷厂1997年印刷。
② 同上。
③ 王烜著,邓明校点:《击柝集》卷中,《王烜诗文集》(内部使用),甘肃省人大办公厅印刷厂1997年印刷。

第四章 务实济世:以王烜交游为中心的考察

其一
几叠阳关唱未终,故人走马揖匆匆。
柳红柳绿天山月,沙白沙黄大漠风。
万里前程三尺剑,一担行李五经筒。
书生何待曾投笔,要术齐名异域功。
其二
混沌陆海国岩疆,旌节遥临客路长。
出塞春云飞作雪,有田瀚壁变为桑。
八千里远腾天马,三百群多牧地羊。
闻说汉家征庶富,葡萄美酒最芬芳。
其三
繁台梁苑旧游时,个个萍踪有梦思。
一帙龙沙留迹远,_{庆皆曾宦东三省,著有《龙沙鳞爪》。}三秋燕市论文奇。_{乙卯秋在都相会。}
梅开今日人还别,蓬转频年我独悲。
犹得西郊随祖帐,兰心契尚使君期。
其四
玄黄龙战几经年,万劫曾婴铁是肩。
席帽京尘余梦影,锦衣故里怅离筵。
根盘节错非常日,露宿风餐别有天。
怪我襟怀怆送客,春波春草正无边。

对其从政充满了期许。

柴春霖(1888—1952),字东牛,甘肃省兰州市柴家台人。毕业于美国威斯康星大学,获政治经济学硕士学位。任甘肃张掖县知事、河南财政厅厅长。

金翼乾(1888—1947),字含章,一字汉章,兰州市禄家巷人。汉中知府金文同的侄子。中国大学经济系毕业。任甘肃省长公署秘书、甘肃法政学校教员、甘肃学院教授、甘肃省第一女子师范校长、甘肃省立一中和甘肃省第一师范教员。王烜与二人的游处可见于《游红泥岩与柴东生、金含章诸君小饮》① 中。

王少沂,兰州丰黎义仓义务赞襄。王烜有《与王少沂、邓德舆、水楚琴诸君作消寒会》② 多首:

> 其一
> 同上山楼酒便呼,羔裘不暖粟生肤。
> 天荒地老人当醉,暑往寒来岁岂殊。
> 宿火犹温香热鼎,微阳已动雪融炉。
> 长河莫讶坚冰至,宴饮曾占易象需。初次金山寺
> 其二
> 寒候虫鸣寒欲消,洞天九老会相招。
> 酒旗应解穷途恨,腊鼓能回春日遥。
> 终古秦松与汉柏,何时紫魏更黄姚?
> 雪中鹤向梅花语,难道今年胜若尧。二次洞天春
> 其三
> 消寒曾记十年前,今日一寒更可怜。
> 大地鱼龙归雪海,空山鸟鼠入冰天。
> 未欢髦士千间厦,谁暖苍生万灶烟?
> 且趁新晴开野酌,河桥风劲快扬鞭。三次在河北
> 其四
> 几番薄霰几番晴,冷暖何须著意争。
> 曝负茅檐聊作乐,春归梅驿岂无情。
> 回肠欲冻心偏热,蛰气当苏梦亦惊。
> 可喜小园畦菜美,寥寥一室订诗盟。四次在煦园寥天一室。

诗作记录了四次消寒会的情况,分别在金山寺、洞天春、河北以

---

① 王烜著,邓明校点:《击柝集》卷中,《王烜诗文集》(内部使用),甘肃省人大办公厅印刷厂1997年印刷。

② 王烜著,邓明校点:《击柝集》卷下,《王烜诗文集》(内部使用),甘肃省人大办公厅印刷厂1997年印刷。

第四章 务实济世：以王烜交游为中心的考察

及水梓的别业煦园。

王鑫润（1877—1959），字庚山，别字耕山，兰州宁卧庄人。清光绪二十七年（1901）举人，北京高等法律学堂毕业，同盟会会员。1922年任国会参议员，抵制"贿选总统"，20世纪30年代，任教于甘肃学院、甘肃工业学校等。王鑫润旅居北京时，王烜在《和王耕山来诗原韵》①中写道：

> 新诗如有神，喜我冶其邻。
> 大道谁堪语？孤芳或可观。
> 幼安惟好学，元亮不忧贫。
> 陇树燕云外，寥天一侧身。

李鼎超（1894—1931），字酝班，甘肃武威人。他出身于诗书之家，家学渊源。祖父李铭汉（1809—1891），字云章，清道光己酉科副贡生，主讲凉州雍凉书院、甘州甘泉书院。父亲李于锴（1863—1923），字叔坚，清光绪乙未科进士，入翰林。李鼎超幼承家学，研治文史，及长，编纂《武威县志》。1929年任甘肃省通志局分纂。次年，任兰州中山大学文学系教员。1931年，为甘肃省七代表之一，赴南京参加国民代表会议，病卒于上海。王烜在《挽李酝班》②中写道：

> 屋梁罗云乍堪思，魑魅逢人欲笑时。
> 江上鱼龙偏入梦，庭前鹏鸟总成疑。
> 后来旧学空余子，老去新交更有谁？
> 史笔渊源竟销歇，酝班为耆儒李云章孙雍凉文武觉难持。

---

① 王烜著，邓明校点：《击柝集》卷下，《王烜诗文集》（内部使用），甘肃省人大办公厅印刷厂1997年印刷。

② 同上。

对李酝班的英年早逝表示惋惜。

李蔚起,字星伯,一字兴伯,甘肃甘谷人。清光绪时举人,民国时任甘肃通志馆编辑,掌管兰州丰黎义仓,襄助刘尔炘赈济震灾。王烜与他的游处可见于《李星伯种虞美人一畦,花开鲜艳可爱,为诗赠之》① 等作品。

谈凤鸣,字瑞歧,兰州人。清光绪二十九年(1903)癸卯科举人,甘肃府经历。1916年任甘肃省立一中国文、修身教员。其后在横街子(今静宁路)寓所设塾科童为生。

李继祖,字绳之,兰州人。清光绪癸卯科副贡。民国初年在兰州南林路设塾授徒。王烜与二人的游处可见于《新历元月三日,与谈瑞歧、李绳之诸君公宴癸卯同年翁醉亭、江伯修,感赋二律》② 中。

张建(1878—1958),字质生,号梅林,甘肃临夏县人,他"文笔敏捷,非人所及"③。民国初年入马福祥幕,为官宁夏、绥远。王烜与他的游处可见于《步张质生七夕即事书怀元韵四首》④ 等诗。

裴建准(1885—1970),字孟威,号南谷山人,甘肃渭源人。清光绪三十二年(1906)考入甘肃武备学堂,次年保送保定陆军学堂。民国初年授榆威将军。1919年任河州镇守使,1926年任肃州镇守使。20世纪40年代任兰州市参议会议长。王烜与他的游处可见于《裴孟威将军以凤尾兰盛开,招饮赏花,席间分韵得"者"字,为赋七古一章》⑤ 等诗。

张明远(1869—1952),字致堂,甘肃康乐县人。清光绪二十三年(1897)丁酉科举人,清末选为盐大使,在四川历任警务及工厂

---

① 王烜著,邓明校点:《击柝集》卷下,《王烜诗文集》(内部使用),甘肃省人大办公厅印刷厂1997年印刷。
② 同上。
③ 王烜著,邓明校点:《存庐诗话》,《王烜诗文集》(内部使用),甘肃省人大办公厅印刷厂1997年印刷,第317页。
④ 王烜著,邓明校点:《击柝集》卷下,《王烜诗文集》(内部使用),甘肃省人大办公厅印刷厂1997年印刷。
⑤ 王烜著,邓明校点:《击柝集·续集》,《王烜诗文集》(内部使用),甘肃省人大办公厅印刷厂1997年印刷。

第四章 务实济世：以王烜交游为中心的考察

事务，其子为西北地方史学家张维。王烜在《祝张致堂先生七旬有八之庆》①中写道：

> 虽不从赤松子游，神仙富贵许留侯。
> 平生读书破万卷，自笑穷经应白头。
> 故我书生乐育才，一官敝屣弃尘埃。
> 志在愚民泽百世，_{曾为临洮开渠坐令熙皞登春台}。
> 老来杖国称人师，后凋松柏岁寒时。
> 今年秋色如春色，菊后梅前酒一卮。_{诞辰在十月初}。
> 三千珠履宾朋集，紫芝高唱青云入。
> 有妇能致六珈辞，有子载赓白华什。
> 小阳天里锦堂开，喜得綵衣舞老莱。
> 一言颂进仁者寿，期颐天与庆方来。

王烜对其"平生读书破万卷，自笑穷经应白头……有子载赓白华什"十分推崇。

张维（1889—1950），字鸿汀，甘肃省临洮县人。宣统元年甘肃省拔贡第三名，朝考二等第五名。1911年，张维被选为首届国会众议院议员，在北京任职。1917年，因张勋复辟，回到甘肃，1918年后，张维历任甘肃政务厅长、甘凉道尹、省署秘书长、省议会议长、兰州市政督办等职。王烜有《重九日，某公别业看菊》。②

> 好是名园依绿水，花之隐逸出芳群。
> 傲霜惯与秋风战，经岁才知元气分。
> 陶令高吟篱缀露，阎公雅望阁飞云。
> 闲闲十亩添佳兴，种菜英雄忆昔勋。

---

① 王烜著，邓明校点：《击柝集·续集》，《王烜诗文集》（内部使用），甘肃省人大办公厅印刷厂1997年印刷。
② 同上。

题中"所某公别业"即指张维别业。张维别业位于兰州市南城巷，宅内有果园，树下种菜，故人称其为"菜园子张青"。

杨沛霖（1873—1960），字雨丞，甘肃皋兰县人。清末诸生，民国初年任甘肃省长公署秘书、科长。后主管丰黎义仓。杨沛霖重印《太上感应篇》，王烜为之作序：

> 杨君雨丞，以所印《太上感应篇》问序于余，余以其善举也，不敢辞，爰受而读之，前为《感应篇》，后附《经验良方》，共一帙。《感应篇》善教也。《经验方》善行也。善教入人，可以挽劫而救世；善行持世，可以却灾而活人。杨君诚善士哉。①

王烜与他的游处还可见于《与杨雨丞砚台山访段容思先生墓碑》②等诗。

马建勋（1913—1974），字彪臣，兰州市互助巷回族。为晚清著名国画家马虎臣的重孙。甘肃工业学校毕业，历任兰州山字石小学、明德回民小学、兰州女师等学校图画教员。抗战时流寓武威，师从范振绪、张大千学画，画艺大进。王烜有诗《赠画师马藤伯》③：

> 诗中有画画中诗，千古高人摩诘维。
> 胜迹辋川君记取，天然妙造自堪师。君近学为诗。

李镜清（1872—1912），字鉴亭，甘肃临洮人。1945年，李镜清子女与地方人士筹集资金，在临洮县东山下为之建祠堂一所。王烜在《李鉴亭议长专祠落成临洮，行入祠典礼》④中写道：

---

① 王烜著，邓明校点：《重印〈太上感应篇〉序》，《存庐文录》卷1，《王烜诗文集》（内部使用），甘肃省人大办公厅印刷厂1997年印刷。
② 王烜著，邓明校点：《击柝集·续集》，《王烜诗文集》（内部使用），甘肃省人大办公厅印刷厂1997年印刷。
③ 同上。
④ 同上。

一身都是胆，万口为招魂。此联为刘果斋先生挽鉴亭议长语。
斯语怀先哲，于今有定论。
灵旗寒月陇，古木夕阳村。
此日洮流咽，云车风马屯。

冯国瑞（1901—1962），字仲翔，号牛翁，一号渔翁，别号麦积山樵，甘肃天水人。清华学校国学研究所毕业，历任国立兰州大学教授、中文系系主任，兼任西北师范学院国文系教授、青海省政府秘书长、陕西省政府顾问等。王烜与他的游处可见于《与冯仲翔访邹兰谷书梅石刻于金山寺，拓本以归，记为成句赠之，并谢指引》[①]等诗。

邓宝珊（1894—1968），本名瑜，甘肃天水人。早年加入同盟会，辛亥革命时，曾参加新疆伊犁起义。1924年任国民二军师长，后任代理甘肃省主席。中华人民共和国建立后，先后任甘肃省人民政府主席、省长。王烜与他的游处可见于《应邓主席招，与文史馆同人慈爱园看牡丹》[②]等诗。

四 兰州千龄诗社

民国三十一年（1942）6月18日，时值农历端午节，兰州地方人士与外地在兰州流寓或宦游的二十余人，于五泉山集会，因积年逾千岁，以"千龄"为名，组成诗社。众推朱绍良、高一涵为正副社长。[③]

高一涵（1884—1968），字涵庐，安徽六安县人。日本明治大学毕业，北京大学教授，《新青年》撰稿人。任监察委员、两湖监察使。1940年至1947年任甘宁青监察使，高一涵《金城集》中与"千龄诗社"有关的诗作有《千龄社赠墨》《乙酉诗人节千龄社第二次小

---

① 王烜著，邓明校点：《击柝集·续集》，《王烜诗文集》（内部使用），甘肃省人大办公厅印刷厂1997年印刷。
② 同上。
③ 高大同：《高一涵先生年谱》，上海文化出版社2011年版，第146页。

集追吊屈子分韵得旅字》《听松图为韵潮作》《胜利日千龄社金城燕集分韵得河字》《乙酉九日千龄社集五泉山武侯祠分韵拈得字》。① 高一涵热心公益，民国三十四年（1945）6月15日，他为皖江两省避难西北同乡子女创建学校，与甘肃省主席朱绍良联名致信兰州各界社会名流，请其资助。② 王烜与其交游可见于《和高涵庐告别兰州诸友原韵》③：

  大江东去浪潜沱，春雨添流涨若何。
  竟送轻帆过汉上，离怀此日问谁多？
  楚骚遗响浩无边，老去诗人雪满颠。
  塞上春花秋夜月，主盟韵事几经年？
  江郎赋别黯销魂，春暮陇云故故屯。
  翘首南天何处是？群山万壑赴荆门。
  评诗午夜掩重关，可许乘风王子安。
  不为披榛勤采采，谁知空谷有幽兰。曾为千龄社征诗，以余玉门行为最。

徐绅，字韵潮，江西上饶人。抗日战争时任第八战区军需处处长，兰州千龄诗社发起者之一。王烜有《为徐君韵潮题〈风水兴悲图〉》④ 等诗。

徐文泉（1879—?），字渊如，江苏沭阳县人。抗战时流寓兰州行医，为千龄诗社成员。王烜在《题徐渊如社友唱酬集》⑤ 写道：

  一串珠玑夜有光，随时编缀尽成章。

---

① 高一涵：《金城集》，《西北文献丛书》第6辑，第174册，西北文学文献第十七卷，兰州古籍书店1990年影印本。
② 高大同：《高一涵先生年谱》，上海文化出版社2011年版，第158页。
③ 王烜著，邓明校点：《击柝集·续集》，《王烜诗文集》（内部使用），甘肃省人大办公厅印刷厂1997年印刷。
④ 同上。
⑤ 同上。

第四章 务实济世：以王烜交游为中心的考察

多君更具民胞愿，妙术活人海上方。渊如，善西医。
阮有啸兮嵇有琴，性情洽处契苔岑。
一篇桔赋容吾诵，空谷跫然得赏音。

王烜不仅佩服徐文泉的文采更称赞他"妙术活人海上方"。

徐璋，字玉章，辽宁人，曾任张学良秘书，抗战时流寓兰州，在甘肃学院附中教英语，任西北师范学院教授。在《花朝前二日，张玉如招宴千龄社友，徐君玉章醉归有作，出以见示，遂步原韵》①中王烜写道：

春信传来绝妙词，长吟吟罢自颐支。
杏花朝雨新晴日，难得与君醉一时。
梦腾几醉春如许，桃李争荣年复年。
众醉独醒徒自苦，正须同醉笑扶额。
春草王孙几乱离？离情无奈更工诗。
江南塞北玄黄日，此际问君何所之？
寻欢有酒劝频频，都是香山旧社人。
愧我金樽常自满，输君管领十洲春。

水梓（1884—1973），字楚琴，兰州人。民国时期，水梓主要致力于教育，历任甘肃省立一中校长、甘肃省教育厅厅长等职务。水梓善诗文。千龄诗社的诗人们经常到煦园分韵作诗，品茗赏化。王烜在《和水楚琴社长煦园宴集四绝》②中写道：

莫嫌春日故迟迟，好趁和风舞鹤姿。
玉帛干戈争胜负，时值和谈觥筹交错也因时。

---

① 王烜著，邓明校点：《击柝集·续集》，《王烜诗文集》（内部使用），甘肃省人大办公厅印刷厂1997年印刷。
② 同上。

如此人生九转丹，东风忽暖又严寒。
偷闲且向花前饮，柳绿桃红取次看。
江南春色寄情遥，原作有怀朱一民、高一涵。咫尺云天一室寥。煦园有寥天一室，此日宴于此。
尚有诗盟旧白社，不随风浪自然超。
不厌酒兵厌甲兵，太和世界只平平。
试观树树花间好，都有生机岂结盟？

水梓在《重千龄社煦园集会以王维九日诗分韵得处字》[①] 中有作：

其一
佳节集群贤，天寒兴未阻。
来观东篱菊，坐我百花处。
酒量虽不豪，浅斟饶有趣。
其二
无肉亦清爽，蔬食信可茹。
兄弟久怀念，分韵辋川句。
涵庐与紫阁，遥寄茱萸去。
其三
诸老各健康，独感少堂慕。
修禊约来年，欢会莽资酿。
醉登超然楼，兰山开宿雾。
其四
佛光照大千，般若超无素。
主人方远游，敦煌多妙悟。
老境愿偷闲，焚香消世虑。

---

① 《煦园春秋——水梓和他的家世》，中国艺苑出版社2006年版，第146页。

五 其他社会各界人士

王烜诗文中提及的还有官员、回族上层人物以及流寓兰州的社会各界人士。

张广建（1864—1938），字勋伯，安徽合肥县人。光绪年间入淮军聂士成部为军佐，后保举知县，官山东。1914 年至 1920 年任甘肃都督兼民政长，尊称为帅。王烜有《灵台莅任，上张勋帅一首》①之作。

吴佩孚（1873—1939），字子玉，山东蓬莱人。早年投淮军，后任北洋陆军曹锟部管带，颇得器重，后升任旅长。1919 年 12 月冯国璋病死，曹锟、吴佩孚继承了直系军阀首领的地位。1939 年吴佩孚患牙病高烧不退，12 月 4 日，日本牙医受命于土肥原谋杀吴佩孚，国民党政府追认其为陆军一级上将。在雷马事变中，吴佩孚先以游历为名，进入甘肃，后被雷中田、马文车迎至兰州，调解雷马矛盾。兰州众多知名人士欢迎吴佩孚，王烜也有《吴子玉上将军莅兰，赋此欢迎》②之作：

> 河陇居然豁战云，言从天上下将军。
> 曾知孙武同筹策，欲拜鲁连为解纷。_{时马主席为国民军所困，玉帅调解，以息甘乱。}
> 豆剖边区期合化，_{甘人欲玉帅为谋汉回联和。}华离海域待殊勋。_{东北沦陷，国人望玉帅出山。}
> 苍生此日喁喁望，请作甘霖沐大群。

马麟（1873—1945），字勋臣，甘肃临夏县漠尼沟人。马海宴之子，光绪二十六年（1900），八国联军进犯北京，随父兄在北京东交

---

① 王烜著，邓明校点：《击柝集》卷中，《王烜诗文集》（内部使用），甘肃省人大办公厅印刷厂 1997 年印刷。
② 王烜著，邓明校点：《击柝集》卷下，《王烜诗文集》（内部使用），甘肃省人大办公厅印刷厂 1997 年印刷。

民巷、直隶廊坊阻击侵略军，后任哨官。民国时期历任西宁镇标左路统领、宁海军参谋长兼右营统领、玉树支队防备司令。民国十八年（1929），任青海省建设厅厅长。民国二十五年（1936）代理青海省政府主席。王烜为其作有《马勋臣七旬弧臣征诗》①：

  紫气来西北，元戎克壮猷。
  古稀佳节候，日永大椿秋。
  海徼三边靖，天方万里游。
  春宵灯月皎，玄鹤又添筹。

  唐昭防（1919—?），安徽肥西县人，曾任国民党西北行辕总务处书记。20世纪40年代后期千龄诗社的多位成员离开了兰州，张治中将军坐镇兰州时牵头组建了和平诗社，唐昭防为和平诗社成员。
  《和平日报》副刊《嘤鸣》是"和平诗社"成员发表旧体诗词的园地，创刊于1947年8月1日，其创刊宗旨是："以文会友""发扬固有文化，增进高尚娱乐"。1948年《嘤鸣》创刊一周年的纪念会的记载中称："群仙高会，星月交辉，即席赋诗，约期结社。"② 和平诗社成员有张治中、郭寄峤、张维、易君左、盛彤笙、蒋汉城、周嘉彬、张素我、谢润甫、康竹鸣、唐昭防等四五十余人。③ 唐昭防后于1949年参加酒泉起义。王烜与他也有唱和，有《和唐昭防和平征诗原韵》④ 一首：

  催动阳和腊鼓频，漫将人海任胥沦。
  党争竟以兵戈见，众望犹期玉帛陈。

---

① 王烜著，邓明校点：《击柝集·续集》，《王烜诗文集》（内部使用），甘肃省人大办公厅印刷厂1997年印刷。
② 汉国萃：《解放前兰州三大日报概述》，《甘肃文史资料选辑》第27辑，甘肃人民出版社1987年版，第182页。
③ 水天长：《回忆我的父亲水梓先生》，《团结》2013年第3期。
④ 王烜著，邓明校点：《击柝集·续集》，《王烜诗文集》（内部使用），甘肃省人大办公厅印刷厂1997年印刷。

第四章 务实济世：以王烜交游为中心的考察

风鹤四方倏八载，虫沙万劫又三春。<small>抗战八年后，继以国共党争三年。</small>

何当捐尽阋墙忿？拯起水深火热民。

阎澍恩，字荫桐，山西祁县人。晚清举人，北京同文馆毕业，任甘肃文高等学堂俄文、日文教习。入民国，任中国驻苏联赤塔总领事、新疆省政府顾问、西北军政长官公署参议、兰州大学俄文系教授。王烜与他也有唱和，在《阎荫桐以诗四章见赠，和其第一章，谢之》①中写道：

隐居门巷未嫌深，高士书来抵万金。
重译早知称国手，<small>君善四国文字。</small>遭时难得卜天心。
相逢松柏后彫在，可奈桑榆晚景沈。
只幸暮年添老友，新诗展卷几回吟？

王烜对其学养十分欣赏。

李祥麟（1894—1956），西安人。为国民政府监察院院长于右任随从秘书，工书法。王烜有《题李祥麟之太夫人画像》②之作：

天姥峰高望夜云，寂然入定坐灵氛。
西方乐园福缘满，南海慈航佛法闻。
画里松筠游子梦，门前桃李茂才文。
清修淑德吾神往，惟有心香一瓣焚。

六 亲友

蔺象祖（1874—1957），字子贤，兰州人。光绪末年贡生，一生

---

① 王烜著，邓明校点：《击柝集·续集》，《王烜诗文集》（内部使用），甘肃省人大办公厅印刷厂1997年印刷。

② 同上。

从医。1928 年起任同仁局主管。王烜有《蔺子贤表兄六旬晋七之庆，诗以祝之》①：

> 呼取春牛载酒来，孤辰正月初九，适值立春。连觞更进莫徘徊。
> 一生好境安心过，万变奇观笑眼开。
> 灵药有方人续命，仙经得诀自存胎。子贤善医，又习道家修养术。
> 杖乡杖国宾筵敞，都向华堂献寿杯。

第二节　王烜交游的影响

王烜的交游网络，使其个人活动范围和能力得以扩大和增强，这种作用集中体现在他所从事的慈善救助事业上。

民国时期，甘肃灾害频仍，自清宣统元年（1909）甘肃全省春、夏均干旱，越十九年至民国十七年（1928），甘肃全省又空前大旱，民国三十二年（1943），甘肃全省复大旱。② 民国九年、民国十六年，甘肃发生了几次大地震，面对灾害，当时的政府无力开展大规模救灾工作，以地方精英为主导的慈善组织成为救灾的主力。

一　在震灾筹赈处的作为

民国九年（1920）甘肃大地震"山崩地裂，城市为墟，人民死亡二十余万，牲畜压毙亦数十万；生者庐舍荡然，衣食无藉，农失其田，商失其业，道路所经，惨不忍睹。始知从前各报所载均属实情，并非虚语。计全甘七十余县，被震受灾者五十余县，其重者亦三十余县。东路会宁、静宁、隆德、固原、海原为最重，宁县、镇原、次之；定西、平凉、崇信、环县又次之；南路通渭、秦安、伏羌、天水、清水为重，陇西、武山、两当、礼县次之；北路靖远为重，宁

---

① 王烜著，邓明校点：《击柝集·续集》，《王烜诗文集》（内部使用），甘肃省人大办公厅印刷厂 1997 年印刷。
② 赵世英：《甘肃历代自然灾害概述》，《甘肃文史资料选辑》第 20 辑，甘肃人民出版社 1985 年版，第 11 页。

夏、中卫次之；省垣附郭，则皋兰亦被灾，次重者；惟西路各县较轻，不须赈济"①。为了应对灾情，"省设有筹赈处，由京外甘肃同乡电商陈省长，公举绅士刘君尔炘办理。刘君系前清翰林，民国以来隐居不出，于地方公益之事，办理十余年，信用昭著，望重全甘"②。

但是筹赈处"经多方筹措，而地方凋敝，又值国内大灾叠见，募款殊难，数月之间其所收不过五六万元，灾区既广，不敷分布。去岁办理急赈，今春复散牛种，均属杯水车薪。现在又就最重灾区，择妥绅前去放赈，所到之处，无告之民，盈阶满道，无法应付，万分为难。其施放未到之处，尚不知凡几"③。王烜就灾情指出："一、各县人民震压死者犹多未葬，厉气熏蒸，瘟疫已经流行，宜酌给葬资，并发药物以备防疫。二、现届夏令，暴雨时行，颓垣败壁，不堪居处，将来秋霖淫潦，必更为患，宜查明灾户，量为补助建筑之需。三、甘地高寒，入冬则雪窖冰天，人民既失其衣食住，则冻馁以死，势所必至，尤宜预为之备。四、居民露处，贼盗必将横行，后患不堪设想，非令有所资藉，难保治安。五、春种施给无多，秋种耕牛尤为急需，以现状观察，非先有数十万大宗巨款以救燃眉不可，若欲恢复原状，则非持以数年之久，数百万之款，不易为功。至各县崩山塞河，交通断绝，将成水患，已有华洋救济会另行募款，以工代赈，现亦在进行之际。"④

1921年夏秋，甘肃省内一些遭受雹灾的地方，也纷纷求救，甘肃震灾筹赈处便将职能扩大为统管全省的各种赈务，不再局限于震灾救济。经刘尔炘等人多方联络，奔走呼吁，截至1923年5月31日共向省内各界、国内十余省市的军政要人、救灾组织、慈善团体以及日本东京同乡会等等筹募捐款现银三十万余两。所募捐款，先后刊印了"第一期徵信录""第二期徵信录"，将收支账目全部向社会公开，以

---

① 王烜著，邓明校点：《上北京华北救灾协会电》，《存庐文录》卷9，《王烜诗文集》（内部使用），甘肃省人大办公厅印刷厂1997年印刷。
② 同上。
③ 同上。
④ 同上。

接受公众监督。①

  1924 年春，甘肃省长公署为奖励刘尔炘办赈得力，特请民国大总统曹锟题颁"痌瘝在抱"匾额一方。面对如此高等级的奖励，刘尔炘却拒不接受，第二天就致函省长公署，请退回奖匾。省长公署误以为刘尔炘是故作姿态，所以没有如其所求，仍将奖匾退给刘尔炘。不料，刘却再次致函省长公署，坚持退匾，以实际行动矫正追名逐利的颓风。省长公署见刘尔炘退匾态度十分坚决，只好将匾额退回内务部并请求注销。内务部也只好收回匾额，准予注销。②

  邓隆在地震发生后，闻外国籍收税官贺尔慈捐款买饼赈济灾民，"而吾甘官绅尚无如何办法。岂中国人之仁慈不及外国人欤，岂甘人无同胞之谊欤，盖一则消息不通未得真相，二则无信实机关代为收转，虽有仁人无从直接赈济。此在交通不便之处，不得不然耳"③。"阴历十一月十五日，甘肃织呢公司开股董会并请来宾，适许际唐厅长谓来时曾住定西，灾民衣食无着，亟待赈救。司徒仲实厅长议将直鲁应扣官界赈款移赈甘肃。仁人之言其利甚溥，将来必有妥善办法。嗣牛君厚泽痛言劝导股东天来福宋君，大为感动捐钱五串。同人拟即劝请官绅商民共勷斯举。此次地震谁未目击，谁未身受，谁非奔走避匿，苟再多震十分钟，势将同归于尽，痛定思痛慈善之心谁不如我。况财产更胜我者乎？灯下走笔为民请命，不暇择言，目下办事机关承办之人，尚未议定，如省外善士愿助款者，请先寄交兰州织呢公司，以俟举定办事之人，如数转交预备麦面布匹，分路赈济。当此天变未息承办之人谅不敢干没赈款，昧良招灾，愿表同情者，均请函示此为办理急赈起见，不周之处，还祈赐教为祷。"④

  甘肃震灾发生后，柴春霖联合一批旅京甘肃名人成立旅京甘肃震灾救济会，通电各省长官公团及各种赈灾团体，报告灾情。国际统一

---

① 高继宗：《刘尔炘两退奖匾》，《中国减灾》2005 年第 6 期。
② 同上。
③ 邓隆：《劝赈甘肃地震灾民意见书》，《敬恭桑梓录》卷 1，民国铅印本，甘肃省图书馆西北地方文献阅览室藏。
④ 同上。

救灾会派干事赫约翰同柴春霖到甘肃调查灾情，柴春霖到甘肃后与中外人士在兰州组成甘肃震灾华洋救灾会，向海内外人士募集善款。甘肃震灾华洋救济会用工赈形式先后修竣了静宁、会宁、通渭等五县河道。①

二 在甘肃赈务会中的作为

1929年，南京国民政府中央赈灾委员会颁布《各省赈务会组织章程》，要求各省设立省赈务会办理本省赈务，甘肃省赈务会也在这一背景下应运而生了。《甘肃省赈务会规程》规定甘肃省赈务会分为总务、筹赈、审核三组，总务组负责：撰拟函电文稿事项、市县分会章则事项、收发文件事项、典守关防暨校对事项、账款及本会经费出纳登记事项、统计暨编制报告事项、本会交代事项、本会购买物品及保管公物事项、本会各组织一切杂务事项、本会来往一切电报事项。筹赈组负责：调查灾民区域户口事项、调查灾区财产损失事项、调查灾区赈务状况事项、筹募赈款事项、分配散放赈款赈品事项、各种付赈事项、赈品采买暨运输事项、其他赈务上需用之采运事项。审核组负责：审查放账人员有无徇情舞弊事项、考察账务人员暨市县分会人员功过事项、稽查账款保存赈品采买有无渔利事项、稽查各灾区报告灾情有无隐匿及捏造事项、审核账款暨赈品出纳事项、审核本会经费出纳事项、审核统计暨报告事项。②"甘肃省赈务会总务、筹赈、审核三组，共设一等事务员四人，二等事务员四人，三等事务员五人，助理各组事务书记七人，缮校文件书记中选书记长一人，兼管档案并照章按等支给薪资。临时需用各项人员由甘肃省赈务会遴选委任之。甘肃省赈务会服务人员如任事勤劳著有成绩者，得由甘肃省赈务会呈请赈务委员会酌予奖励。甘肃省赈务会服务人员如有营私舞弊事被人揭发经查有据者，由该会呈请省政府从严核办。甘肃省赈务会常会定

---

① 姜振逵、刘景岚：《民国时期社会组织在救灾中的作为追溯——以1920年甘肃大地震为例》，《甘肃社会科学》2013年第4期。

② 《甘肃省赈务会规程》，《甘肃赈务汇刊》第2期，甘肃省赈务会1933年编印，甘肃省图书馆西北地方文献阅览室藏。

于每来复三日上午十时开会，如有紧要事宜召集临时会议。"① 甘肃省赈务会主要工作人员情况如表 4-1 所示：

表 4-1　　　　　　甘肃省赈务会民国十九年职员一览

职别	姓名	字	籍贯	通信处
主席兼执行处处长	王烜	竹铭	皋兰	省赈务会
业务委员兼执行处处长	王桢	伯范	北平	财政厅
常务委员兼监察处处长	杨作荣	仁泽	临洮	南府街
委员兼放赈组主任	邓隆	德舆	临夏	官驿后
委员	张建	质生	临夏	木塔巷
委员兼审计组主任	郭汝舟		永昌	省党部
委员兼采运组主任	史彰	嘉言	皋兰	中街子
驻京代表	水梓	楚琴	榆中	新关街
驻沪代表	牛载坤	厚泽	临洮	贡院巷
文书组主任	杨承德	幹如	武山	宣家巷
副主任	陈说霖	傅岩	皋兰	中街子
放赈组副主任	王秉桢	祥甫	皋兰	西园
会计组主任	陈膺禄	克勤	皋兰	东关
副主任	王家骏	龙伯	皋兰	西城巷
调查组主任	孙炳元	文卿	皋兰	炭市街
副主任	金森乾	松乔	皋兰	官园口
庶务组主任	宋允恭	敬唐	皋兰	中山村
副主任	王秉泰	尊五	皋兰	道门街
采运组副主任	高鏊	锡丞	皋兰	省赈务会
审计组副主任	闫重义	宜卿	天水	省党部
放赈组干事	王光前	子明	皋兰	北门街
文书组干事	王治国	筱平	皋兰	木塔巷
审计组干事	郑永福	寿山	皋兰	下水巷

---

① 《甘肃省赈务会规程》，《甘肃赈务汇刊》第 2 期，甘肃省赈务会 1933 年编印，甘肃省图书馆西北地方文献阅览室藏。

续表

职别	姓名	字	籍贯	通信处
会计组干事	陈维新	锡三	榆中	炭市街
调查组干事	张瑶	亦圃	临洮	北园三十三号
采运组干事	马维岳	尊五	洮沙	炭市街五十六号
采运组干事	马登第	初晴	皋兰	南稍门外
庶务组干事	任尔衡	子权	皋兰	南府街
审计组干事	张炳辰		临洮	省党部
文书组干事	牛如彪	子彬	皋兰	部门街
	杨得禄	受天	皋兰	小北街
	苏绶之		皋兰	小北街
放赈组事务员	苏得铭	鑑轩	皋兰	金儿街
采运组事务员	王国材	锡廷	皋兰	道门街
调查组事务员	段孝慈	文泉	皋兰	庆安街
视察组事务员	李铣	泽甫	皋兰	中街子
审计组事务员	闫向钟		民勤	河西同乡会

资料来源：《甘肃省赈务会民国十九年职员一览表》，《甘肃赈务汇刊》第2期，甘肃省赈务会1933年编印，甘肃省图书馆西北地方文献阅览室藏。

从表4-1中可知，甘肃省赈务会主要成员为地方精英，王烜的友人邓隆、张建、水梓、陈膺禄、金森乾等人皆在赈务会中担任职务。

甘肃省赈务会办公地点附设于甘肃省政府财政厅内，定期召开常会展开工作，其工作情况可以由《民国议案十九年元月八日上午十时，甘肃省赈务会第四十七此常会记录》管窥一二。会议地点在财政厅醒狮堂，出席者有王烜、骆力学、王桢、房锡鼎代张建、杨作荣、袁其祓、祁荫甲代邓隆。缺席者为史彰，到席者有王国香、毛举德、杨承德、任尔衡。讨论事项有：

（1）牛载坤铣电称赈务会驻沪办事处转发潘赤久君捐洋一千四百五十六元及杭州红万字会捐洋五百四十四元，共洋二千元指定专办急赈案。

议决：电覆照办并分别致谢。

（2）泾川县长电请加拨赈款以恤灾黎案。

议决：准加拨洋一千元连同前拨洋七千元并前次令查秋间所准平凉三千元内之二千元一并散放。

（3）陕西民众联合处皓电请赈案。

议决：电覆此间灾情更重，爱莫能助。

（4）秦安县赈务分会呈报郭春煦捐洋一百元助赈请给奖案。

议决：照章给奖。

（5）临洮工赈委员鲁光华王怀印二函一呈报告办理工赈各情及该县赈分会袁印安呈请改拨工赈而兴水利合并讨论案。

议决：令饬鲁委员光华一并切实详细估计具覆后再议。

（6）永登赈务分会主席刘文朗、监督急赈委员熊德樟会呈请将所拨急赈款项该买粮食以备明春开办粥厂案。

议决：照准。

（7）永靖灾民代表齐永和等呈请速拨赈款寒衣案。

议决：批急赈款项已拨寒衣酌发。

（8）陇西代表王志霖等呈请拨给工赈款以资兴修永济渠案。

议决：准拨洋二千元修头渠。

（9）漳县赈务分会呈请将所拨急赈款洋二千元改作开垦河滩地亩工赈案。

议决：照准。

（10）临洮县党部呈报县长杜祖晋侵吞赈款洋八千余元请查办案。

议决：据情呈请省政府核办并令该县赈务分会负责将赈款追回。

（11）中山大学校函送毕业学生五名请派工作案。

议决：酌量任用。

临时动议如下：

（1）主席提议本会单衣改作棉寒衣业以缝成，现据各处请求

第四章 务实济世：以王烜交游为中心的考察

施发寒衣粥票应如何分配施发案。

议决：和政发寒衣五百套宁夏借用华洋义赈会寒衣五百套应拨还。

（2）主席提议本会可否将灾情编印专本分送宣传案。

议决：由采运祖主编付印。①

从以上会议记录的情况看，甘肃赈务会的工作人员对于各个议案的重视及认真的工作态度。

甘肃省赈务会自成立后，为甘肃的赈灾事业多方呼吁。华洋义赈会安牧师携款来甘办工赈后，称甘肃灾情大减。甘肃省赈务会为此致电北平、天津、上海、汉口各报馆以及广东民国日报社，对安牧师所称甘肃灾情大减的说法给予反驳，在电文中称：

> 甘肃自冯部占据天灾人祸连年，并臻民之死于兵匪疫疠冻饿者百余万，受灾待赈者五百余万。冯部压制民众，限制宣传以致灾情真相不明，中央拨款甚少，已属向隅。今夏华洋义赈会安牧师携款来甘办工赈，限于修路，不过皋兰、临夏、永靖、和政、定西、宁定、洮沙、榆中、平凉、固原十一县而已，其他灾重各县因匪氛未靖并未前去。兹阅广州民国日报登载安牧师报告甘肃灾情大减等语，不知安牧师以何标准淆混听闻，轻重倒置，殊而骇异，除派代表赴京呼吁并将详细灾情另寄外，希即登载更正，不胜感激之至。
>
> 甘肃省赈务会叩真印

民国十九年（1930）11月，马福祥、水梓、牛载坤联名请愿四中全会，迅派专员放赈，限期肃清土匪，将甘肃全省灾情公告全国。

---

① 《议案》，《甘肃赈务汇刊》第2期，甘肃省赈务会1933年编印，甘肃省图书馆西北地方文献阅览室藏。

为请愿速救甘灾以救民命事,窃查甘肃僻处西陲交通阻隔,惨遭浩劫五年于兹。因人民久伏于冯部积威之下,形格势禁呼吁无门,而各方查灾班赈人员又以道路险阻,裹足不前,以致甘灾真相未能尽情披露公诸国人,至可痛心。今幸反动消灭,统一告成,西北军事亦渐结束。救济甘灾谅在钧会计议之中,兹谨将灾况概略胪陈于左:

(一)旱灾

民国十六年甘肃秋收歉薄,十七年夏秋颗粒无收,十八年平均收成不及二分。本年雨水稍好仍以多数农民无力下种收获有限,统计受灾区域六十余县,人民饿死百万以上,定西、通渭、榆中、甘谷、会宁、皋兰、靖远、洮沙、陇西、静宁、陇德、武山等县为极重,永登、红水、古浪、临洮、渭源、导河、固原、海原、合水、镇原、宁县、正宁、秦安等县次之。人民求食不得,甚至以人肉充饥,其惨状不忍卒述。

(二)兵灾

自冯部入甘五年来勒令各县征兵近二十万人,大半由人民摊款雇买,每人平均以二百元作价,当在三千余万元。又因军费无出勒令人民摊种鸦片,征收亩捐印花售膏,各款年在千万元左右。军用车马由各县强迫征发,从未给价,且因征发不已,以致民间牛马车辆损失尽净,而筹摊款派粮委员差役不绝于道,人民因负担不支……

(三)匪灾

冯部入甘后剪除异己,激成变乱,十五年陇东南各县均经战祸,匪乱从此潜动。十七年由循化导河发生祸端,渐次蔓延全省,计攻破县城者为宁定、武威、古浪、永昌、山丹、镇番、临泽、岷县、武山、陇西、天水、秦安、通渭、定西、会宁、隆德、泾川、海原、静宁、宁夏、宁朔、宁夏、夏河、武都、礼县、庄浪、湟源、贵德、循化等县,就中以杀二三千三四千人不等。临洮、导河城虽未破,而各县人民遭屠杀者约十万左右,其乡镇村落之零星杀伤者亦不下数万人。统计近三年内全省人民直接死于匪手者，至少在二十万以上。

（四）其他各灾

自民国九年甘肃大地震后，疮痍未复，十六年凉州所属重遭地震，人民死亡四五万人。年来旱既太甚又加以种种异灾，如礼县、榆中等县之山洪，漳县、定西、临洮等县之冰雹，武山、甘谷等县之风灾，靖远、皋兰等处之黑霜，永定、永靖、陇西、定西之五色怪鼠催损田禾为害颇巨。且兵荒之余疫疠大作，系喉痧、痢疾、猩红热等传染病，死亡者达五六十万人。

综合以上各灾人民死亡总数在二百万以上，财产损失不计其数，为甘肃从来未经之浩劫，亦近年各省灾况之所罕有。①

第三节　地方精英的困境：透视赈务会风波所见

王烜主持省赈务会工作，始终廉洁奉公，兢兢业业。赈务会制定了一系列规章制度，办公时间定为每日八小时，上午七时起至十一时止，下午自一时起至五时止，遇有紧要事件可以临时延长办公时间，周末也派人值班。每日到文由收发员逐件摘要登记、注明日期，依次登入收发文簿，送呈主席核阅后分交各组办理。各组备置收文簿，由三等事务员将分组文件照原由登入，随时送由一等事务员分配拟办，其应存查者加盖存查戳记，发交书记长分别归档。各组主管事项有涉及两组以上的，由主管一等事务员会商办理，如果彼此意见不同时，得签请主席裁决或提交常会议决。各组关于紧要文件即时办理，不得逾一日，次要者不得逾二日，例行者不得逾三日，但须经调查或批明缮办及疑难稿件，签请核示及关核算账目者另有规定，各组事务员对于承办稿件须于稿面盖章，依序登入稿簿即呈主席判行，判行后发交书记长分配缮写，如书记中有怠惰疲玩不肯缮写的由书记长呈明主席

---

① 《甘肃全省灾情之概况》，《甘肃赈务汇刊》第2期，甘肃省赈务会1933年编印，甘肃省图书馆西北地方文献阅览室藏。

惩戒。文件缮写后，由校对事务员校对清楚，加盖校对名章，并于稿尾注明日月。文件校对后，由监关防事务员钤印加盖监关防名章，并于稿后注明日月。文件钤印后由收发员封发，仍须照原由登簿，注明日期并将印稿交书记长归档。①

赈务会积极筹集赈款，但民国十九年（1930）之后，"政变频仍，徭役无度，各处匪患蜂起，民间所受人祸，视天灾实倍蓰，加以省垣银行停兑，金融困滞，外县地方不靖，交通梗阻，盖施赈之棘手，未有甚于此时者"②。民国十九年（1930）"赈款之来，大抵上年政府所发赈灾公债之售款，及京赈委会续拨者为多，而本省捐款已鲜，其外省惠助，则新疆金主席及同乡诸公倡募之五万元，亦钜数也。吾侪为灾黎请命者，依南斗而望京华，通西域而瞻葱岭，不禁拜仁人之赐焉。然回顾灾区，犹有沧海一粟之感。尤可叹者，往往款已分配，而各地有因匪氛，不能实施者，又有地方不顾领赈，但求减免摊派，为莫大之惠而绝不可得者"③。"计十八、九、二十之三年，共收赈款一百七十九万五千二百七十九元八角有奇，共支出一百七十八万八千八百二十四元七角有奇。其二十一年元月至二十二年八月，所收为四万五千零二十六三角余，所支为五万一千三百四十二元余。统计五年来之所入，共一百八十四万零三百六元有奇；其支出为一百八十四万零一百六十七元有奇。"④

除了放赈、施粥等救助以外，甘肃省赈务会还积极开展工赈，民国十八年九月甘肃省赈务会在《甘肃省工赈计划书》中指出，"目下拯救之法，当以工赈为最宜，兹将各灾区呈请以工代赈，各工程按其大要分为七目，曰水利、曰道路、曰桥梁、曰城垣、曰矿业、曰工厂、曰造林，逐项填列冀有大宗款项，以便次第举行，一面可以救目

---

① 《甘肃省赈务会办事细则》，《甘肃赈务汇刊》第 2 期，甘肃省赈务会 1933 年编印，甘肃省图书馆西北地方文献阅览室藏。

② 王烜著，邓明校点：《存庐文录》卷 1，《王烜诗文集》（内部使用），甘肃省人大办公厅印刷厂 1997 年印刷。

③ 同上。

④ 王烜著，邓明校点：《〈甘肃赈务汇刊〉第三编序》，《王烜诗文集》（内部使用），甘肃省人大办公厅印刷厂 1997 年印刷。

前之急，一面可以谋永久之利"①。

1932年陕军十七师师长孙蔚如入甘，任甘肃省政府临时维持委员会委员长，欲提甘肃赈务会存款充当军饷，遭王烜坚决拒绝。孙蔚如怀恨在心，便诬告赈务会账目不清，诬告王烜侵吞赈款数十万元。②"省防司令部首派兵士逮捕赈会管款人员，而清乡局复派队至存有赈款各商号止付赈会取款。夫赈会为慈善机关，无论有无他故，绝非属于军需，何以军队横加干涉。此吾人百思不解者也。其或有为虎作伥者欤？惟此被军人止付之款，嗣为建设厅提去二万余元，竟以商家倒闭，损失一万数千元，又无人过问。"③南京政府赈务会和甘肃省政府接连组织三次查账，三次所得结论均完全相同，赈款账目清楚。

当时，省政府派委员十人查账历时近三月余，"于赈务会三年来，各项收款初查复核，经过两次并各项支款，初则抽查对账，嗣后逐项分录，不为不详，且尽综计所录出入款目，共187万余元，全数核实并无亏蚀，事实昭然。"④赈务会为了向社会各界公布情况，兹特依据清查委员所查结果四项说明情形：

1. 平粜问题

查平粜系救济性质，赔多则贫民受益多，赔少则受益少。自十八年四月开办起至二十年结束之日，共支现洋叁拾壹万肆千柒百元零捌角玖分叁厘，票洋伍千零玖拾叁元零肆分肆厘。收回现洋壹拾陆万捌千捌百陆拾伍元捌角玖分陆厘，票洋陆千肆百壹拾陆元伍角叁分。又拨归省坦粥厂需用各色粮石，并改拨武威民生工厂经费，暨民勤、古浪、永登三县籽种，共计现洋叁万壹千肆百柒拾玖元叁角叁分。外计三年实应赔现洋，壹拾壹万叁千零

---

① 《甘肃省工赈计划书》，《甘肃赈务汇刊》第2期，甘肃省赈务会1933年编印，甘肃省图书馆西北地方文献阅览室藏。
② 王溥源：《我的父亲王烜》，内部发行，2001年印刷，第44页。
③ 王烜著，邓明校点：《〈甘肃赈务汇刊〉第三编序》，《王烜诗文集》（内部使用），甘肃省人大办公厅印刷厂1997年印刷。
④ 《甘肃省赈务会查账完竣之情形》，甘肃省图书馆西北地方文献阅览室藏。

拾贰元壹角捌分壹厘。且平粜有粮价涨落，与银价涨落关系不能一概而论。清查会所列收支数目，均与本会计多不符，想系未将应迭除者未与除去，自应声明以免互异。

2. 票现问题

查十九年五月至二十年九月以前，前省政府维持金融，功令森严，票现不分。所有省政府及各机关省府委员并留学生兑用南京款共玖千柒百余元，概交票洋都有汇费，且教厅为最多。本会遵照省政府功令，不得不至新疆赈款存商号万顺成，曾与屡次交涉始能办到票现各半，其农工银行存赈款洋数万该行以省政府维持票洋布告为词，概不付现。曾于十九年十一月呈请省政府令饬该行，凡省外各县赈款票洋均不适用，一经汇兑又亏甚巨，应一律兑发现洋。嗣据该行只发合水、环县、高台、漳县等处五千元并付现洋叁千元有余。及账可查，其余概系票洋即票现各半之数，亦未能照办，仍由本会设法在省垣附近行使多数用于粥厂，而以现洋换发外县，彼时拒绝票洋即为犯法不能不通融办理也。

3. 汇费问题

查本会二十年二月未改组以前，照章分三处，办理所有收支各款系兼事务处处长。财政厅长派员经管及三处取消，始由主席派员经理所有由京汇款，大约在票洋停兑以前均系本会为商家出费。票洋落价以后多系商家为本会出费，均按商情行市办理。其汇单前以呈赍赈务委员会查核，且会因汇费事十八年五月间，曾请银行姬行长来会列席商酌该行长报告当时汇费每千元概收百元，但赈款事关慈善可减让收汇费柒拾元。此项会议记录业经清查会呈赍在案可覆，按而稽此，本会出汇费之实在可考者也。

4. 账目混杂

查本会正式原账并未混杂，查本会正式原账并未混杂，因清查会恐一原账假造，要去会计员暂记簿即指以为混杂。查暂记性质本备遗误，故于错误者不能不加以添改，至所注票现等字向因票现不分，只记大洋至去年前省政府宣布票洋两折后，始将票现追记登出。又账内对过等字系会计员造办报销分录底册时所为。

第四章 务实济世：以王烜交游为中心的考察

为期其易于查核，惟按之会计法规手续诚多欠缺。缘本会成立之后财政厅长兼办事务处以他种关系而本会会计一年内更易四五人以故手续诸多，未备亦事实然也。总之，本会系会议制在十八九两年又行三处办事之分权制，办理既多，牵制遗误之处在所不免。邦人君子如能以正当理论有所指示，未有不欣然奉教者。①

王烜透过这一事件，更加感到现实的黑暗，军阀的横暴，"世事如此，可胜叹哉！然后知世乱，则公理亡，无可置喙也"②，便于1933年秋冬之际，毅然辞去赈务会主席。王烜将赈会的所有资料、文书逐年汇集成册，编成三编《甘肃赈务汇刊》，对赈务会的工作流程、与赈务相关的往来电报、赈务会会议记录以及赈务的效果等均做了准确的记载。

在赈会风波过去一年以后，王烜感叹："光阴忽忽又年余，赈会自去年春为觊觎赈款者所破坏，诸事停顿至今。满目疮痍少策扶。湫隘嚣尘齐相宅，会址迁移狭甚。流离载道郑监图。几曾廷尉平冤狱？查赈纠纷已延年余。只好乃公笑腐儒。此次有军阀为其后幕。可喜仔肩来日卸，素心付与古之愚。"③ 好友张建写道："浮世交情半耳余，几曾患难便相扶。瘠肥那忍同秦越，左右何妨拥史图。残局风云多变态，灾黎水火望通儒。满怀悲悯从谁说？终日不可回也愚。"④ 表达了对王烜秉公主持赈务，不谋私利的支持。

王烜从此不问政事，在家礼佛读书。好友邓隆喜谈佛理，王烜与之多谈禅。邓隆"尝以诗敦余听经云：不知摩诘老，何故欲逃禅？疑是天花著，当非魔病缠。闻经开法眼，种佛净心田。中道真空理，未

---

① 《甘肃省赈务会查账完竣之情形》，民国稿本，甘肃省图书馆西北地方文献阅览室藏。
② 王烜著，邓明校点：《〈甘肃赈务汇刊〉第三编序》，《存庐文录》卷1，《王烜诗文集》（内部使用），甘肃省人大办公厅印刷厂1997年印刷。
③ 王烜：《闻赈务改组有日，且感且喜，率成一律》，《击柝集》卷下，《王烜诗文集》（内部使用），甘肃省人大办公厅印刷厂1997年印刷。
④ 王烜著，邓明校点：《存庐诗话》，《王烜诗文集》（内部使用），甘肃省人大办公厅印刷厂1997年印刷，第317页。

容执二边。余依韵和之,德舆复进一解云:闻教明心地,方超有漏禅。若留二执惑,难免五阴缠。纵辟三关窍,未空八识田。根随烦恼在,恐落有无边。其生平精研佛理,非人所易。及又曾送余北上云:临歧不酒已心醺,慷爽问谁更似君?海内于今多事日,相期从此会风云。余与此入蜀,乃落拓而归,有负故人期许,感念何言"①。

小 结

从王烜的交游活动中,可以看到其交游对象基本限定在本阶层内,其社会网络的构成以甘肃籍人士为主,尽管科举制度已经被废止,但基于科举而产生的同年关系仍对其产生了巨大影响。民国时期,王烜与其同年仍频繁地交往,体现了强烈的群体意识。与王烜交往的诸人,既有传统科名者,亦有接受新式教育人士;既有选择积极入世者,亦有选择隐逸不出者。而王烜勇于任事,积极投身于慈善救助中,而其交游圈中的朋友也积极地赞襄他的事业。赈务风波的发生,在面对强权的重压时,王烜亦泰然处之,最终选择独善其身,既固守了其传统士绅的经世情怀,在面对新的时代冲击时,也顺利地实现了角色的转换。

---

① 王烜著,邓明校点:《存庐诗话》,《王烜诗文集》(内部使用),甘肃省人大办公厅印刷厂1997年印刷,第303页。

结　　语

民国时期的甘肃地方社会经历了深刻的变动，本书以甘肃的地方精英为考察对象，以其具体活动为线，探讨这一群体在地方社会扮演角色的变化。

民国时期，中央政府始终没有放弃对地方社会的控制，但是终民国之世，其对甘肃基层社会的控制仍十分松弛，诸如社会慈善等公共事务，政府只能在地方精英的协助下才能完成，甚至在很多时期地方精英起到了主导作用。总之，民国时期的甘肃地方精英，虽然他们经历各不相同，思想也呈现了多方面向，但仍体现出如下特点：

第一，强烈的经世实干意识。辛亥革命以后，各派先后主政甘肃，政府官员、军阀、地方实力派展开博弈，面对改朝换代以及重大的地方变乱，地方精英始终发挥作用，积极斡旋，使得变乱没有超出地方的承受能力。近代甘肃生产力低下，贫困是普遍现象，而频繁发生的灾害，对社会底层造成的冲击更大，但是终民国之世由政府主导的行之有效的慈善救助机制始终没有建立，地方精英在慈善救助的实际运作中充当了领导者和执行者的角色。在工合运动中，虽然其主导者已不是甘肃地方精英，但如张心　等人仍积极地襄助。在公共卫生体系的建设中，虽然地方精英不得不让位于外来专业人士，但他们仍在保存中医的运动中发挥了积极的作用。

第二，积极的自我调整。民国时期的甘肃地方精英，面对社会的极大变动，并没有停止自我更新的脚步。在1905年科举废除以后，围绕着教育场域，在新式学堂的创办过程中，地方精英在学务的管理中始终发挥着主导的作用，"中学为体，西学为用"反映在学堂的课程设置上，以旧学为主的经学更是被放到了显著的位置。以刘尔炘为首的地方精英，或创办新的机构或改造原有的社团，做了种种保存旧学的努力。但是新的教育体系还是成为教育的主流，新的知识阶层随之形成，在这一进程中，地方精英日益让位于来自其他地区的专业知识群体。而甘肃新一代的知识阶层，无论是其思想内核还是行为模式，已与传统的地方精英不同。

第三，总体趋向软弱。民国时期甘肃地方精英的走向出现了分化，但是并没有呈现革命化、激进化的趋势。在共和的问题上，他们选择了维持现有秩序。即使是在黄钺军政府中发挥了重要作用的张世英，其思想基调并不倾向革命，他做了大量的工作，就是为了弥合几派之间的分歧。李镜清希望通过议会与当政者做斗争，结果被刺身死，反映出在这一时期的权力结构上，地方实力派才是真正的权力拥有者。接受了新式教育而成长起来的新知识阶层，他们创办期刊作为舆论的阵地，在雷马事变中他们对中央视察员以及军阀吴佩孚都做了猛烈的抨击，但是面对强权，他们的批评言论仍显得苍白无力。

总之，在民国时期这一特殊的历史语境中，随着地方权力关系的变动，旧有的社会秩序失衡，地方精英的走向及其精神内核都发生了深刻的变化。在甘肃这一地区，地方精英通过不同的方式，发挥着自身的政治功能和文化功能，其延续性十分明显，正是有赖于这样一个阶层，各类变乱没有超过社会承载的能力，甘肃地区的社会秩序得以维系。

附录一　甘肃省民国十年度地方岁入预算书

甘肃省民国十年度地方岁入预算书

岁入经常门

款项别	十年度预算数	九年度预算数	比较增	比较减	备考
第一款租税	二七八・九七七				
第一项学租	二・一九八				
第一目各县征解	八九九				
第二目导河留作学款	一五〇				
第三目永昌留作学款	一・一四九				
第二项课税	二七六・七七九				
第一目磨课	一五・八一〇				
第二目商畜税	二六〇・九六九				
第二款官业收入	四四・九二三				
第一项通俗日报	二・〇〇〇				此项旧只列支出未列收入，今补列如上数
第二项教育旬刊	一・〇〇〇				此项旧未开办，今已于支出列入，故酌列收入如上数
第三项劝工厂	一〇・二六二				
第一目成品收入	一〇・一二一				此收入即系该厂预算制造物品约估应获之价
第二目房租	一四一				此项房租即举院门首该厂所建铺房年收租息
第四项贫民教养局	九・三一一				

续表

甘肃省民国十年度地方岁入预算书

岁入经常门

款项别	十年度预算数	九年度预算数	比较增	比较减	备考
第一目商捐	四·八〇〇				此项商捐系由警厅在城关各铺户抽收补助之款
第二目成品收入	四·三三八				
第三目房租	一七三				此项房租系该局拨管旧有部门街铺面年收租金
第五项农事试验场收入	八〇〇				此项收入系本厂所产蔬菜售获之价
第六项电灯电话收入	二〇·五五〇				此项原未列入，今据实业厅补送列入
第三款杂捐	四九六·九二〇				
第一项皮毛公费	三四一·〇〇〇				此两项原列国家税内，今照民国三年五年原案列入地方收入，其数目照九年预算案
第二项驼捐	一三二·〇〇〇				
第三项商铺灯油捐	五·〇〇〇				此商捐以下皆由警察厅经收即归弥补经费之用，原册只列商捐、车捐、脚店捐、酒房捐四项，共列收入九千元，今照警厅委员面交册案列入
第四项车捐	三·八〇〇				
第五项车脚店捐	一·〇〇〇				
第六项酒坊捐	一·二〇〇				
第七项代当执照捐	一〇〇				
第八项旅店执照捐	一〇				
第九项护照捐	三〇				
第十项戏捐	六〇〇				
第十一项妓捐	一·〇〇〇				
第十二项各项地租捐	四〇〇				
第十三项屠户捐	二·〇〇〇				
第十四项牛圈地租捐	四〇				

续表

甘肃省民国十年度地方岁入预算书					
岁入经常门					
款项别	十年度预算数	九年度预算数	比较增	比较减	备考
第十五项太平太和里房租	二·八〇〇				
第十六项药剂士执照捐	二〇				
第十七项兰山市场房租	二·〇〇〇				
第十八项河桥捐	三·九二〇				原收足钱五千三百串，今以一五合洋如上数
第四款杂收入	二四·五一八				
第一项生息	三·四二〇				原册称查各项生息，本银系前清时代由藩库提出，发商营运，岁得息金，备支各书院经费，迨后书院停止，除西宁生息归西宁师范学校截留应用外，其皋兰、张掖两县发商各项岁获息金均解交金库，本年度预算除皋兰昶孚当歇业交本外，俱依现在应收之数编列等语，今照原册列
第一目皋兰县生息	二·四八九				
第一节兰山书院	一·二六二				兰山书院生息上年度存本洋二千六百二十五元，本年度除昶孚当歇业交本洋三百七十五元，现在发商生息本洋二千二百五十元，应息洋二百四十三元，又提购公债应息洋一千一十八元五角四分八厘，二共息洋即上数
第二节求古书院	三八六				求古书院生息本年度存本洋三千一百八十七元五角，应息洋三百一十八元七角五分，又提购公债应息洋六十七元三角五分，二共息洋即上数

续表

甘肃省民国十年度地方岁入预算书

岁入经常门

款项别	十年度预算数	九年度预算数	比较 增	比较 减	备考
第三节公车盘费	一二六				公车盘费生息上年度存本洋九百九十元一角四分二厘，本年度除昶孚当歇业交本洋七百五十元，现在发商生息本洋二百四十元一角四分二厘，应息洋二十五元九角三分五厘，又提购公债息洋一百元三角三分二厘，二共洋即上数
第四节大学堂	七一五				大学堂生息上年度存本洋三千一百三十五元，本年度除昶孚当歇业交本洋五百一十元，现在发商生息本洋一千六百二十五元，应息洋二百六十二元五角，又提购公债息洋四百五十三元，二共息洋即如上数
第二目西宁县生息	八三〇				查西宁县本年度兰山书院存本银三千两，应息银三百六十两；求古书院存本银一千九百三十八两三钱八分，应息银一百九十三两八钱三分八厘，二共银五百五十三两八钱三分八厘，以一五合洋即上数
第一节兰山书院	五四〇				
第二节求古书院	二九〇				
第三目张掖县兰山书院生息	一〇一				查张掖县发商生息本年度存本银五百六十二两五钱，应息银六十七两五钱，以一五合洋即上数
第二项陋规	一八·四〇八				原册称查此项陋规，各目琐屑，不便析载，兹仍仿照上年度预算办法，无论何项盈余、何项串票、何项陋规，皆以各项某某赅括之，如串票类即附入串票项，盈余类即附入盈余项，陋规类即附入陋规项。本年度预算即照八年度收数编列等语，今照原册列
第一目各项串票	七·一三九				
第二目各项盈余	五·二〇三				

续表

甘肃省民国十年度地方岁入预算书					
岁入经常门					
款项别	十年度预算数	九年度预算数	比较		备考
			增	减	
第三目各项陋规	六·〇六六				
第三项加增商畜税票价	二·六九〇				
岁入总计	八四五·三三八				

资料来源：《甘肃省议会议决民国十年度地方岁入岁出预算书》甘肃省议会预算审查会编，1921年版，甘肃省图书馆西北地方文献阅览室藏。

附录二　甘肃省民国十年度地方岁出预算书

甘肃省民国十年度地方岁出预算书

岁出经常门

内务费

科目	十年度预算数	九年度预算数	比较增	比较减	备考
第一款省议会经费	七六·三一六				
第一项公费	五六·八八〇				正议长一员月支一百四十元，副议长二员各月支一百二十元，议员五十三员各月支八十元，正、副议长各月支交际费四十元
第二项薪水	七·七〇四				秘书长一员月支六十元，秘书二员各月支五十元，文牍员二员各月支四十元，庶务会计二员各月支四十元，核对监印二员、速记二员各月支三十员（元），译电生一名、书记十名各月支十四元，外收发二名各月支一十元，传达吏一名月支八元，守卫长一员月支二十元
第三项工食	一·七〇四				印刷一名、电话生一名各月支八元，厅事十名、茶夫一名、卫兵十名各月支六元
第四项杂费	九·四二八				电话费七十二元，电灯费二百一十六元，邮费一百二十元，报费二百四十元，议员旅费二千元，编辑费五百元，纸札印刷费三百六十元，油烛七十二元，笔墨油红九十六元，炭资三百七十二元，添置器具一百二十元，修缮三百元，卫兵衣服一百六十元，电费四千八百元

附录二 甘肃省民国十年度地方岁出预算书

续表

甘肃省民国十年度地方岁出预算书

岁出经常门

内务费

科目	十年度预算数	九年度预算数	比较 增	比较 减	备考
第五项预备金	六〇〇				
第二款省参事会经费	一七·五〇〇				此项现准省长咨请追加月支两千五百元
第一项参事会经费	一七·五〇〇				自本年十二月起至明年六月止,共七月,如上数
第三款自治筹备处经费	一〇·〇〇〇				此项现准省长咨请追加如上数
第一项经费	九·〇〇〇				
第二项开办费	一·〇〇〇				
第四款自治模范讲习所学生官费	三·〇〇〇				此项现准省长咨请追加如上数
第一项官费	一·二〇〇				学员十名每名月支二十元,以六个月计算共如上数
第二项川资	一·八〇〇				每学员一名往返各支一百八十元
第五款工程经费	二〇·二一七				
第一项铁桥经费	六·四九二				
第一目大修	六·〇〇〇				原册称大修经费系按三年大修一次成案办理,本属适逢大修之期应支经费,查照上案开列,以便需用等语,今照原册列
第二目岁修	四九二				工资四百八十元,杂费十二元
第二项城工经费	一〇·〇〇〇				原册称城工岁修向由皋兰县估工承修,兹查去岁地震各外城垣坍塌不少,需款过巨,应照上属顶算列洋一万元,以便开支等语,今照原册列
第三项梁工桥料	一·七一三				安西毛目二县修理渠道工料应需之项
第四项永宁桥工料	二·〇一二				狄道县岁修桥梁工料应需之项
第六款善举经费	一五·〇〇〇				

续表

甘肃省民国十年度地方岁出预算书

岁出经常门

内务费

科目	十年度预算数	九年度预算数	比较 增	比较 减	备考
第一项赈恤	一〇·〇〇〇				照原册列
第二项孤贫口粮	五·〇〇〇				查此项原列六千八百元，八年决算只支四千七百一十三元，今酌定为五千元
第七款补助警务经费	二三·九二〇				查此项经费向由警察厅在所收车铺等捐项下开支，原列九千元，今据警察委员面称实收实支如上数，姑全列之
内务费合计	一六五·九五三				

财政费

科目	十年度预算数	九年度预算数	比较 增	比较 减	备考
第一款征收经费	二七·九五六				此项原列国家支出，今既将皮毛、驼捐列入地方收入，此项经费仍照原数划列地方支出
第一项皮毛经费	一三·三五六				
第二项驼捐经费	一四·六〇〇				
财政费合计	二七·九五六				

教育费

科目	十年度预算数	九年度预算数	比较 增	比较 减	备考
第一款各学校经费	三四八·八六四				
第一项法政专门学校	四〇·九〇〇				原列三九·九〇〇，今将临时费裁去，加入预备金一千元，共如上数
第一目俸薪	二二·五五〇				校长一员月支七十五元，教务主任一员月支三十五元，学监主任一员月支六十员（元），学监兼文牍一员、学监兼管书一员各月支五十元，庶务、会计各一员月各支三十元，教员薪水按钟点计算，共支一万八千五百九十元，总计二万二千五百五十元

续表

甘肃省民国十年度地方岁出预算书					
岁出经常门					
教育费					
科目	十年度预算数	九年度预算数	比较		备考
			增	减	
第二目工食	二·九四〇				书记印刷生十五名月各支九元,校役二十二名各月支五元,总计岁支二千九百四十元
第三目杂费	一四·四一〇				讲义纸墨办公纸张笔墨杂支报邮费等共支三千一百一十元,修缮购置印刷共支九百(零)九元,学生三百余名,每名月支奖励三元,共支七千四百九十元,住校员役灯油及煤水炭资等共支一千一百二十五元,特别支活支等共支一千七百七十六元,总计岁支一万四千四百一十元
第四目预备金	一·〇〇〇				
第二项各师范学校	一〇〇·七七三				原列九一·七七三,今将临时费裁去,每校各加预备金一千元,共如上数
第一日第一师范学校	三八·七七三				
第一节俸薪	一六·六一五				校长一员月支七十五元,教务主任一员月支三十五元,学监二员月各支三十二元,庶务、会计、文牍、管书各一员月各支三十元,教员俸薪按钟点计算,共支一万一千八百八十七元,又附属小学教员五员月各支二十元,总计岁支一万六千六百一十五元
第二节工食	二·五八六				司事一名月支十八元,书记钢笔生七名月各支九元,印刷生三名、小学写生一名月支七元五角,号房一名月支七元五角,门夫、水夫二名月各支六元,厅事、杂役十七名月各支五元,总计岁支二千五百八十六元

续表

| \multicolumn{5}{c}{甘肃省民国十年度地方岁出预算书} |

科目	十年度预算数	九年度预算数	比较 增 / 减	备考
第三节杂费				讲义纸墨教科图书教室用品学生用品等共支二千七百元，修缮购置及活支等共支一千四百一十二元，学生三百名月各支饭食灯油三元四角六分，共支一万三百八十元，办公笔墨纸张煤水灯油等共支二千三百一十四元，总计岁支一万六千八百（零）六元
第四节寒期炭资	一·七六六			教室教员预备室支炭资一百八十五元，教员十三员支四个月炭资四百元，学生三百名两个月半支炭资九百九十九元，书役三十二名四个月支炭资一百八十二元，总计岁支一千七百六十六元
第五节预备金	一·〇〇〇			
第二目第二师范学校	一三·〇〇〇			
第一节俸薪	四·三八八			校长一员月支五十六元，庶务兼会计一员、文牍兼管书一员、学监一员月各支二十八元，教员俸薪按钟点七角计算共支二千二百三十一元，实习指导支一百四十一元，附属小学教员一员月支二十八元，总计岁支四千三百八十八元
第二节工食	七九二			书记印刷生二名月各支六元，校役十二名月各支四元五角，总计岁支七百九十二元
第三节杂费	六·〇三六			讲义纸墨教科图书教室用品学生用品等共支八百八十四元，修缮购置共支五百元，职教员十员月各支饭食三元，学生一百二十名各支饭食二元五角，共支三千三百六十元，办公纸张笔墨油灯煤水等共支一千二百九十二元，总计岁支六千三十六元

续表

甘肃省民国十年度地方岁出预算书						
岁出经常门						
教育费						
科目	十年度预算数	九年度预算数	比较		备考	
			增	减		
第四节寒期炭资	七八四				寒期炭资四个月员生夫役及教室客庭共支炭资七百八十四元	
第五节预备金	一·〇〇〇					
第三目第三师范学校	七·〇〇〇				上年筹设八处师范，原议自民国九年起每校年支六千元，惟因财政支绌，尚未实行。拟自本年度起，即照六千元开支，并删去临时费，各加列预备金一千元	
第一节经费	六·〇〇〇					
第二节预备金	一·〇〇〇					
第四目第四师范学校	七·〇〇〇					
第一节经费	六·〇〇〇					
第二节预备金	一·〇〇〇					
第五目第五师范学校	七·〇〇〇					
第一节经费	六·〇〇〇					
第二节预备金	一·〇〇〇					
第六目第六师范学校	七·〇〇〇					
第一节经费	六·〇〇〇					
第二节预备金	一·〇〇〇					
第七目第七师范学校	七·〇〇〇					
第一节经费	六·〇〇〇					
第二节预备金	一·〇〇〇					
第八目第八师范学校	七·〇〇〇					
第一节经费	六·〇〇〇					
第二节预备金	一·〇〇〇					
第九目第九师范学校	七·〇〇〇					
第一节经费	六·〇〇〇					

续表

甘肃省民国十年度地方岁出预算书					
岁出经常门					
教育费					
科目	十年度预算数	九年度预算数	比较		备考
			增	减	
第二节预备金	一·〇〇〇				
第三项各中学校经费	八六·二一〇				各中学经费均于原列数目外各加预备金一千元,而将临时费裁去
第一目第一中学校	三六·七八六				
第一节俸薪	一七·二〇〇				校长兼教务主任一员月支九十元,庶务兼会计文牍一员、学监二员月各支四十三元,图书兼管仪器一员月支二十三元,教员薪水共支一万三千二百九十六元,其开支标准约计者以月计余、以钟点计,总共岁支一万七千二百元
第二节工食	三·三〇〇				司事二名月各支十二元,书记四名、钢笔生五名月各支九元,印刷生二名月各支七元五角,厨夫校役二十四名月各支五元,总计岁支三千三百元
第三节杂费	一三·二五〇				讲义纸墨教室用品学生用品试验纸簿图书杂志等共支四千三百元,修缮购置共支二千五百五十元,学生津贴四年级、三年级月各支三元三角,二年级月各支一元九角,一年级月各支一元四角,共支五千五百元,试验消耗品共支九百元,总计岁支一万三千二百五十元
第四节寒期炭资	二·〇三六				教室接待室职教员并学生司役四个月共支炭资二千三十六元
第五节预备金	一·〇〇〇				
第二目第二中学校	一二·三五六				
第一节俸薪	五·〇一〇				校长一员月支五十元,学监一员、庶务兼会计一员、文牍兼管书一员月各支二十二元五角,教员六元月各支五十元,总计岁支五千(零)一十元

续表

甘肃省民国十年度地方岁出预算书

岁出经常门

教育费

科目	十年度预算数	九年度预算数	比较 增	比较 减	备考
第二节工食	七七四				书记一名、钢笔生二名月各支六元，印刷生一名月支四元五角，校役厨夫十二名月各支三元五角，总计岁支七百七十四元
第三节杂费	五·二七二				讲义纸墨教室用品学生用品图书报纸等共支九百（零）四元，修缮购置共支四百八十元，职教员十员月各支饭食三元，学生一百二十名月各支饭食二元五角，共支三千三百六十元，油烛煤水及一切活支共支五百二十八元，总计岁支五千二百七十二元
第四节寒期炭资	三〇〇				教室接待室员生夫役四个月共支炭资三百元
第五节预备金	一·〇〇〇				
第三目第三中学校	一二·三五六				该校支出与第二中学校同
第一节俸薪	五·〇一〇				
第二节工食	七七四				
第三节杂费	五·二七二				
第四节寒期炭资	三〇〇				
第五节预备金	一·〇〇〇				
第四目第四中学校	一二·三五六				该校支出与第二中学校同
第 节俸薪	五·〇一〇				
第二节工食	七七四				
第三节杂费	五·二七二				
第四节寒期炭资	三〇〇				
第五节预备金	一·〇〇〇				
第五目第五中学校	一二·三五六				该校支出与第二中学校同
第一节俸薪	五·〇一〇				

续表

甘肃省民国十年度地方岁出预算书

岁出经常门

教育费

科目	十年度预算数	九年度预算数	比较 增	比较 减	备考
第二节工食	七七四				
第三节杂费	五・二七二				
第四节寒期炭资	三〇〇				
第五节预备金	一・〇〇〇				
第四项其他各学校经费	一〇〇・六七八				原列一三四一三二，今酌减如上数
第一目甲种农业学校及附设乙种农业学校	二六・二九八				原列数目外加预备金一千元
第一节俸薪					校长一员月支七十五元，教务主任一员月支六十元，学监二员、庶务兼会计一员、文牍兼管书一员月各支三十元，教员薪水甲种两班共支八千六百四十元，乙种一班共支二千一百六十元，其开支标准实习教员以月计余、以钟点计总共岁支一万三千八百六十元
第二节工食	一・八四八				书记二名、钢笔生四名月各支九元，印刷生二名月各支七元五角，校役厨夫共十七名月各支五元，总计岁支一千八百四十八元
第三节杂费	八・六一六				讲义纸墨教室用品学生用品图书杂志等共支二千三百五十二元，修缮购置共支四百八十元，甲种学生一百二十名月各支饭食三元，乙种学生六十名月各支津贴一元五角，共支四千五百元，试验消耗品共支七百二十元，油烛薪炭茶水及一切活支共五百六十四元，总计岁支八千六百一十六元

续表

甘肃省民国十年度地方岁出预算书
岁出经常门
教育费

科目	十年度预算数	九年度预算数	比较增	比较减	备考
第四节寒期炭资	九七四				教室接待室两个月共支炭资五十元，职教员四个月共支炭资三百二十四元，甲乙种学生两个月共支炭资四百五十元，司役二十五名四个月共支炭资一百五十元，总计岁支九百七十四元
第五节预备金	一·〇〇〇				
第二目甲种工业学校及附设乙种工业学校	二六·二九八				原列数目外加预备金一千元
第一节俸薪	一三·八六〇				
第二节工食	一八四八				
第三节杂费	八·六一六				
第四节寒期炭资	九七四				
第五节预备金	一·〇〇〇				
第三目公共体育场	九七三				原列一九三二，今酌减如上数
第一节俸薪	七二〇				场长兼教习一员月支四十元，助理一员月支二十元
第二节工食	一三二				号房一名月支六元，厅事一名月支五元
第三节杂费	一二〇				笔墨纸张及一切月支十元
第四目省立第一女子师范学校	一八·一四八				加附设幼稚园保姆讲习所经费六四七二，预备金一〇〇〇
第一节俸薪	五·五二八				校长一员月支四十元，学监二员、庶务兼会计一员月各支二十元，教员薪水师范二班共支二千八百八十元，附属小学教员六员月各支二十元，总计岁支五千五百二十八元
第二节工食	六四八				书记钢笔生三名月各支八元，校役男女六名月各支五元，总计岁支六百四十八元

续表

甘肃省民国十年度地方岁出预算书

岁出经常门

教育费

科目	十年度预算数	九年度预算数	比较增	比较减	备考
第三节杂费	三·九四〇				讲义纸笔教室用品学生用品图书杂志等共支九百三十二元,修缮购置共支四百六十元,住校生饭食共支二千一百元,油烛煤水及一切活支共支四百四十八元,总计岁支三千九百四十元
第四节寒期炭资	五六〇				教室接待室及职教员生司役每月共支炭资一百四十元,四个月共支五百六十二元
第五节附设幼稚园及保姆讲习所	六·四七二				此项原系国语讲习所经费,因讲习所停办移助女校
第六届预备金	一·〇〇〇				
第五目贫儿国民四校	二·四一四				照原册列
第一节俸薪	一·三四四				教员四员月各支二十四元,助教员一员月支十六元,总计岁支一千三百四十四元
第二节工食	二一六				校役四名月各支四元五角,总计岁支二百一十六元
第三节杂费	六八八				表纸簿记教室用品学生用品共支四百元,油烛煤水及一切活支共支二百八十八元,总计岁支六百八十八元
第四节寒期炭资	一六六				教室四处两个月共支炭资四十六元,教员五员四个月共支炭资九十六元,校役四名四个月共支炭资二十四元,总计岁支一百六十六元
第六目补助清真学校	五·〇二九				照原册列
第一节省城五校	三·七九四				每月支兰平银二百二十两,岁支二千六百四十两,折库平银二千五百二十九两一钱二分,合元如上数

续表

甘肃省民国十年度地方岁出预算书				
岁出经常门				
教育费				
科目	十年度预算数	九年度预算数	比较 增 减	备考
第二节导河五校	二三五			每年支钱一千四百串文以时估应换银八百二十三两五钱，合元如上数
第七目补助乙种实业学校	一〇·〇〇〇			原册称本年度拟督促各县分设乙种实业学校并择其成绩较佳者酌量补助等语，今照原册列
第八目补助皋兰高等小学校	八〇〇			原列一千八百元近年均实支八百元，今酌定如上数
第九目补助导河国民学校	一五〇			由征收学租拨补
第十目补助永昌学校	一·一四九			由征收学租拨补
第十一目宁海蒙番学校	六〇〇〇			原列二万元八年决算四千五十六元，今改为六千元
第十二目实施义务教育研究会	二·一六〇			照原册列
第一节俸薪	一·二〇〇			干事五人月各支津贴二十元，总计岁支一千二百元
第二节工食	三六〇			书记二人月各支十五元，总计岁支三百六十元
第三节杂费	六〇〇			月支五十元岁支六百元
第十三目筹备国语统一会	一·二六〇			照原册列
第一节津贴	七二〇			常住干事员三名月各支津贴二十元，总计岁支七百二十元
第二节工食	一八〇			书记一名月支十五元，岁支一百八十元
第三节杂费	三六〇			月支三十元，岁支三百六十元
第五项各处所经费	二〇·三〇三			
第一目成绩展览会	一·〇〇〇			原列一千二百元，今酌减二百元

续表

<table>
<tr><td colspan="5">甘肃省民国十年度地方岁出预算书</td></tr>
<tr><td colspan="5">岁出经常门</td></tr>
<tr><td colspan="5">教育费</td></tr>
<tr><td rowspan="2">科目</td><td rowspan="2">十年度预算数</td><td rowspan="2">九年度预算数</td><td colspan="2">比较</td><td rowspan="2">备考</td></tr>
<tr><td>增</td><td>减</td></tr>
<tr><td>第二目演讲所四处</td><td>二・〇四〇</td><td></td><td></td><td></td><td>照八年决算列入</td></tr>
<tr><td>第三目阅报所两处</td><td>六〇〇</td><td></td><td></td><td></td><td>原列九百元,八年决算支五百一十元,今酌定为六百元</td></tr>
<tr><td>第四目公立图书馆</td><td>二・七一二</td><td></td><td></td><td></td><td></td></tr>
<tr><td>第一节俸薪</td><td>一・二〇〇</td><td></td><td></td><td></td><td>馆长一员月支六十元,馆员二员月各支二十元</td></tr>
<tr><td>第二节工食</td><td>二六四</td><td></td><td></td><td></td><td>司事兼书记一名月支十二元,馆役二名月各支五元,总计岁支二百六十四元</td></tr>
<tr><td>第三节购书费</td><td>一・〇〇〇</td><td></td><td></td><td></td><td></td></tr>
<tr><td>第四节杂费</td><td>二〇〇</td><td></td><td></td><td></td><td>原列三百一十二元,今酌减为二百元</td></tr>
<tr><td>第五节寒期炭资</td><td>四八</td><td></td><td></td><td></td><td>月支十二元,四个月支炭资四十八元</td></tr>
<tr><td>第五目通俗图书馆</td><td>二〇〇</td><td></td><td></td><td></td><td>由公立图书馆馆员兼办,此项专供购买通俗图书之用</td></tr>
<tr><td>第六目联合运动会</td><td>一・三〇〇</td><td></td><td></td><td></td><td>原册称临时设备费五百元,奖品三百元,印刷一百元,杂费四百元,共支一千三百元,今照原册列</td></tr>
<tr><td>第七目教育行政会议经费</td><td>一・〇〇〇</td><td></td><td></td><td></td><td>原册称书籍丁役薪食五十元,文具五十元,印刷五百元,杂费四百元,共支一千元,今照原册列</td></tr>
<tr><td>第八目教育旬刊</td><td>二・〇四四</td><td></td><td></td><td></td><td>照原册列</td></tr>
<tr><td>第一节俸薪</td><td>四八〇</td><td></td><td></td><td></td><td>编辑兼校对经理一员月支四十元,岁支四百八十元</td></tr>
<tr><td>第二节工食</td><td>一六八</td><td></td><td></td><td></td><td>印刷生一名月支九元,厅事一名月支五元,岁支一百六十八元</td></tr>
</table>

续表

甘肃省民国十年度地方岁出预算书				
岁出经常门				
教育费				
科目	十年度预算数	九年度预算数	比较 增／减	备考
第三节杂费	一·三五六			纸张油墨共支一千二百元，笔墨油烛煤水活支共一百五十六元，总计岁支一千三百五十六元
第四节寒期炭资	四〇			每月支炭资十元，四个月共支四十元
第九目补助省教育会	三六〇			原列七二〇，今照八年决算列入
第十目通俗日报	四·六〇七			原列九七一四，今照八年决算列入
第十一目检定小学教员	四·四四〇			原列六二六〇，今照八年决算列入
第二款留学生经费	七九·六三四			
第一项留美学生	一一·五二〇			九年度原列二名，本年度拟添送二名，共计四名。每名学费全年美金九百六十元，每美一元约合华银二元五角，每华银一百元汇费二十元，总计岁支一万一千五百二十元
第二项留欧学生	一一·五二〇			本年度拟添送四名，每名学费按部令新章全年英金二百四十磅。比较留美学费共岁支一万一千五百二十元
第三项留日学生	一六·四一六			九年度原列八名，本年度拟添送十一名，每名学费照部令新章月支四十二元，医药费年各支六十元，每百元需汇费二十元，总计岁支一万六千四百一十六元
第四项国内留学生	二五·九二〇			旧有九十五名，拟添送二十五名，每名月支十五元，每百元汇费二十元，共合二五·九二〇
第五项留学生川资	一〇·二八六			

续表

甘肃省民国十年度地方岁出预算书

岁出经常门

教育费

科目	十年度预算数	九年度预算数	比较 增	比较 减	备考
第一目留美学生	一·六〇二				本年度拟添送二名，需出发川资及治装费、汇费共一千六百（零）二元
第二目留欧学生	三·二〇四				本年度拟添送四名，需出发川资及治装费、汇费共三千二百（零）四元
第三目留日学生	二·四〇〇				本年度拟添送八名，准留日学生监督所定每名三百元之数，共支出发川资二千四百元
第四目国内留学生	二·〇〇〇				本年度拟送二十五名，每名各支出发川资洋八十元，共支二千元
第六项留日学生监督处办公费	三六〇				
第七项留日学生经理员薪金	七二〇				
第八项预备金	二·八九二				
教育费合计	四二八·四九八				

农商费

第一款农事经费	五·四七四				
第一项农事试验场	四·三五五				此项经费据实业厅委员面称，实支四·三五五，原列五·三五五，多一千元，今照实支数列入
第一目薪水	一·四四〇				
第二目工食	一·二七八				
第三目文具	一八三				
第四目邮电	九〇				
第五目消耗	一九〇				

续表

甘肃省民国十年度地方岁出预算书

岁出经常门

教育费

科目	十年度预算数	九年度预算数	比较增	比较减	备考
第六目购置	六二二				
第七目修缮杂货	五五二				
第二项农务总会	一·一一九				正副会长二员各月支二十三元，文牍兼缮写一员月支十一元五角，会计兼庶务一员月支八元六角，共月支六十六元一角
第一目薪水	八七九				
第二目工资	一〇六				
第三目办公费	三四				
第四目杂费	一〇〇				
第二款工业经费	四四·二六一				
第一项劝工厂	一〇·〇三二				
第一目薪水	一·三二〇				厂长一员月支六十元，会计一员、监工一员各月支二十元，书记一人月支十元，共月支一百一十元，合计如上数
第二目工资	三·三八八				原列三·五〇八，今据实业委员面称，实支三·三八八，故照实支列入
第三目办公费	五〇				
第四目购置	四·一六〇				
第五目杂费	六一四				
第六目附设售品所	五〇〇				原案另设工艺品出售所，年支出五千二百一十九元，今拟裁去该所，由劝工厂觅地设立售品所
第二项平民教养局	一三·九〇七				

续表

甘肃省民国十年度地方岁出预算书

岁出经常门

教育费

科目	十年度预算数	九年度预算数	比较 增	比较 减	备考
第一目薪水	二·九二八				局长一员支洋七百六十元,稽查兼书记一员、庶务兼会计一员各支洋二百四十元,习艺、恤养、济良三所管理员三员煤水及一切活支共支二百八十八元,总计岁支六百八十八元
第二目工资	七·四〇〇				习艺所艺徒一百名各年支伙食洋三十六元,杂役五名各年支六十元,贫民伙食三千元,济良所妇女伙食五百元
第三目文具	一〇八				
第四目消耗	一〇〇				
第五目购置	二·五二〇				
第六目杂费	八五一				原列一·五六〇,今照八年决算列入
第三项电灯电话局	二〇·三二二				此项原案未列,今照实业厅补支册列入
第一目薪工	九·三一二				
第二目炭价	八·四〇〇				
第三目杂费	二·六一〇				
农商费合计	四九·七三五				
岁出经常门合计	六七二·一四二				

岁出临时门

财政费

| 第一款省内七厘公债本息 | 一四八·五〇〇 | | | | 此项原系以皮毛收入作抵,今已将皮毛收入列入地方,此项支出暂亦编入地方支出,惟原定章程每年十二月、六月分二次付还本息,今十二月已届,恐筹备不及,故暂定十一年六月还本一次,息金仍以全年计算 |

续表

甘肃省民国十年度地方岁出预算书

岁出经常门

财务费

科目	十年度预算数	九年度预算数	比较 增	比较 减	备考
第一项应还本金	七五·〇〇〇				
第二项应付息金	七三·五〇〇				
财政临时费	一四八·五〇〇				

教育费

科目	十年度预算数	九年度预算数	比较 增	比较 减	备考
第一款教育会代表川资	一·〇〇〇				
教育临时费	一·〇〇〇				
岁出临时门合计	一四九·五〇〇				
岁出经临总计	八二一·六四二				
第二预备金	二三·六九六				此项系收支相抵，余款全数列作第二预备金，其第一预备金已于经常门内分项列入
共支出	八四五·三三八				

资料来源：《甘肃省议会议决民国十年度地方岁入岁出预算书》甘肃省议会预算审查会编，1921年版，甘肃省图书馆西北地方文献阅览室藏。

附录三 旅京甘肃学会会员录

民国六年四月毕业会员

姓名	号	年龄	籍贯	学校	通信处
田育璧	太璞	40	镇原	高等师范学校	兰州初级师范学校转
赵元贞	正青	38	正宁	北京大学	本县小学校转
王时均	受堂	38	天水	农政专门学校	
蒋蔚英	乐三	36	伏羌	高等警察学校	
王万寿	福辰	35	皋兰	地方警察传习所	兰州西关源盛涌转
何名扬	显庭	34	狄道	宪兵学校	兰州上沟耿家巷何宅
水梓	楚琴	34	金县	法政专门学校	兰州新关昙云寺东巷水寓
李梦庚	星垣	34	靖远	高等警察学校	
田士龙	筱云	34	伏羌	同上	
王宝善	明初	34	隆德	同上	
王廷福	景山	33	皋兰	农政专门学校	
张标	锦堂	33	天水	中国大学	天水县教育会转
郑元滋	树民	33	皋兰	同上	省城中街子郑宅
郭荣春	子芳	33	皋兰	同上	省城新关小北街
刘荷	担公	32	陇西	同上	本县全兴福转
韩世英	相五	32	彰县	同上	漳县盐井镇复盛恒官盐店转
宋邦彦	楚卿	32	靖远	同上	兰州河北天泰驼厂转
徐勉	励吾	32	循化	宪兵学校	本县太和堂
欧阳桢	维周	32	中卫	高等警察学校	
李涵春	养斋	32	碾伯	同上	
刘九龄	梦雨	32	中卫	同上	

续表

姓名	号	年龄	籍贯	学校	通信处
李成桢	干丞	32	贵德	同上	
赵仰仑	昆山	32	天水	陆军军官学校	本县惜阴斋照相馆
杨景春	晋三	32	金县	同上	甘草镇登盛泰号
王宗贺	廉廷	32	阶州	同上	阶州永定泰号
沈寿山	静斋	31	靖远	农政专门学校	
刘征	静皆	31	皋兰	中国大学	兰州官驿后
刘显宗	少谟	31	天水	同上	天水教育会转
蒋逢恩	德泉	31	导河	地方警察传习所	导河小西关蒋宅
杨增霖	雨民	31	狄道	高等警察学校	
赵学普	相丞	30	狄道	法政专门学校	狄道粮食市
杨希尧	子高	30	循化	同上	循化文庙巷
谢智文	子明	30	镇番	中国大学	镇番合盛源
蒲溶	樾轩	30	天水	同上	天水教育会转
邓舜琴	舜琴	30	武都	同上	武都县城北街
杨占斌	秉钧	30	皋兰	地方警察传习所	省城鼓楼东万顺成转
王振华	鹭洲	30	狄道	宪兵学校	狄道灰盐市复兴成转
杜濬源	筱川	29	天水	中国大学	天水教育会转
杨文蒲	庐州	29	镇番	同上	镇番新盛泰
富汝新	振华	29	宁朔	中央法政专门	宁朔新城义顺成转
雷文全	聚五	29	导河	高等警察学校	
柴春霖	东生	29	皋兰	美国威斯康逊大学	天津法界恒安里柴宅
尚佐岐	辅臣	29	阶州	陆军军官学校	阶州两水前村
张铭	新二	29	平番	同上	校内张尚仁交
鲁绍周	省三	28	导河	农政专门学校	
阎倬	镇如	27	酒泉	中国大学	酒泉县东巷永泰恒转
窦继祖	绍琴	27	金县	陆军军官学校	金家崖小学校转
程继祖	绳武	26	庄浪	同上	本县后街永成堂
王森润	公度	26	皋兰	中国大学	
惠承熙	皞如	22	庆阳	中央法政专门	本县城内庆盛积号冯浩观转

续表

姓名	号	年龄	籍贯	学校	通信处
杨承德	干如		宁远	中华大学	本县洛镇福隆春转
火灿	子然		皋兰	陆军军需学校	省城鼓楼西文聚成号转
窦绳祖	奋武		金县	同上	金崖驿恒逢泰号转
丁耀斗	拱辰		金县	同上	

肄业会员

姓名	号	年龄	籍贯	学校	通信处
虎锐	静吾	33	皋兰	法政专门学校	兰州新关虎宅
施国桢	周丞	32	皋兰	同上	省城东乡施家巷
杨堃懋	荫川	31	灵武	农业专门学校	本县南门内德裕厚布号
董健宇	葆吾	30	天水	北京高等师范	天水教育会转
张轸	念依	30	伏羌	专门医学	伏羌高等小学校转
王甯	鼎伍	29	天水	陆军大学	本城中重新街积善堂
史国铭	鼎新	29	狄道	同上	本城西街邮局转
杜生耀	月亭	29	狄道		省城南稍门恒德祥磨房转
阎毓杰	隽卿	29	酒泉	法政专门学校	本县东街永泰恒辖
杨文清	景峰	29	会宁	新华商业专门	会宁福德昌转
魏世杰	召棠	29	皋兰	天津军医学校	兰州广武门外
汉汝泽	润生	29	金县	高等师范学校	金县高等小学转
金翼乾	擎云	29	皋兰	中国大学分科	兰州曹家巷金宅
张世俊	彦三	28	碾伯	北京大学分科	亭堂镇转上川口旧城发盛堂
王自治	立轩	28	正宁	北京大学豫科	本县西大街永和裕转宫河镇祥盛魁或陕西三原县盐店雷家巷德盛诚收转
刘光汉	少亭	28	古浪	中国大学	古浪大靖堡万亿和
张永泽	中恺	28	镇番	同上	镇番济生堂
何其远	午亭	28	靖远	高等师范学校	本县城内源兴茂转
张文蔚	豹呈	28	合水	武昌商业专门	庆阳县内寿世堂转
刘兴西	庚山	28	伏羌	新华商业专门	伏羌复盛堂转

续表

姓名	号	年龄	籍贯	学校	通信处
赵钧	秉丞	28	皋兰		省城东关天德昌
谢斌	仲文	27	金县	中国大学分科	兰州新关小北街
张璞	完夫	27	狄道	同上	兰州西稍门外北园
李之栋	育三	27	碾伯	高等师范学校	享唐镇上川口小学校转
魏继祖	振皆	27	皋兰	同上	皋兰小学魏筱霞转
陈泽世	伯轮	27	皋兰	同上	省城桥门街万盛明转
裴正瑞	士廷	27	洮沙	同上	洮沙泰和茂转
杨廷桢	肯堂	27	宁县	同上	本县高等小学转
狄毓麟	秀峰	27	皋兰	法政专门学校	兰州河北兴盛店兴顺德号
崔赋鹤	子仙	27	武山	陆军大学	本城前西街本宅
李荣亭	子嘉	27	洮沙	同上	省城西关晋德瑞转
黄勋	健之	27	宁朔		宁夏新城南关耖生堂转
成元勋	李三	27	平番		平番高等小学转
王慭	筱聪	26	狄道		县城北门新街斜坡
庞鹤	寿千	25	天水	北京大学	天水县模范小学转
水枏	季梅	25	金县	北京国立工业专门	兰州新关县云寺小巷水寓
王建中	正卿	25	会宁	法政专门学校	靖远县打拉池陈斗峰转
朱光南	衡山	25	泾川		泾川县城内复兴源转
李万森	少泉	25	皋兰		兰州横街复盛明转
王怀灿	用光	25	靖远		靖远县城大永远转
杨集沪	筱州	24	天水	天津北洋大学分科	天水新城门黄家店转
苟志谦	益三	24	皋兰	新华商业专门	兰州桥门街天德名转
万之钦	子范	24	会宁	中国大学	靖远县高升店转郭城驿万盛
董根福	海天	24	渭远	陆军车需学校	本县宫堡镇高等小学转
张织兴	文浡	24	天水	武昌商业专门	天水伏羲城上街
王金鉴	镜堂	23	永昌	北京大学预科	本县南什字王宅
张明远	心斋	23	靖远	同上	本城西门外永盛生转
郑永禄	子青	23	皋兰	高等师范	兰州东大街文林堂转
谈秉义	质生	23	皋兰		省城小北街谈宅
陆亭林	少顾	23	金县		兰州贡院巷大经布庄转

续表

姓名	号	年龄	籍贯	学校	通信处
吴锦洲	瀛仙	23	靖远		靖远县城天永益转
蒲瀛	海帆	22	天水	医学专门	天水教育会
裴俊杰	季彦	22	导河	高等师范	兰州南关太平店转
林淇	少文	22	定西	上海海军学校	
王春生	冀阶	22	皋兰		省城鼓楼南文兴堂转
汪彝	秉之	21	天水	中国大学	天水教育会
王毓琳	孔璋	21	皋兰	同上	省城小北街练宅转
林景山	仰丞	21	会宁	中国大学	本县振兴店转侯家川福盛林
孟自成	练白	21	循化	北京大学	本县城内福如海号
郑祖武	仲丞	21	皋兰		省城邓家巷孟宅
冯有为	仲农	21	靖远	北京大学	本县小学校转
范恕	心如	20	靖远	北京大学	本县小学校转
余礼安	静皆	20	皋兰	中国大学	省城新关施家巷
王超	海山	20	天水	上海海军学校	
谢国泽	润夫	20	狄道	武昌商业学校	兰州正本书社转
罗溁	芍洲	19	皋兰	上海海军学校	兰州五泉陆家巷
赵宗晋	康侯	19	天水	清华学校	天水西关姚家院
王毓颖	汝南	19	皋兰	清华学校	兰州小北街练宅转
田炯锦	云卿	18	庆阳	天津南开中学	庆阳西峰镇复盛德
张继忠	心一	18	导河	清华学校	兰州口袋巷张家大院
张瑜	泽生	17	狄道	同上	兰州西稍门外北园
庞世兴	幼起	16	天水	同上	天水模范小学转
王毓泰	和生	15	皋兰	同上	兰州小北街练宅转

资料来源：旅京甘肃学会编：《旅京甘肃学会会员录》，1917年版，甘肃省图书馆西北地方文献阅览室藏。

附录四 兰州八社产业一览表

陇右实业待行社产业一览

名称	坐落	总共间数	贾当时代
铺面两处	贡院巷路西由北至南门面壹拾玖间楼柒间	贰拾陆	民国四年
房屋两所	贡院巷路西由北至南第拾肆间其义仓壹所厥两座	捌拾玖	同上
铺面壹处	院门东朝房由南至北第肆间起门面伍间	陆	民国四年
铺面壹处	院门西朝房由南至北第拾间起门面壹间	叁	同上
铺面壹处	西门吊桥路东由南至北第叁拾柒间起门面贰间	拾壹	民国七年
房屋壹所	绸铺街由北至南第贰拾间起大门壹间	陆拾捌	民国八年
铺面壹处	黄家园由南至北第拾贰间起门面叁间	拾柒	同上
房屋壹所	延寿巷路南由西至东第贰间起大门壹间	贰拾壹	同上
铺面壹处	道升巷由延寿巷口自北至南第拾陆间起门面肆间半	肆间半	民国九年
铺面壹处	南门什字由西至东第拾贰间起门面壹间	贰拾玖	同上
房屋壹所	马坊门路西由南至北第肆院大门壹座	叁拾贰	民国十一年
铺面壹处	北门什字路南由东至西第陆间起门面叁间半	叁拾陆	同上
铺面壹处	北门什字路南由东至西第叁间起门面叁间	肆拾壹间半	民国十二年
铺面壹处	道门街路北仓门巷口由西至东第叁间起门面伍间	伍	同上
房屋壹所	南火神庙西巷口第壹院大门壹座	壹拾陆	同上

续表

名称	坐落	总共间数	贾当时代
铺面壹处	通远门外路南由西至东第壹间起门面贰间	肆	民国十三年
房屋壹所	通远门外路南由西至东第陆间大门壹座	壹拾贰	同上
铺面壹处	通远门外路南由西至东第柒间起门面贰间	叁	同上
房屋壹所	通远门外路南由北至南第拾陆间大门壹座	柒	同上
铺面壹处	碱滩路西由北至南第贰拾间起门面玖间	壹拾贰	同上
房屋壹所	碱滩路西由北至南第贰拾壹间大门壹座	贰拾叁	同上
铺面壹处	碱滩路西由北至南第贰拾贰间起门面叁间	叁	同上
房屋叁所	碱滩路西由北至南第贰拾叁间起大门叁座	肆拾肆	同上
铺面壹处	碱滩路西由北至南第贰拾肆间起门面肆间	肆	同上
房屋伍所	碱滩路北由东至西第壹院起大门伍座	壹百零贰	同上
土地壹处	官驿后城根	捌拾柒畦	同上
土地壹处	碱滩城壕边	肆垧	同上

省城丰黎社仓产业一览

名称	坐落	总共间数	贾当时代
仓厂壹处	官园	陆拾伍	民国十一年
店房壹所	南关街路南自南门什字由东至西第叁拾捌间大门壹座	陆拾肆	民国十二年
店房壹所	南关街路南自广福寺由东至西第捌间大门壹座	肆拾壹间半	同上
房屋壹所	后侯街路南由东至西第肆院大门壹座	贰拾	民国十二年
房屋叁所	官园路南自丰黎社仓后由东至西第壹院起大门叁座	捌拾贰	同上
铺面房屋壹处	东栅子路东由北至南第壹间起门面拾间	叁拾壹	民国十二年
水磨壹处	五泉嘛呢寺后	叁	民国十二年

续表

名称	坐落	总共间数	贾当时代
房屋壹所	南府街路南火祖庙照墙东第柒院大门壹座	叁拾陆	民国十三年
房屋壹所	延寿巷路北由西至东第壹院大门壹座	壹拾叁	同上
土地壹处	五泉嘛呢寺西边	壹墒半	同上
铺面壹处	西栅子路西由北至南第捌间起门面叁间	陆	民国十五年

陇右乐善书局产业一览

名称	坐落	共总间数	贾当时代
铺面壹处	鼓楼南路东自鼓楼什字由北至南第陆间起门面叁间	壹拾陆	宣统元年
铺面壹处	侯府宅路南自万寿宫口由东至西第拾伍间起门面肆间	捌	同上
铺面壹处	侯府宅路南自万寿宫口由东至西第贰拾柒间起门面叁间	贰拾	宣统三年
铺面壹处	侯府宅路南自万寿宫口由东至西第叁拾壹间起门面肆间半	贰拾柒	同上
房屋壹所	侯府宅路南自万寿宫口由东至西第叁拾间起大门壹间	伍拾叁	同上
房屋壹所	大山字石路西白小巷道口由北至南第叁间起大门壹间	贰拾肆	民国八年
店房壹所	炭市街路东自西关什字由北至南第贰拾肆间起门面叁间	贰拾肆	民国九年
铺面壹处	下东关路南自城门根由东至西第壹间起门面伍间	捌	民国十三年
房屋壹所	下东关路南自城门根由东至西第伍间起大门壹间	贰拾叁	同上

皋兰兴文社产业一览

名称	坐落	共总间亩数	贾买时代
店房壹所	南关街路南自西至东第贰拾陆间起门面伍间	肆拾伍	同治四年

248　嬗变与重建

续表

名称	坐落	共总间亩数	贾买时代
铺面壹处	周门什字路北自西至东拐角门面叁间半	叁间半	光绪二十四年
店房壹所	东关街路南由石桥楼自西至东第肆间其门面拾间	叁拾捌	光绪二十七年
水地壹处	费家营川	肆垧伍分	光绪三十一年
房屋壹所	院门西栅子路南自东至西第拾陆间起大门壹间	陆拾壹	光绪三十二年
铺面壹处	东门大街路南由黄家园口自西至东第拾叁间起门面伍间	贰拾叁	光绪三十二年
铺面壹处	西大街路南由北门什字自西至东第拾捌间起门面叁间	叁拾壹	光绪三十二年
铺面壹处	桥门街路东由西门吊桥自南至北第伍拾贰间起门面壹间半	壹间半	光绪三十三年
铺面壹处	桥门街路东由西门吊桥自南至北第柒拾间起门面贰间	壹拾叁	光绪三十三年
铺面壹处	西关街路南由什字自东至西第拾壹间起门面壹间半	壹间半	光绪三十三年
铺面壹处	鼓楼西路南由鼓楼什字自东至西第陆间起门面贰间	壹拾陆	光绪三十三年
铺面贰处	鼓楼南路东延寿巷口自南至北门面叁间又延寿巷内路北自西至东门面伍间	壹拾捌	光绪二十四年
铺面壹处	南大街路东由什字口自东至南第贰间起门面贰间	陆	光绪二十四年
铺面壹处	院门西栅子路南自东至西第捌间起门面叁间	壹拾伍	光绪二十四年
铺面壹处	鼓楼南路西由赐福巷口自北至南第三间起门面破伍间	贰拾壹	宣统元年
房屋壹所	院门西栅子两等小学堂内西斋	壹拾叁	宣统二年
房屋壹所	道升巷路东自北至南第贰拾柒间起大门壹间	贰拾肆间半	民国元年
铺面壹处	西门吊桥路北由城壕口自东至西第壹间起门面伍间	壹拾陆	民国元年
铺面壹处	袖川门外举院门坐西向东门面肆间	壹拾	民国二年

续表

名称	坐落	共总间亩数	贾买时代
铺面壹处	西关街路南由什字栅门自东至西第叁间起门面两间	肆	民国三年
铺面壹处	东大街路南由黄家园口自西至东第肆拾伍间起门面叁间	陆	民国五年
养源别墅	道升巷口路北自东至西第贰拾壹间起大门壹间	肆拾伍	民国七年
店房壹所	上东关路南由什字口自西至东第伍拾壹间起门面叁间	肆拾伍	民国七年
房屋铺面壹处	道升巷路东由北栅门自北至南第壹拾肆间起门面柒间	伍拾贰	民国八年
铺面壹处	省教育会牌厦对面由道升巷口自西至东第叁间起门面贰间	壹拾肆	民国九年
铺面壹处	西关什字路南栅口西南角门面贰间半	伍	民国九年
铺面壹处	县门街路南由牌厦自东至西第拾间起门面贰间	贰	民国十年
铺面贰处	院门西栅子路南由本社大门东首起门面贰间半	壹拾壹间半	民国十年
铺面壹处	院门西朝房西南旗杆墩自南至北第壹间起门面叁间	陆	民国十年
铺面壹处	黄家园路东巷口自北至南第壹间起门面贰间	陆	民国十年
铺面壹处	东门街路北由小山字石口自西至东第壹间起门面叁间	壹拾	民国十年
烟房壹所	下东关路北由颜家巷口自西至东第壹拾叁间起大门壹间	柒拾	民国十二年
铺面壹处	西门瓮城路北由西城根自西至东第肆间起门面壹间	壹	民国十三年

皋兰新文社产业一览

名称	坐落	共总间垧数	贾买时代
土砂地壹处	北乡火烧崖至中铺子	壹佰玖拾伍 贰佰壹拾	同治六年
砂地壹处	北川秦王川	柒拾	同上

续表

名称	坐落	共总间墙数	贾买时代
土砂地壹处	北乡达达沟	壹拾柒 壹百零伍	光绪二十二年
土地壹处	南乡潘家岘	贰拾贰	光绪二十四年
房屋壹所	大山字石路西警察第壹区第叁段第陆百壹拾陆号	壹拾	光绪二十六年
土地壹处	西乡西津山	壹百	光绪三十二年
铺面壹处	东关街路南警察第肆区第柒段第伍千柒百号	肆	宣统元年
铺面壹处	道升巷路西警察第壹区第壹段第贰百玖拾玖号	叁	同上
铺面壹处	东关街路南警察第肆区第柒区段第伍千陆百玖拾肆号	肆	同上
房屋壹所	西城巷路西警察第贰区第贰段第壹千肆百柒拾玖号	壹拾叁	同上
店房壹所	东关街路北警察第伍区第壹段陆千零壹拾肆号	肆拾	宣统三年
铺面壹处	鼓楼南路东警察第贰区第叁段第壹千玖百肆拾玖号	壹拾玖	民国二年
铺面壹处	东关街路南警察第五区第壹段第伍千玖百肆拾玖号	贰	同上
铺面壹处	大佛寺街路南警察第壹区第肆段第玖百叁拾号	壹	民国五年
铺面壹处	东关街路南警察第五区第壹段第伍千捌百玖拾柒号	陆	民国六年
铺面壹处	县门街路北警察第贰区第叁段第壹千陆百伍拾贰号	玖	同上
烟房壹所	东关街路北警察第伍区第壹段第陆千壹百壹拾号	伍拾陆	同上
房屋壹所	东关街路北警察第肆区第柒段第伍千捌百壹拾壹号	叁拾伍	民国八年

附录四 兰州八社产业一览表

兰州修学社产业一览

名称	坐落	共总间数	贾买时代
铺面房屋一处	学院街路南警察第壹区门牌第伍拾玖号至第伍拾捌号门面壹间大门壹间	贰拾捌	宣统三年
铺面一处	学院街路南警察第壹区门牌第伍拾玖号门面壹间	贰	同上
房屋壹所	学院街路南警察第壹区门牌第伍拾陆号大门壹间	贰拾贰	同上
铺面壹处	学院街路南警察第壹区门牌第伍拾伍号门面壹间半	壹间半	同上
铺面壹处	学院街路南警察第壹区门牌第伍拾肆号门面壹间	壹	同上
铺面壹处	学院街路南警察第壹区门牌第伍拾叁号门面壹间	壹	同上
房屋壹所	学院街路南警察第壹区门牌第伍拾贰号门面壹间	贰拾伍	同上
铺面房屋一处	学院街路南警察第壹区门牌第伍拾壹号门面叁间半大门壹间	贰拾肆	同上
铺面房屋一处	学院街路南警察第壹区门牌第伍拾号至第肆拾玖号门面叁间大门壹间	贰拾陆	同上
铺面房屋一处	学院街路南警察第壹区门牌第肆拾捌号门面贰间大门壹间	贰拾陆	同上
铺面两处	儒学街尊孔社门首警察第壹区门牌第壹拾玖号门面东贰间西贰间半	伍间半	同上
房屋壹所	儒学街文庙西边大门壹间	陆拾肆	同上

兰州兴学社产业一览

名称	坐落	共总间数	贾买时代
房屋壹所	院门街西吹响楼后路西由北至南第柒间起大门壹座	贰拾	民国九年
铺面壹处	东关街路北自交通巷口由东至西第拾间起门面陆间	叁拾肆	同上
铺面壹处	西大街路南自鼓楼根由南至西贰拾贰间起门面叁间半	壹拾陆间半	同上

续表

名称	坐落	共总间数	贾买时代
铺面壹处	南大城门外路东自兰山市场口由北至南第肆间起门面叁间	玖	民国十年
铺面壹处	侯府宅街路南自栅门根由东至西第叁拾肆间半起门面贰间	壹拾	民国十五年

皋兰修学社产业一览

名称	坐落	共总间数	贾当时代
铺面壹处	道升巷路西警察第壹区门牌第壹号起至第陆号正门面壹拾捌间	伍拾肆	宣统三年
铺面壹处	延寿巷路北警察第贰区门牌第壹拾柒号门面叁间	叁	同上
房屋壹所	延寿巷路北警察第贰区门牌第壹拾捌号门道壹间	壹拾伍	同上
铺面壹处	延寿巷路北警察第贰区门牌第壹拾玖号门面贰间	贰	同上
铺面壹处	延寿巷路北警察第贰区门牌第贰拾号门面贰间	贰	同上
铺面壹处	延寿巷路北警察第贰区门牌第贰拾壹号门面叁间	肆	同上
房屋壹所	延寿巷路北文庙尊经阁西偏	壹拾	同上
房屋壹所	延寿巷路北文庙西边门道壹间	壹拾柒	同上

全陇希社产业一览

名称	坐落	共总间数	贾当时代
祝栩别墅	西园街带砺门内坐西向东大门壹间	壹百肆拾伍	民国六年
潜园地亩	西园街带砺门内法校西偏大门壹间	拾捌亩	
潜园房舍	同上	壹佰叁拾壹	
潜园湘阴祠	同上	伍拾叁	
店房壹所	南关街路北警察第肆区第贰拾贰号	陆拾	民国八年

附录四 兰州八社产业一览表 253

兰州同仁局产业一览

名称	坐落	共总间数	贾当时代
铺面壹处	鼓楼南街路东警察第贰区第叁拾号	壹拾捌	乾隆四十三年
店房壹所	南关街路北警察第肆区第捌拾号	贰拾陆	民国十五年

资料来源：皋兰兴文社编：《兴文各社产业一览表》，1927年版，甘肃省图书馆西北地方文献阅览室藏。

附录五　王烜交游表

姓名	字号	教育背景	籍贯	主要经历	类型	依据
刘尔炘（1865—1931）	字晓岚，号果斋，晚号五泉山人	光绪十五年进士	兰州盐场堡	光绪年间，授翰林院编修。光绪二十九年任甘肃文高等学堂总教习，创办陇右实业待行社、丰黎义仓、乐善书局等	师长	《和刘晓岚师慰移花原韵》
马积生	字吉樟	光绪六年进士	河南安阳县人	翰林院侍讲	师长	《绵阳征收局长谢筱舲君与余同出马积生师门，一见如旧，邀游东门外李杜祠，致足幽胜，赋此谢之》
潘龄皋（1876—1954）	字锡九	清翰林	河北安新县	清末任甘肃省皋兰县知县，民国时任甘肃省省长	师长	《谢潘锡九师惠书二件》
祁阴杰（1882—1945）	字少昙，号漓云	清光绪三十年进士	甘肃陇西县	清光绪间任礼部主事，辛亥革命后，不复出	同年	《和祁少昙同年槛鹤原韵》
秦望濂	字幼溪	乡试副榜	甘肃会宁县	入民国，任甘肃省署咨议、省印花税处处长、省税务局局长	同年	《秦幼溪同年于其颐园作夏六闻欢小集，为赋〈夏云奇峰篇〉并质同集诸公》

续表

姓名	字号	教育背景	籍贯	主要经历	类型	依据
阎士璘（1879—1934）	字简斋，号玉彬	清光绪三十年进士	甘肃陇西	清光绪三十二年（1906年）赴日本留学，入东京法政大学，同年冬返国。民国历任陇西议事会议长、甘肃公立图书馆馆长、甘肃省教育厅厅长、安肃道尹、泾原道尹等职	同年	《阎简斋同年自日本束来却寄》
徐谦（1881—1941）	字益珊	光绪二十九年举人	甘肃临夏	民国初年任新疆内务司司长、财政厅厅长等	同年	《和徐益珊同年即事四首原韵》
杨巨川（1873—1954）	字济舟，一字楫舟	光绪三十年进士	甘肃榆中县青城	清末授刑部主事。清光绪三十一年赴日本考察法政，归国后任湖南麻阳县知县，民国时任敦煌县县长、五泉图书馆馆长、甘肃学院教授	同年	《和杨济舟同年六十四自寿原韵》
程天赐（1869—1951）	字晋三	清光绪三十年进士	甘肃文县	清末授云南禄丰知县，民国时任教兰州师范等学校	同年	《和程晋三同年己巳周甲初度自赠原韵》
慕寿祺（1875—1948）	字子介	清光绪二十九年举人	甘肃镇原	清末任甘肃文高等学堂教习，民国初年任甘肃临时议会副议长，著有《甘宁青史略》等	同年	《慕少堂同年以余权政务来诗见贺，步原韵答之》
王国雷	字兰亭	清光绪二十九年举人	甘肃兰州	清末任湖北库大便，民国初年与编《甘肃文献录》，三十年代任《甘肃通志稿》编校	同年	《和王兰亭同年过六盘山原韵》
许承尧（1874—1946）	字际唐，别署疑庵	光绪三十年进士	安徽歙县人	清光绪间授翰林院庶吉士。民国初年张广建督甘时，任督署秘书长、甘凉道尹、甘肃政务厅长	同年	《和许际唐同年清明节小西湖雨中种树原韵》

续表

姓名	字号	教育背景	籍贯	主要经历	类型	依据
邓隆（1884—1938）	字德舆，号玉堂，别号睫巢居士	光绪二十九年举人	甘肃临夏	清末官四川南充知县等职。民国初年任甘肃造币厂监督等职	同年	《和邓德舆游魏园韵》
范振绪（1872—1960）	字禹卿，号东雪	光绪三十年进士，1906年赴日本留学，在日本法政大学攻读法律	甘肃省靖远县	历任任河南省济源县知县，1934年被聘为甘肃省政府顾问，兼禁烟委员会委员。范振绪是著名书画家，1941年与张大千同往敦煌，研究壁画	同里	《范禹卿画赠〈重游泮水图〉，并题七古一章，依韵赋谢》
陆恩泰	字阶平	清末附生	甘肃榆中县	民国初期历官甘肃陇西、安西、敦煌县知事	同里	《送陆阶平同学之官太原》
高炳辰（1863—1924）	字献廷，号晓塘	光绪二十三年举人	榆中	官陕西直隶州同，署陕西长武知县	同里	《消寒六首·序》
祁荫甲（1866—1946）	字樾门，号梦蘅	—	甘肃陇西县	清末官浙江青田知县，民国时任甘肃财政厅秘书主任	同里	同上
白鉴真	字宝千，号石头主人	光绪十四年举人	兰州	—	同里	同上
金森乾	字松乔	清光绪廪生	兰州	—	同里	《夏夜与金松乔、刘韶庭诸友同宿五泉》
刘绳武	字韶庭	清宣统时优贡	兰州	清末为七品小京官。民国初年在青海、新疆做官，晚归兰州，行医	同里	同上
陈克清	字膺禄	—	兰州	工书法，善仿唐琏书法	同里	《与金星阶、王旭东、于映五、陈克清诸同学游曹家园》

续表

姓名	字号	教育背景	籍贯	主要经历	类型	依据
王树中（1868—1916）	字建侯，号百川，又号梦梅生	光绪二十年进士	甘肃皋兰县	官太和知县，署颍州知府。民国初年任甘肃省农会会长、甘肃省教育会会长	同里	《和王建侯约同拍影题句原韵》
吴钧（1866—?）	字秉丞，号筱谷	光绪二十年进士	甘肃兰州	清光绪间任度支部主事。民国十二年任敦煌县长	同里	《和吴秉丞新春原韵三章》
张振麒，一名振骐	字天石，号苦吟生，又号臧史氏	清光绪十九年举人	甘肃武威	寓居北京	同里	《和张天石杨花原韵五首》
张世英（1843—1915）	字育生	清光绪六年进士	甘肃天水	清末历官甘泉知县等。辛亥革命后，参加甘肃临时军政府，任正总务长	同里	《寄张育生》
金泰乾	字星阶	清光绪廪生	兰州	任甘肃省立一中仪器图书管理员	同里	《同金星阶诸友游后五泉》
王世相（1871—1925）	字说岩	光绪二十四年进士	兰州	清末任西候补道。民国初年任甘肃省议会议长、安肃（今酒泉地区）道尹	同里	《重九日北山登高，欢宴王建侯王说岩两观察，即席步刘晓岚师原韵》
郭汉儒（1886—1978）	字杰三	清宣统元年毕业于甘肃优级师范学堂博物科	甘肃定西县	民国时任兰州中学教员、甘肃省立第一师范学校校长	同里	《为郭杰三题其父母遗行》
何念忠	字筱葵	清光绪十一年拔贡	甘肃永昌县	宣统元年被选为甘肃咨议局副议长	同里	《和何筱葵北山登高原韵》
王兆辰（1857—?）	字紫垣，晚号问芳老人	光绪八年举人	兰州	清末任平番县（今永登县）教谕，主讲皋兰书院、五泉书院	同里	《和问芳老人六六闱欢原韵》
万青选	字藜堂	—	甘肃靖远县	—	同里	《甘草店和万藜堂韵》

续表

姓名	字号	教育背景	籍贯	主要经历	类型	依据
阎毓善（1872—1933）	字庆皆	清光绪二十年举人	甘肃酒泉县	宣统年间入黑龙江巡抚周绍朴幕。民国初任参议院议员，一九一八年起任新疆实业厅长、督署秘书长、建设厅长，兴办实业	同里	《送阎庆皆之任新疆实业厅长》
柴春霖（1888—1952）	字东生	毕业于美国威斯康星大学，获政治经济学硕士学位	甘肃省兰州	民国时任甘肃张掖县知事、河南财政厅长	同里	《游红泥岩与柴东生、金含章诸君小饮》
金翼乾（1888—1947）	字含章，一字汉章	北京中国大学经济系毕业	兰州	民国时任甘肃省长公署秘书，甘肃法政学校教员、甘肃学院教授、甘肃省第一女子师范校长、甘肃省立一中和甘肃省第一师范教员	同里	同上
孙尚仁（1858—?）	字重甫，号晓塘	光绪十八年进士	甘肃省皋兰县	清末在河南任知县	同里	《都中送孙重甫乡台归汴，即步酒楼见赠原韵》
郑元浚（1876—1945）	字镜泉	光绪二十四年进士	甘肃兰州市	清末官直隶新河县、抚宁县知县	同里	《郑镜泉以哀女诗见寄，赋此慰之》
王少沂	—	—	—	兰州丰黎义仓义务赞襄	同里	《与王少沂、邓德舆、水楚琴诸君作消寒会》
王鑫润（1877—1959）	字庚山，别字耕山	清光绪二十七年举人，北京高等法律学堂毕业	兰州	1922年任国会参议员，抵制"贿选总统"，30年代后，任教于甘肃学院、甘肃工业学校等	同里	《和王耕山来诗原韵》

续表

姓名	字号	教育背景	籍贯	主要经历	类型	依据
李鼎超（1894—1931）	字酝班	幼承家学，研治文史	甘肃武威	编纂《武威县志》。一九二九年任甘肃省通志局分纂。次年，任兰州中山大学文学系教员。一九三一年，为甘肃省七代表之一，赴南京参加国民代表会议，病卒于上海	同里	《挽李酝班》
李蔚起	字星伯，一字兴伯	清光绪时举人	甘肃甘谷	民国时任甘肃通志馆编辑，掌管兰州丰黎义仓，襄助刘尔炘赈济震灾	同里	《李星伯种虞美人一畦，花开鲜艳可爱，为诗赠之》
谈凤鸣	字瑞歧	清光绪二十九年癸卯科举人	兰州	清末任甘肃府经历。一九一六年任甘肃省立一中国文修身教员。其后在横街子（今静宁路）寓所设塾科童为生	同里	《新历元月三日，与谈瑞歧、李绳之诸君公宴癸卯同年翁醉亭、江伯修，感赋二律》
李继祖	字绳之	清光绪癸卯科副贡	兰州	民国初年在兰州南林路设塾授徒	同里	同上
张建（1878—1958）	字质生，号梅林	—	甘肃临夏县	民国初年入马福祥军幕，官宁夏、绥远	同里	《步张质生七夕即事书怀元韵四首》
裴建准（1885—1969）	字孟威	清光绪三十二年考入甘肃武备学堂，次年报送保定陆军学堂	甘肃渭源	民国初年授榆威将军。一九一九年任河州镇守使，一九二六年任肃州镇守使。四十年代任兰州市参议会议长	同里	《裴孟威将军以凤尾兰盛开，招饮赏花，席间分韵得"者"字，为赋七古一章》
王树濂	字廉泉	—	兰州	清末花马池（宁夏盐池）参将，能画善书	同里	《王廉泉以画兰见赠，赋谢》
张明远（1869—1952）	字致堂	清光绪二十三年丁酉科举人	甘肃康乐县	清末选为盐大使，在四川数任警务及工厂事务，其子为西北地方史学家张维	同里	《祝张致堂先生七旬有八之庆》

续表

姓名	字号	教育背景	籍贯	主要经历	类型	依据
张维（1889—1950）	字鸿汀	宣统元年甘肃省拔贡第三名，朝考二等第五名	甘肃省临洮县	1911年，张维被选为首届国会众议院议员，在北京任职。1917年，因张勋复辟，回到甘肃，1918年后，张维历任甘肃政务厅长、甘凉道尹、省署秘书长、省议会议长、兰州市政督办等职	同里	《重九日，某公别业看菊》（某公别业：即张鸿汀别业。）
杨沛霖（1873—1960）	字雨丞	清末诸生	甘肃皋兰县	民国初年任甘肃省长公署秘书、科长。后主管丰黎义仓	同里	《与杨雨丞砚台山访段容思先生墓碑》
马建勋（1913—1974）回族。为晚清著名国画家马虎臣的重孙	字彪臣	甘肃工业学校毕业	兰州	历任兰州山字石小学、明德回民小学、兰州女师等学图画教员。抗战时流寓武威，师从范振绪、张大千学画，画艺大进	同里	《赠画师马藤伯》
李镜清（1871—1912）	字鉴亭	清光绪二十三年拔贡	甘肃临洮县	1912年3月，投票公举李镜清任省议会议长。1912年6月6日被甘肃军阀马安良派遣的刺客杀害	同里	《李鉴亭议长专祠落成临洮，行入祠典礼》
孙文德（1862—1933）	字性庵	—	甘肃临洮	在县城开醋坊。能画山水、松、竹	同里	《题临洮孙钝叟画兰册》
冯国瑞（1901—1963）	字仲翔，号牛翁，一号渔翁，别号麦积山樵	清华学校国学研究所毕业	甘肃秦州	历任国立兰州大学教授、中文系系主任，兼任西北师范学院国文系教授、青海省政府秘书长、陕西省政府顾问等	同里	《与冯仲翔访邹兰谷书梅石刻于金山寺，拓本以归，记为成句赠之，并谢指引》
杨承德（1890—1959）	字干如	北京中华大学毕业	甘肃省武山县	任甘肃省立第一中学学监、教员，甘肃省教育厅督学，甘肃学院总务长兼教员	同里	《杨干如以问范老病诗索和，即步其韵，并柬范老禹卿》

续表

姓名	字号	教育背景	籍贯	主要经历	类型	依据
路志霄(1923—?)	字云峰	西北师范学院毕业	甘肃通渭人	西北师范学院历史系副教授	同里	《题〈学步集〉》
王安卿	—	武庠生	—	同治间花门之变,城陷,曾为巩民达援书,晚年以敦行力学闻	同里	《挽陇西王安卿先生》
邓宝珊(1894—1968)	原名邓瑜	—	甘肃秦州	早年参加中国同盟会,辛亥革命时,曾参加新疆伊犁起义。1924年任国民二军师长,后代理甘肃省主席。中华人民共和国建立后,先后任甘肃省人民政府主席、省长	同里	《应邓主席招,与文史馆同人慈爱园看牡丹》
水梓(1884—1973)	字楚琴	清末贡生,甘肃文科高等学堂,北京法政学堂毕业	甘肃兰州,原籍甘肃河州	民国时期,水梓历任甘肃省立一中校长,狄道（今临洮）县县长,甘肃省代理秘书长,甘肃自治筹备处处长,甘肃省教育厅厅长,甘、宁、青考铨处处长等职	兰州千龄诗社（同里）	《和水楚琴社长煦园宴集四绝》
徐绅	字韵潮	—	江西上饶	抗战时任第八战区军需处处长,兰州千龄诗社发起者之一	兰州千龄诗社	《为徐君韵潮题〈风水兴悲图〉》
徐文泉(1879—?)	字渊如	—	江苏沭阳县	抗战时流寓兰州行医,为千龄诗社成员	兰州千龄诗社	《题徐渊如社友唱酬集》
徐璋	字玉章	—	辽宁	曾任张学良秘书,抗战时流寓兰州,在甘肃学院附中教英语,任西北师范学院教授	兰州千龄诗社	《花朝前二日,张玉如招宴千龄社友,徐君玉章醉归有作,出以见示,遂步原韵》

续表

姓名	字号	教育背景	籍贯	主要经历	类型	依据
高一涵（1884—1968）	字涵庐	日本明治大学毕业	安徽六安县	北京大学教授、为《新青年》撰稿人。任监察委员、两湖监察使。1940年至1947年任甘宁青监察使、主盟兰州千龄诗社	兰州千龄诗社	《和高涵庐告别兰州诸友原韵》
唐昭防（1919—?）	—	—	安徽肥西县	曾任国民党西北行辕总务处书记，一九四八年与谢润甫、康竹鸣创建兰州和平诗社，次年参加酒泉起义	社会各界人士	《和唐昭防和平征诗原韵》
张广建（1864—1938）	字勋伯	—	安徽合肥县	光绪年间入淮军聂士成部为军佐，后保举知县，官山东。1914年至1920年任甘肃都督兼民政长	社会各界人士	《灵台苾任，上张勋帅一首》
马麟（1873—1945）	字勋臣	—	甘肃临夏县	宣统元年任步营管带、都司衔。民国后历任西宁镇标左路统领、宁海军参谋长兼右营统领、玉树支队防备司令，青海省建设厅厅长、代理青海省政府主席等职	社会各界人士	《马勋臣七旬弧臣征诗》
李祥麟（1894—1956）	—	—	陕西西安	为国民政府监察院院长于右任随从秘书，工书法	社会各界人士	《题李祥麟之太夫人画像》
阎澍恩	字荫桐	晚清举人，北京同文馆毕业	山西祁县	任甘肃高等学堂俄文、日文教习。入民国，任中国驻苏联赤塔总领事、新疆省政府顾问、西北军政长官公署参议、兰州大学俄文系教授	社会各界人士	《阎荫桐以诗四章见赠，和其第一章，谢之》

续表

姓名	字号	教育背景	籍贯	主要经历	类型	依据
吴佩孚（1874—1939）	字子玉	—	山东蓬莱	1898年投淮军，1906年任北洋陆军曹锟部管带。1919年吴佩孚成为直系军阀首领。1939年12月4日，日本牙医受命于土肥原谋杀吴佩孚	社会各界人士	《吴子玉上将军莅兰，赋此欢迎》
张乐天	—	—	青海	在河南抗战，被俘年余，脱归	社会各界人士	《题〈张乐天荣誉录〉》
康同璧（1889—1969）	字文佩，康有为次女	留学美国哈佛大学，毕业归国	广东南海	历任万国妇女会副会长、中国妇女大会会长	社会各界人士	《戊戌政变六十周年纪念，写寄康同璧女士》
蔺象祖（1874—1957）	字子贤	光绪末年贡生	兰州	一生从医，1928年起任同仁局主管	亲友	《蔺子贤表兄六旬晋七之庆，诗以祝之》

资料来源：王烜著，邓明校点：《王烜诗文集》（内部使用），甘肃省人大办公厅印刷厂1997年印刷。

参考文献

一 地方文献

邓隆:《调查灾情日记》,民国稿本,甘肃省图书馆西北地方文献阅览室藏。

邓隆:《敬恭桑梓录》,民国铅印本,甘肃省图书馆西北地方文献阅览室藏。

范振绪纂修:(民国)《靖远县志》,范振绪纂修,1943年稿本,甘肃省图书馆西北地方文献阅览室藏。

《甘肃震灾筹赈处第一期征信录》,铅印本,甘肃省图书馆西北地方文献阅览室藏。

《甘肃省立医院开幕纪念特刊》,甘肃省立医院1936年编印,甘肃省图书馆西北地方文献阅览室藏。

《甘肃省卫生实验处第一期总报告》,甘肃省卫生实验处1936年编印,甘肃省图书馆西北地方文献室阅览室藏。

《甘肃文史资料选辑》第2辑,甘肃人民出版社1987年版。
《甘肃文史资料选辑》第4辑,甘肃人民出版社1987年版。
《甘肃文史资料选辑》第8辑,甘肃人民出版社1980年版。
《甘肃文史资料选辑》第13辑,甘肃人民出版社1982年版。
《甘肃文史资料选辑》第17辑,甘肃人民出版社1984年版。
《甘肃文史资料选辑》第21辑,甘肃人民出版社1985年版。
《甘肃文史资料选辑》第24辑,甘肃人民出版社1986年版。
《甘肃文史资料选辑》第27辑,甘肃人民出版社1987年版。
《甘肃文史资料选辑》第29辑,甘肃人民出版社1989年版。

《甘肃文史资料选辑》第 35 辑，甘肃人民出版社 1992 年版。
《甘肃文史资料选辑》第 37 辑，甘肃人民出版社 1993 年版。
《甘肃文史资料选辑》第 43 辑，甘肃人民出版社 1996 年版。
《甘肃文史资料选辑》第 44 辑，甘肃人民出版社 1996 年版。
《甘肃文史资料选辑》第 45 辑，甘肃人民出版社 1996 年版。
《国医月刊》第 1 期，甘肃国民印刷局 1933 年版，甘肃省图书馆藏。
高一涵：《金城集》，《中国西北文献丛书》第 174 册，兰州古籍书店 1990 年影印出版。
刘郁芬修，杨思、张维等纂：（民国）《甘肃通志稿》，邵国秀主编《中国西北稀见方志》，中华全国图书馆文献缩微复制中心 1999 年版。
刘尔炘：《社章汇编》，陇右乐善书局 1920 年刻本，甘肃省图书馆西北文献室藏。
刘尔炘：《果斋别集》，《中国西北文献丛书》第 173 册，兰州古籍书店 1990 年影印出版。
刘尔炘：《果斋续集》，《中国西北文献丛书》第 173 册，兰州古籍书店 1990 年影印出版。
中国人民政治协商会议甘肃省兰州市委员会文史资料研究委员会编：《兰州文史资料选辑》第 1 辑，内部发行。
《兰州文史资料选辑》总 13 辑，兰州大学出版社 1992 年版。
《临夏文史资料选辑》第 5 辑，内部发行。
《临洮西乡人民被匪损失财产概数》，洮西匪灾救济会 1928 年编印，甘肃省图书馆西北地方文献阅览室藏。
《省组导河匪灾急赈会第一次报告书》，省组导河匪灾急赈会 1930 年编印，甘肃省图书馆西北地方文献阅览室藏。
《省组导河匪灾急赈会第二次报告书》，省组导河匪灾急赈会 1931 年编印，甘肃省图书馆西北地方文献阅览室藏。
王烜著，邓明校点：《王烜诗文集》（内部使用），甘肃省人大办公厅印刷厂 1997 年印刷。
《兴文各社产业一览表》，皋兰兴文社 1927 年编，甘肃省图书馆西北文献室藏。

二 档案资料

《甘肃省国医分馆管理中医暂行条例》，甘肃省档案馆藏，全宗号：5，目录号：5，案卷号：302。

《甘肃省国医分馆中医考试委员会规则》，甘肃省档案馆藏，全宗号：5，目录号：5，案卷号：302。

《甘肃省国医分馆呈甘肃省政府事字第82号》，甘肃省档案馆藏，全宗号：5，目录号：5，案卷号：302。

《甘肃省国医分馆管理国药商暂行条例》，甘肃省档案馆藏，全宗号：5，目录号：5，案卷号：302。

《甘肃省政府法制室签呈法字第二十五号》，甘肃省档案馆藏，全宗号：5，目录号：5，案卷号：302。

《甘肃省政府指令甘肃省国医分馆指令民三未字第3237号》，甘肃省档案馆藏，全宗号：5，目录号：5，案卷号：302。

《甘肃省民政厅档案》，甘肃省档案馆藏全宗号15；目录号16；案卷号147。

《甘肃省会警察局档案》甘肃省档案馆藏全宗号10；目录号1；案卷号134。

《快邮代电·二二五五号》，甘肃省档案馆藏全宗号15，目录号5，案卷号373。

三 今人著述

陈庚雅：《西北视察记》，甘肃人民出版社2002年版。

丁焕章：《甘肃近现代史》，兰州大学出版社1993年版。

高大同：《高一涵先生年谱》，上海文化出版社2011年版。

刘光华主编，宋仲福、邓慧君：《甘肃通史·中华民国卷》，甘肃人民出版社2009年版。

刘进：《中心与边缘——国民党政权与甘宁青社会》，天津古籍出版社2004年版。

李世众:《晚清士绅与地方政治—以温州为中心的考察》,上海人民出版社2006年版。

林鹏侠著,王福成点校:《西北行》,甘肃人民出版社2002年版。

路易·艾黎研究室:《艾黎自传》,甘肃人民出版社1987年版。

王希隆主编:《历史文化探研——兰州大学历史文化学院专门史论文集》,甘肃民族出版社2009年版。

魏永理:《中国西北近代开发史》,甘肃人民出版社1993年版。

许宪隆:《诸马军阀与西北穆斯林社会》,宁夏人民出版社2001年版。

袁林:《西北灾荒史》,甘肃人民出版社1994年版。

杨念群:《再造"病人"——中西医冲突下的空间政治(1832—1985)》,中国人民大学出版社2006年版。

杨念群、黄兴涛、毛丹主编:《新史学:多学科对话的图景》,中国人民大学出版社2003年版。

张仲礼:《中国绅士——关于其在十九世纪中国社会中作用的研究》,李荣昌译,上海社会科学出版社1991年版。

张克非、王劲主编:《西北近代社会研究》,民族出版社2008年版。

张绍萱:《贤迹觅踪——记我的祖父张世英、外祖父周务学》,西安出版社2009年版。

四 论文

毕晓莹:《从潞河医院看教会医院与近代地方社会》,《史学月刊》2012年第11期。

陈尚敏:《张世英与清末秦州地方自治》,《天水师范学院学报》2011年第3期。

陈尚敏:《近代社会转型与甘肃士绅》,博士学位论文,西北师范大学,2007年。

陈钊:《甘肃雷马事变中的蒋介石与杨虎城》,《民国档案》2009年第3期。

董丽丽:《水梓与甘肃的教育事业研究》,硕士学位论文,西北民族大学，2012年。

付春锋：《20世纪20年代甘肃灾荒救济》，硕士学位论文，兰州大学，2006年。

苟景华：《二十世纪三四年代甘肃地方政治的重构》，硕士学位论文，兰州大学，2011年。

谷跃峰：《国民军入甘及其对甘肃社会的影响》，《史学月刊》2007年第12期。

郭书愚：《四川存古学堂的兴办进程》，《近代史研究》2008年第2期。

高继宗：《民国赈灾杰出人物王烜》，《中国减灾》2003年第3期。

高继宗：《刘尔忻两退奖匾》，《中国减灾》2005年第6期。

刘进：《在地方势力与中央权威之间——邵力子主政甘肃透析》，《西北师范大学学报》（社会科学版）2003年第2期。

刘进：《为谁开发西北——抗战前西北人的地域意识与国家观念考察》，《宁夏大学学报》（人文社会科学版）2010年第1期。

刘宝厚：《甘肃近代著名学者、教育家刘尔忻》，《兰州大学学报》（社会科学版）1991年第4期。

刘卫东：《20世纪30年代"中医科学化"思潮论析》，《齐鲁学刊》2008年第2期。

刘家峰：《福音、医学与政治：近代中国的麻风救治》，《中山大学学报》（社会科学版）2008年第4期。

李玉尚：《民国时期西北地区人口的疾病与死亡——以新疆、甘肃和陕西为例》，《中国人口科学》2002年第1期。

尚季芳：《亦有仁义：近代西方来华传教士与西北地区的医疗卫生事业》，《西北师大学报》（社会科学版）2011年第3期。

尚季芳、张春航：《经济与思想之改进：战时工合运动与西北社会变迁》，《历史教学》2013年第4期。

尚季芳：《民国时期甘肃毒品与禁毒问题研究》，博士学位论文，四川大学，2007年。

水天长：《回忆我的父亲水梓先生》，《团结》2013年第3期。

邵彦涛：《旧学思想的现代化——清末进士邓隆的思想世界》，《华中师范大学研究生学报》2010年第4期

王先明：《士绅构成要素的变异与乡村权力——以20世纪三四十年代的晋西北、晋中为例》，《近代史研究》2005年第2期。

温艳：《民国时期西北地区救灾中的以工代赈探析》，《宁夏社会科学》2012年第4期。

王兰：《邓隆宗教思想研究》，硕士学位论文，兰州大学，2010年。

文庠：《试论民国时期中医开业管理政策法规与实施》，《民国档案》2007年第4期。

薛毅：《华洋义赈会在西北》，《南京晓庄学院学报》2013年第2期。

杨红伟：《近代甘肃留学生创办的报刊略论》，《郧阳师范高等专科学校学报》2006年第1期。

杨兴茂：《民国时期的兰州社会团体》，《发展》2010年第8期。

杨小辉：《从士绅到知识分子——中国知识阶层转型研究》，博士学位论文，上海大学，2007年。

杨银权：《清代甘肃士绅研究》，博士学位论文，西北师范大学，2009年。

姚鹏：《近代甘肃留学生研究》，硕士学位论文，云南大学，2012年。

姚联合：《民国初年的甘肃省议会（1912—1927）》，硕士学位论文，西北民族大学，2009年。

杨洪远：《民国时期甘肃灾荒研究》，硕士学位论文，西北师范大学，2007年。

朱英、尹倩：《民国时期的医师登记及其纷争——以上海地区为考察中心》，《华中师范大学学报》（人文社会科学版）2009年第5期。

赵颂尧：《李镜清与甘肃省临时议会》，《兰州学刊》1987年第4期。

赵婧：《西医产科学与南京国民政府时期的产婆训练》，《史林》2013年第4期。

周新顺：《晚清政论中的"病国"隐喻与中医思维——以〈东方杂志〉政论为例》，《山东大学学报》（哲学社会科学版）2012年第

4期。

张景平:《士与二十世纪的实践性儒学——试论刘尔炘的思想、实践及其意义》,《国学论衡》第4辑,中国藏学出版社2007年版。

后　　记

　　兰州的夏天是一年中最好的季节，空气中弥漫着黄河蜜、白兰瓜、白凤桃的香味。从博士毕业至今已有九年，兰州这个城市已从最初的陌生，变成了自己的第二故乡。

　　此书付梓之际，我要特别感谢恩师吴琦教授，自己的为学道路一直是在老师的关怀和鼓励中走来。感谢甘肃省社会科学院给我提供了良好的工作环境，让我可以安心地从事研究，丝绸之路研究所一直是一个团结而有趣的大家庭。拙著的写作得到了兰州大学马克思主义学院刘继华副教授的帮助，四川大学历史文化学院研究生蔡睿同学为书稿的写作做了资料收集和整理的工作。

　　最后，我要深深感谢我的家人，是父母的支持使我的学业从未中断。书稿开始撰写时，小女刚刚出世，在我初为人母的大忙之时，是母亲承担了家里大部分的家务，父母深厚的爱是我一路前行的动力！

谢　羽

2018 年 8 月于兰州